빛을 따라 생명으로
: 예수 그리스도와 함께 드리는 예배

빛을 따라 생명으로
: 예수 그리스도와 함께 드리는 예배

2016년 6월 9일 초판 1쇄 발행
2023년 10월 30일 초판 4쇄 발행

지은이 | 박해정
펴낸이 | 김영호
펴낸곳 | 도서출판 동연
등 록 | 제1-1383호(1992. 6. 12)
주 소 | (03962) 서울시 마포구 월드컵로 163-3
전 화 | (02)335-2630
전 송 | (02)335-2640
이메일 | yh4321@gmail.com / h-4321@daum.net

Copyright ⓒ 박해정, 2016.

이 책은 저작권법에 따라 보호받는 저작물이므로 무단 전재와 복제를 금합니다.
잘못된 책은 바꾸어드립니다. 책값은 뒤표지에 있습니다.

ISBN 978-89-6447-313-9 93200

빛을 따라 생명으로
예수 그리스도와 함께 드리는 예배

박해정 지음

동연

이 책을 박정수 목사님과 고 어인주 사모님께 바칩니다.

머 리 말

　목사의 가정에서 자란 필자는 교회가 집이었고, 집이 교회였던 어린 시절을 보냈다. 여름철이면 교회 앞마당에서 놀다가 지치면 시원한 교회 바닥에 누워서 잠자던 기억이 아직도 생생하다. 당시 그 동네에서 우리 집이 가장 크다는 생각을 늘 하였다. 비록 사택은 초라하기 짝이 없었지만, 교회가 우리 집이라는 생각에 늘 만족하였다. 어린 시절 가장 인상 깊었던 것은 늘 우리 집에는 성도님들의 왕래가 있었다는 것이었다. 목사의 사택뿐 아니라, 교회에도 항상 성도들의 출입이 잦았다. 교회에는 아침저녁으로 드나들던 성도들이 있었고, 차가운 마룻바닥에 무릎을 꿇고 기도하는 이들을 늘 볼 수 있었다. 출근과 퇴근길에 교회에 들려서 기도를 하고 가는 교인들의 모습도 자주 볼 수 있었다. 새벽에 졸린 눈을 부비며 어머니의 손을 잡고 교회에 나가면 몸을 흔들며 기도하는 분들을 볼 수 있었고, 수요일 저녁에는 졸면서도 설교에 집중하려는 분들을 볼 수 있었다. 금요일 심야 기도회에서도 박수를 치며 목이 터져라 찬양하는 사람들도 쉽게 볼 수 있었다. 하지만 어린 시절에 대한 나의 기억이 점점 희미해지듯이, 이와 같이 예배하는 그리스도인들의 모임 또한 점점 희미해지고 있는 듯하다.

　분주하게 일상을 살아가는 현대인들에게 때로는 주중에 예배에 참석한다는 것이 현실적으로 불가능한 것처럼 보일 수도 있을 것이다. 새벽기도는 농업이 주요 산업이었던 60년대 한국적 상황에서는 그 시행의 타당성이 있었지만, 현대와 같이 늦은 시간까지 생업에 종사해야 되는 문화 속에서는 비현실적이라는 비판을 받을 수도 있을 것이다. 또한 일부 그리스도인들은 기독교는 부활의 증인된 공동체이기에 주님의 부활을 기념하는 주일에만 모여도 된다는 입장을 보이기도 한다. 하지만 주일에 한 번 예배를 드리는 것으로 그리스도인으로서의 기본된 사명을 다 한다고 말하는 것은 주님이 말씀하시는 '영과 진리'로 예배하는 모습과는 거리가 있다. 예배는 주일이라는 한정된 시간에 정한 공간에서 드리는 그리스도인들의 제의적 모임이기는 하지만, 그리스도인들의 일상의 삶과 밀접한 상관성을 가지고 있다. 매일의 시간을 통해서도 그리스도인들은 예배자의 모습을 나타내야 한다. 그리스도인이라면 일상의 삶의 자리가 예배자의 자리가 되어야 한다.

오늘날 한국 개신교가 한국 사회에서 긍정적인 평가를 받지 못하는 가장 큰 이유는 아마도 우리가 삶의 자리에서 예배자의 모습을 나타내지 못하는 결과에 대한 비판일 것이다. 예배자의 모습과 그 삶의 유격이 너무 큰 모습에 대한 비판이다. 우리가 참되게 예배한다면 우리의 삶에 변화가 일어나야 되며, 우리 사회에도 선한 영향력을 미쳐야 할 것이다. 하지만 현실 속의 그리스도인들의 모습은 예배자의 거룩한 모습과는 거리가 멀다. 예배의 참된 의미를 통해서 예배의 자리에서뿐 아니라 삶의 자리에서도 참된 예배자가 될 수 있어야 주님이 원하시는 예배자가 될 수 있다. 이와 같은 현실 속에서 참된 예배자가 되기 위해서 노력하였던 초대교회의 예배의 모습을 살펴보는 것은 큰 의미가 있다.

초대교회에서는 유대교의 영향이 있던 것도 사실이었지만, 정한 시간에 대한 개념이 강했다. 하루, 한 주, 그리고 절기를 통해서 경건의 시간과 예배의 삶을 살고자 노력하였다. 하루의 시간도 정한 시간에 반복적으로 기도를 통해서 그리스도인의 모습을 지키려 노력하였다. 주님의 부활을 기념하는 날인 주일에는 함께 모여 떡을 떼며 기쁨의 교제를 하였고, 섬기며 예배하였다고 성경은 기록하고 있다. 그리스도인으로서의 삶을 온전히 살아가기 위해서 주일뿐 아니라, 매일의 시간을 어떻게 하나님의 영광을 위해서 사용할까에 대한 질문이 많았다. 한 주 단위뿐 아니라, 일정한 기간과 한 해를 어떻게 지내야 하는지에 대해서도 깊은 관심을 가지고 있었다. 초대교회 그리스도인들이 이와 같이 살 수 있었던 것은 예수 그리스도를 예배의 중심에, 그리고 그들의 삶의 중심에 두는 분명한 믿음이 있었기 때문이었다.

필자는 몇 년 전 우연한 기회에 미국에서 성장한다는 교회들을 탐방한 적이 있었다. 미남부에서 가장 성장한다는 교회의 예배를 참석하게 되었는데 한국에도 이미 소개된 교회로, 그 교회의 담임목사는 미국뿐만 아니라 전 세계적으로 유명한 목사였으며 밀리언셀러 작가였다. 영상을 통해 교회 예배를 여러 차례 보았고, 담임목사의 설교도 관심을 갖고 봐왔던 터라 기대감을 갖고 향하였다. 하지만 필자의 마음은 교회가 위치한 마을에 들어서면서부터 불편해지기 시작했다. 주차장에서 교회까지 가는 길, 그리고 교회의 내부에는 교회를 홍보하는 현수막들이 빼곡히 걸려있었던 것이다. 예수 그리스도를 나타내는 상징은 보기 힘들었고, 그 교회의 담임목사의 이름은 모든 현수막에 대문짝만하게 쓰여 있었다. "OOO's Ministry." 하나님의 교회에서 예수 그리스도의 부활을 기뻐하는 성도들이 모여 성령의 역사 속에서 예배하는 공간에서 담임목사의 존재가 마치 성삼위 하나님의 자리를 빼앗고 있다는 느낌을 지울 수 없었다.

교회는 예배의 공간이고, 예배는 성삼위 하나님과의 만남을 위한 구별된 시간이다. 하지만 현대 교회에서 간혹 목도되는 현상으로 특정 인물이 지나칠 정도로 예배의 중심에 서 있는 현상을 보게 된다. 교회의 크기와 교회 전통과는 무관하게, 특정한 인물, 특별히 목회자가 지나치게 조명되는 예배는 건강한 예배 공동체가 될 수 없다. 예수 그리스도의 자리에 그 어떤 사람이 대신 서 있을 수는 없다. 찬양과 기도와 영광의 대상은 오직 성삼위 하나님 한 분이셔야 한다.

예배는 철저하게 예수 그리스도를 중심으로 이뤄져야 한다. 예수 그리스도를 중심으로 하는 예배 공동체를 위한 제안이 바로 교회력에 따른 예배이다. 한국 교회에 성무일과에 따른 교회력이 본격적으로 소개된 것은 21세기를 시작하면서 출판되기 시작되었던 예배서와 상당한 관련이 있다. 이전의 예문집에서는 볼 수 없었던 교회력에 대한 구체적인 안내가 개신교단의 예배서들을 통해서 소개되었다. 비록 교회는 성탄절과 부활절을 중심으로 하는 큰 절기는 알고 있었지만, 그 외의 다른 절기들에 대해서는 비교적 가볍게 다루어 왔었다.

지난 십여 년간 목회자들을 대상으로 한 교회력에 따른 예배에 관한 논의를 통해서 깨달은 사실은 대다수의 한국교회 목회자들이 교회력을 매우 부분적으로 알고 있다는 것이다. 또한 더불어 교회력은 목회 현실과는 맞지 않는 것으로 이해하고 있었다. 비록 성탄절과 부활절과 같은 특별한 절기에는 교회력에 따른 예배를 드리지만, 일반적으로는 교회력과 무관한 본문으로 주일을 지키고 있다는 것 또한 알 수 있었다. 목회자들이 교회력을 사용하지 않는 이유에 대해서는 대부분의 경우 반복에 따른 단조로움과 지겨움, 또는 목회적으로 다루고자 하는 내용을 다루지 못함에 대한 불편함을 지적하였다. 그럼에도 불구하고 교회력에 따른 성무일과를 주일예배에 적용함을 통해서, 예배의 중심에 예수 그리스도를 두는 것은 매우 유의미하다.

물론 다양한 주제를 정해서 예배를 드리는 공동체의 입장에서는 교회력에 따르는 주제의 설정이 제한적이라는 느낌을 받을 수도 있을 것이다. 필자가 지난 7년간 출석하며 소속목사로 사역하였던 교회는 한국에서 대표적으로 예배의 현대적 변화를 통해서 성장한 교회이며, 절기 예배와는 거리가 있는 예배 공동체이다. 아마도 이와 같은 예배 공동체의 목회자들에게 교회력에 따른 절기 예배가 갖는 의미는 크지 않을 수도 있을 것이다. 하지만, 교회력에 대한 이해가 없는 상황에서 교회력에 따른 예배를 지키지 않고 있는 교회와, 교회력에 대한 이해가 있지만 교회의 목회적 상황에 의해서 선택적으로 교회력을 부분적으로 지키거나 혹은 지키지 않는 것에는 상당한 차이가 존재한다. 이 책에서는 교회력에 따른 절기들이 가지고 있는 기본적인 신학적, 역사적, 그리고 성서적 배경과 이해를 살펴보고자 한다. 이 책의 목적을 보다 구체적으로 열거하면 다음과 같다.

첫째, 예배에 대한 신학적 이해를 정리하였다. 교회력을 기초로 하고 있는 예배뿐만 아니라, 현대 예배에 기초하고 있는 예배에도 공히 적용되는 예배의 가장 기본적인 정의와 이해를 제공하는 것이 그 첫 번째 목적이다. 이를 위해 성경과 초대교부들의 문헌을 통해 나타난 예배에 대한 이해를 다루었다. 또한 예배의 언어적 어원을 통해서 예배의 의미를 살펴보았으며, 예배학자들이 정의하는 예배에 관한 다양한 개념들을 아울러 정리하였다.

둘째, 교회력에 따른 절기 예배를 통해서 예수 그리스도를 중심에 두는 예배를 소개함에 그 목적을 두고 있다. 교회력에 따른 예배의 가장 큰 특징이 되는 예수 그리스도의 생애를 강림절기로부터 시작해서 성령강림절기까지의 순서로 그 신학적 의미와 역사적 발전 과정을 기록하였다.

셋째, 교회력에 따른 절기 예배의 예배문을 제공하고 있다. 절기에 맞는 기도문들과 찬양, 그리고 설교 본문의 주제들도 함께 다루었다. 예배문을 교회 상황에 맞게 직접 적용해 볼 수 있는 지침도 함께 마련하였다. 제공한 예배문은 필자가 모두 경험한 예배의 예문들이다. 이 예배문들이 어떻게 예배 현장에서 사용될 수 있는지도 함께 수록하였다. 또한 예배 공간에 대한 이해도 제공하고 있다. 예배와 예배 공간은 매우 밀접한 상관성이 있다. 예배의 형식은 예배 공간의 구성, 그리고 상징적 구조물들과 균형을 잘 이루어야 기획한 의도에 맞게 예배가 드려질 수 있다.

마지막으로 필자는 절기 예배와 현대 예배가 공존할 수 있음을 기술하였다. 서구의 이머징교회(Emerging Church)의 예배 공동체에서는 초대교회의 전통과 절기에 대한 이해가 높다. 젊은이들 중심의 현대 예배 공동체임에도 불구하고 고대 전통과 절기를 잘 지키고 있다. 한국적 상황 속에서도 현대 예배의 틀 속에서 교회력에 따른 절기 예배가 가능하다는 것을 이론적인 부분과 실제적인 부분으로 구별하여서 소개하고 있다.

본서는 교회력에 기초한 예배를 소개함에 그 목적을 두었지만, 52주의 주일 전체를 다 다루지는 않았다. 강림절을 시작으로, 성탄절, 주현절, 사순절, 부활절, 그리고 성령강림절까지의 주일 예배와 주중에 있는 예배 모임을 중심으로 살펴보았다. 부활절 후 주일들은 평주일의 개념이며 주님의 생애에 맞춰서 성경본문을 제공하고 있지만, 이 책에서는 각 주일의 주제들을 다루지는 않았다. 평주일보다는 절기예배를 중심으로 그 신학과 예문을 수록하는 것에 집중하였다. 부활절 후 주일들은 평주일(Ordinary Sunday)로 지키는데 이 기간은 절기적 성격이 거의 없다. 평주일 예배를 다루는 영역에서는 주일 예배가 갖는 신학적 당위성을 살펴보았다. 이 부분에서는 주일 예배의 정의를 다루었고, 주일 예배를 어떻게 드리는 것이 개신교 교회전통에 부합된 것인지를 다루었다.

 이 책을 통해 필자의 학문의 과정에서 도움을 준 사람들에게 감사를 전하고 싶다. 생면부지인 사람의 청을 흔쾌히 받아주신 도서출판 동연의 김영호 대표님과 편집, 디자인 직원들, 늘 관심과 기도로 부족한 사람에게 용기를 주시는 김병삼 목사님과 만나교회, 목회 현장에서 사역의 기쁨을 회복시켜 주신 최이우 목사님과 종교교회, 아우를 늘 격려해주시는 곽주환 목사님, 나를 성장시켜준 모교회 성중현 목사님과 봉천교회, 감신대 87학번의 친구들, 학문의 아들 오석진 목사, 나눔의 예전학회 제자들, 내가 학자와 목사의 길을 걸을 수 있도록 늘 큰 그늘이 되어주시는 박오수 장로님과 김숙진 권사님, 동생 박은혜와 박은희, 나의 아버지 박정수 목사와 보고픈 어머니 고 어인주 사모 그리고 나의 가장 큰 자랑과 기쁨이 되는 나의 가족 성신과 예림, 모두에게 큰 감사를 전한다.

2016년 5월 아주 좋은 날
감신대 연구실에서
박해정

차 례

머리말 / 5

1장 | 예배의 정의   15
    I. 용어의 정의   15
    II. 공동체 중심의 예배 정의   26
       1. 아남네시스 공동체로서의 예배
       2. 에피클레시스(epiclesis) 공동체로서의 예배
       3. 프로랩시스(prolepsis) 공동체로서의 예배
       4. Lex Vivendi 공동체로서의 예배

2장 | 교회력과 예배   45
    I. 오늘의 예배 현실   45
    II. 종말론적 관점으로의 예배   49
    III. 교회력과 예배   63

3장 | 교회력에 따른 시간의 의미   69
    I. 교회력과 시간   69
    II. 매일의 예배/ 기도   73
    III. 주일   80
       1. 주일의 기원
       2. 주일 예배의 원형
       3. 주일 예배의 본질
       4. 일 년의 주기: 교회력

4장 | 강림절에서 주현절까지(빛의 주기)   113
    I. 대망의 시간   113
    II. 강림절(Advent)   115
       1. 강림절의 기원
       2. 강림절의 의미

         III. 성탄절   128
              1. 성탄절의 기원
              2. 성탄절의 의미
         IV. 주현절   132
              1. 주현절의 기원 및 의미
              2. 주현절의 주제들
         V. 새로운 생명의 탄생   138

5장 | 빛의 주기 예배   141
         I. 강림절 예배   141
         II. 강림절 예배 공간   153
         III. 성탄절 예배   155
         IV. 주현절 예배   159

6장 | 사순절(생명의 주기)   163
         I. 사순절의 의미   163
         II. 유월절의 신비   166
         III. 사순절의 기원   168
         IV. 사순절의 현대적 의미와 적용   172
              1. 말씀을 통한 새벽기도회
              2. 금식
              3. 고행과 연단
              4. 세례 예비자 교육
              5. 기도를 통한 영적 훈련
              6. 교회 돌보기

7장 | 사순절 예배   201
         I. 재의 수요일(Ash Wednesday)   201
         II. 재의 수요일 예식   207
         III. 사순절의 주일예배   212
              1. 사순절 첫 번째 주일
              2. 사순절 두 번째 주일
              3. 사순절 세 번째 주일
              4. 사순절 네 번째 주일
              5. 사순절 다섯 번째 주일

8장 | 고난주간 예배   223
    I. 종려주일(사순절 여섯 번째 주일)   **224**
    II. 성삼일 예배(*Triduum*)   **229**
       1. 성 목요일
       2. 성금요일 예배
       3. 성토요일 예배
       4. 부활절 새벽예배

9장 | 성령강림절과 그 이후 및 주일예배   269
    I. 성령강림주일   **270**
    II. 성령강림 후 주일들/ 평주일   **275**
    III. 주일예배   **276**
    IV. 한국 개신교 주일예배 순서   **279**
       1. 하나님 앞으로 나아옴
       2. 말씀의 선포
       3. 감사와 응답
       4. 세상으로 나아감
    V. 주일예배와 세례   **289**
    VI. 주일예배와 성찬   **293**

10장 | 교회력과 현대 예배   301
    I. 서구 교회의 현대 예배 양상   **301**
    II. 이머징 예배를 통한 교회력의 적용   **305**
    III. 강림절 이머징 예배   **310**

〈부록〉 교회력에 따른 성서 일과   321

참고문헌 / 335

1 장
예배의 정의

I. 용어의 정의

예배란 무엇인가? 대다수의 종교는 제의적 행위, 즉 예배를 중심으로 형성되어 발전해왔다. 예배는 기본적으로 그 종교의 절대자에 대한 경외의 표시로서 인간의 제의적 행위이며, 절대자와의 지속적인 연결을 목적으로 행해지는 반복적 행위이다. 기독교 예배는 다른 종교적 제의 행위에 그리스도인으로서의 정체성이 추가된 행위이다. 한국에 소개된 그리스도교의 제의 행위를 '예배'(禮拜)라 번역하였으며, 그 어휘적 의미는 다분히 '종교적 행위'에 집중하고 있음을 볼 수 있다. '예를 갖춰서 절을 하는 것'을 예배로 정의한 것을 볼 때, 초기 한국교회는 한국인들의 전통 속에 자리 잡고 있는 행위로서의 종교적 의식과 행위에 가치를 두고 있었다. 하지만, 기독교 예배는 제의적 행위만으로 정의하기에는 그 의미가 너무 깊다.[1] 제임스 화이트(James F. White)는 예배를 정의하기 위해서 세 가지의 방법을 사용하고 있다. 첫째는 현상학적 접근이고, 둘째는 신학자들이 사용하고 있는 추상적 개념들을 통해, 그리고 마지막으로는 예배를 표현하고 있는 다양한 언어의 핵심 어휘들을 살펴보는 방식이다.2) 이와 같이 다양한 방법을 통하여 예배를 정의하는 것은 예배가 신학적으로 다양한 해석과 함께 다양한 형태로 나타나고 있다는 사실에 근거하고 있다.

현상을 통해 예배에 접근한다면, 우리는 매우 다양한 양상을 접하게 된다. 예배는 그리스도인들이 기본적으로 한 주 단위로 모여 하나님의 영광을 경험하기 위한 제의적 행동들의 연합체로 구성되어 있다. 예배에 참여한 모든 예배자들은 모두 고개를 숙이고 손을 모아서 기도를 드린다. 찬송을 통하여 찬양과 영광을 하나님께 드린다. 때로는 박수를 하기도 하고, 때로는 침묵하기도 하면서 예배에 적극적으로 참여한다. 특별히 불편하지 않다면 일어서고 앉는 것을 반복하면서도 예배자들은 불평을 표현하지 않는다. 때로는 십자가를 향해서 모두 방향을 돌리고, 영광송을 부른다. 기도를 하기 위해서 평소에는 꿇지 않는 무릎을 꿇기도 한다. 이 예배를 이루고 있는 그 많은 행위들이 예배자들에게는 일상적이고 반복적이며 매우 익숙한 행위들이겠지만, 이를 처음 보는 외부인들의 시선에는 다양한 행위들이 종합적으로 이루어지는 제의로 보일 것이다. 실제 필자는 비기독교인이면서 연극연출을 하는 지인과의 대화를 통해서 그가 외부인으로서 관찰하는 예배에 대한 사견을 접한 경험이 있다. "기독교 예배는 구성력이 매우 탁월하고 완성도가 거의 완벽에 가

---

1) 필자는 이후로 '기독교 예배'를 '예배'라 칭하겠으며, 기독교를 제외한 다른 종교의 예배 행위에 대해서는 특정 종교명을 붙여 사용한다.
2) 제임스 화이트, 『기독교 예배학 입문』, 정장복, 조기연 옮김 (서울: 예배와 설교 아카데미, 1990), 20-21.

까운 한 편의 연극과도 같다. 특별히 보이지 않는 절대자를 향하여, 예배자 모두가 일심으로 동일한 행동을 반복하며, 스스로 받은 감동에 대하여 헌금하는 모습은 인상적이다. 특별히 마지막에 목사의 축복기도에 고개를 숙이고 기도하는 모습은 대단히 감동적이었다." 왜 아니겠는가? 지난 이천 년의 역사를 통해서 발전한 기독교 예배는 완벽한 예술 그 자체이다. 하나님이 가장 적극적인 형태로 자신을 계시하는 사건이기에 예배는 완벽할 수밖에 없으며, 아름답지 않을 수 없다.

이 책에서 보다 구체적으로 다루겠지만, 그리스도인들은 매일, 주간, 연중의 시간적 주기를 가지고 그 모임을 지속하고 있다. 이러한 전통은 이미 신약성서에서 찾을 수 있는 것으로, 유대인들이 가지고 있었던 절기적 개념과 초대 교회 공동체가 예수 그리스도의 고난, 죽음, 그리고 부활 사건을 중심으로 행하였던 교회력을 통하여 정착되었다.

예배 공동체는 기독교의 예식들을 통해서 다양한 하나님의 은혜를 경험하였다. 이러한 예식들을 통해서 예배의 정체성을 볼 수 있다. 자의적 선택에 의해서 그리스도인이 된 경우는 기독교 공동체의 일원이 되기 위한 일련의 과정을 요한다. 일정 기간의 교리적 교육을 마친 후 자신의 신앙 고백이 이뤄지며, 세례예식(Christian Initiation)을 행한다. 이는 기독교 공동체에 입교를 위한 예식으로 이뤄진다. 유아세례의 경우는 비록 자신의 기억 속에는 없지만, 성인이 되어 자신의 의지에 따라 문답을 통한 입교예식을 행한다. 한국교회는 세례와 관련된 예식이 서구의 교회들에 비해 상대적으로 간소하고 빈약하다. 견진(Confirmation), 첫 성찬(First Communion), 그리고 세례의 재확증(Reaffirmation of Baptism)과 같은 예전은 아직 한국 개신교 상황에서는 매우 낯선 예식들이다. 이러한 예식들은 그리스도인으로서의 정체성을 이루고 확립하기 위해서 세계의 교회들에서 행해졌고, 지금도 행해지고 있는 예식들이다. 이와 같은 물의 예식을 통해서도 우리는 기독교 예배의 정체성을 살펴볼 수 있다.

세례와 함께 개신교 전통에서 성례인 성찬을 통해서도 기독교 예배 공동체의 정체성을 확인할 수 있다. 비록 성찬이 "기념하여 이를 행하라"는 주님의 명령(고전 11:24)에 근거하고 있지만, 성찬의 시행자체를 부정하는 개신교 전통도 있다. 하지만, 여전히 많은 개신교 전통에서는 성찬을 하나님의 자기 수여 사건으로 이해하며, 은총의 수단으로 성찬을 시행하고 있다. 예수께서 제자들과 마지막 식탁의 자리에서 행하셨던 그의 사랑의 행위는 초대교회 예배의 핵심이었다.

기독교 예배는 주일 예배를 중심으로 발전해 왔으며, 세례와 성찬, 그리고 말씀이 예배의 가장 큰 축을 이루고 있다. 한국적 상황에서는 주중에도 많은 예배의 형식을 사용한 많은 모임들이 있다. 새벽 기도회, 수요 기도회, 금요 철야기도회, 또한 속회도 예배의 형태로 그 모임을 갖고 있다. 심지어 직장에서도 신우회 모임을 갖는데, 이 경우에도 예배의 형식을 취한다. 이러한 예배와 더불어 인생의 여정과 함께 하는 다양한 형태의 예식들이 있다. 출생, 질병, 죽음 그리고 가정을 중심으로 이뤄지는 예식들도 예배의 형태를 가지고 있다.

예배의 외적인 형태를 통해서 살펴본 예배의 양식은 매우 다양하다. 그러하기에 예배를 정의함에 있어서 외적인 형태를 통해서만 판단하는 것은 자칫 자신의 예배 경험에서만 예배를 한정적으로 정의하는 오류를 낳게 될 수 있다. 한편, 외적인 형태를 통해서 한국 개신교 예배를 볼 경우 매우 대동소이함을 알 수 있다. 하지만, 한국에는 비교적 잘 알려져 있지 않은 개신교 예배 전통들, 예컨대 청교도 후예들의 예배들과 회중

교회의 성향이 강한 자유교회(free church)의 예배를 한국의 기성 개신교 예배의 외적 틀로 조망할 경우 그 정의를 내림이 매우 혼란스러울 수 있다.

예배를 정의하는 두 번째 방법은 학자들의 정의를 통해서 신학적으로 고찰하는 것이다. 조직신학자이며 예배신학자인 단 샐리어즈(Don E. Saliers)는 "하나님을 예배하는 것은 '일차적 신학'(primary theology)이다"라고 단정하고 있다.3) 샐리어즈에게 예배는 기독교 공동체가 시작하는 시점부터 있었던 가장 기본적이며 근본적인 신학적 텍스트라고 주장하고 있다. 초대교인들의 기도와 찬양, 그리고 그 고백들이 예배를 통해서 형성되어 신학의 기초를 마련하였다. 이들 초기 공동체의 예수 그리스도의 부활 사건에 대한 신앙고백은 매우 구체적이었으며, 이에 근거한 그들의 실제적인 표현방식은 예배의 가장 근본적인 틀이 되었다. 인간들은 힘든 삶의 여정 속에서도 포기하지 않고, 하나님의 인간을 향한 애정을 믿고 하나님의 자비를 부르짖는다. 샐리어즈는 예배를 인간의 파토스와 하나님의 에토스가 만나는 이중적 기능을 가진 것으로 이해했다. "기독교 예배는 인간의 파토스는 연약하여 공격을 받아 상처를 입을 수밖에 없는데, 그것이 말씀과 성만찬을 통해 허락하시는 하나님의 스스로 낮아지시고 연약해지심의 에토스와 만나게 될 때 변형을 경험하게 되고, 능력을 공급받게 된다."4)

정교회 예배학자 알렉산더 슈메만(Alexander Schumemann)은 리터지(liturgy/ 레이투르기아)의 의미를 강조하면서 예배를 정의하고 있다. 예배를 기본적으로 성례전적 경건성(liturgical piety)을 기억하는

---

3) 단 샐리어즈, 『거룩한 예배: 임재와 영광에로 나아감』, 김운용 옮김 (서울: 예배와 설교 아카데미, 2010), 27.
4) *Ibid.*, 37.

'공동의 활동'임을 전제하며 다음과 같이 설명하고 있다.

> 인간은 먹어야 사는 존재다. 그런데 인간이 먹어야 할 음식은 다름 아닌 하나님이다. 우리 삶의 모든 배고픔은 결국 하나님을 향한 배고픔이다. 우리의 모든 갈망은 궁극적으로는 하나님을 향한 갈망이다 … 우주 안에서 인간만이 가진 독특한 점은 오직 인간만이 하나님에게서 받은 음식과 생명에 대해 하나님을 송축하는 존재라는 점이다. 오직 인간만이 하나님이 주신 복에 대해 찬양으로 응답하는 존재다.5)

인간은 먹어야만 살 수 있는 유한적 존재이다. "인간은 그가 먹는 그것이다"(Man is what he eats)라고 인간을 정의하였던 포이어바흐의 정의처럼, 그리스도인은 예배를 통해서 강복(be blessed)을 먹는 시간과 공간을 경험하고, 그를 통해서 예배자로서의 정체성을 갖는다.

로날드 알렌(Ronald B. Allen)은 앵글로 색슨족의 'weorthscipe'로부터 유래하는 어휘인 'worship'의 의미를 부각시키며, 최고의 가치를 존귀하신 하나님께 돌리며 그를 찬양하는 행위를 예배로 정의한다. "예배란 우리가 그분의 가치를 선언하여 하나님께 적극적으로 응답하는 것이다. 예배는 수동적이 아닌 참여적인 것이다. 예배는 단순한 분위기가 아니다. 그것은 하나의 응답이다. 예배는 단지 감정이 아니다. 그것은 하나의 선언인 것이다."6) 예배는 하나님과 인간 사이의 지속적인 관계를 통해서 이뤄지며 일방적인 사건이 아닌 상호작용에 의한 종교적 행위로 정의하고 있다.

---

5) 알렉산더 슈메만, 『세상에 생명을 주는 예배』, 이종태 옮김 (서울: 복 있는 사람, 2008), 19.
6) 로런드 아렌, 골던 볼러 공저, 『예배』, 황원찬 옮김 (서울: 예루살렘, 1993), 16.

스위스 출신의 신약성서학자인 장자끄 폰 알멘(Jean-Jacques von Allmen)은 예배를 성서적 차원에서 포괄적으로 정의하고 있다. 크게 세 가지의 원리를 통해서 예배를 정의한다. '구속의 역사를 요약하는 것으로서의 예배', '교회의 자기표현으로서의 예배,' '그리고 세계의 종말과 미래를 지향하는 예배'이다. 알멘에 따르면 구속사적으로 예수의 삶 자체가 예배였다. 예배 가운데 이뤄지는 그리스도의 임재(*epiclesis*, 에피크레시스)는 예배에 참여하는 자들에게 구원의 은총을 지속적으로 경험하게 하는 기능을 감당한다. 예배자들은 예수의 삶을 통해 드러난 구속의 은총을 예배 가운데 실제적으로 경험한다. 비록 교회가 세상과는 대립 관계 속에 있는 것처럼 보일 수 있지만, 세상의 중심에는 교회가 있고, 그 교회의 중심에는 예배가 있다. 예배는 교회로 하여금 사회적 장벽을 넘어서 사회와 균형을 이루게 하며, 교회로 하여금 세상을 섬기고 변화시킬 수 있는 동력을 제공한다. 결국 그리스도인들에게 교회는 예배 공동체로서 지역사회 생활의 기준과 준거가 된다. 이 기준과 준거를 경험한 예배자들은 비록 그들의 삶이 세상 속에 있을지라도 하나님 나라를 경험하며, 그 하나님 나라의 예배자들은 일상의 삶에서 전도자의 삶으로 살아가야 된다.[7]

폴 훈(Paul W. Hoon)은 그의 저서 *The Integrity of Worship*을 통해서 기독론 중심의 예배정의를 강조하고 있다. 예배의 정의에 대해서 가장 보편적으로 알려져 있는 "하나님의 계시에 대한 인간의 응답"이라는 명제를 기독론적 관점에서 보다 구체적으로 설명하고 있다. 기독교 예배는 근본적으로 그 시작에서부터 마지막에 이르기까지 철저하게 기독론에 기초해야 된다고 주장한다. 예배는 하나님의 자기 계시이지만, 이는

---

[7] J. J. 폰 알멘, 『예배학원론』, 정용섭외 옮김 (서울: 대한기독교출판사, 1979), 17-77.

예수 그리스도 안에서 이루어졌으며, 이에 대한 인간의 응답으로 이뤄진다. 말씀을 통하여 하나님과 인간 사이의 대화가 이루어지며, 예수 그리스도의 자기희생의 제사장적 행위로 말미암아 예배하는 성도들로 하여금 제사장적인 행위를 고조시키는 역할을 한다. 주님의 이와 같은 자기희생적 신비의 예식으로 말미암아 예배자들은 예배를 통하여 그리스도의 임재를 실제적으로 경험하게 된다.[8]

북미 예배학자로 복음주의적 입장을 고수하며, 자신의 예배신학을 현장에서 실제적으로 적용하기 위해 노력하였던 로버트 웨버(Robert E. Webber)는 교회력의 영성을 증거하는 예배를 강조하고 있다. "예배는 그리스도의 죽음과 부활 사건에서 최고조에 다다른 하나님의 놀라운 구원 행위를 축하(celebration)하는 것이다. 예배는 과거에 발생한 역사적인 사건을 축하하며 미래에 발생할 종말론적 사건을 예상하는 것이다. 그렇게 함으로써 과거와 미래의 의미가 현재 성도들의 경험 속에서 생생하게 되살아난다."[9] 웨버는 예배의 아남네시스적 요소의 극대화가 예배자들에게 경험되어지고, 이를 근거로 다가올 하나님 나라에 대한 기대 속에서 살아가야 됨을 강조한다.

학자들의 학문적 입장에 따라 예배를 정의하는 것에 다소의 차이는 있다. 학자들의 정의가 비록 신학적으로 섬세하고 논리적인 언어들로 구성되어 있지만, 실제 예배는 예배자의 체험적 경험에서 그 정의가 출발되어야 한다. 어린 아이들의 고사리 같은 손을 꼭 포개고 드리는 기도에서, 젊은이들의 두 손을 들고 환호하며 부르는 찬양에서, 말씀을 사모

---

8) Paul Waitman Hoon, *The Integrity of Worship* (Nashville, Tennessee: Abingdon Press, 1971), 77.
9) 로버트 E. 웨버, 『교회력에 따른 예배와 설교』, 이승진 옮김 (서울: CLC, 2004), 31.

하는 모습으로 목회자의 설교에 경청하는 중년 여인의 모습에서, 베푸신 하나님의 은혜에 감사하며 드리는 중년 신사의 봉헌의 손길에서 우리는 예배를 정의할 수 있다. 그리고 평생을 주님의 전에서 기도했으며 남아 있는 삶도 성전 출입에 문제가 없기를 소망하며 간절히 기도하는 할머니와 할아버지의 굽은 등에서 우리는 예배를 정의할 수 있다.

한국 기독교에서는 예배(禮拜), 즉 '예를 갖춰서 절을 하는 것'을 통해서 하나님을 만나는 사건을 정의하였다. 한 단어로 기독교 예배를 단적으로 정의하는 것은 무리가 있지만, 그 언어적 표현을 통해서 예배의 정의를 살펴보는 것도 예배의 의미를 확대 이해하기 위해서는 유의미하다. 예배를 가장 대표적으로 표현하는 어휘는 로마서 13장 6절에 나오는 '하나님의 일꾼'이라는 표현의 희랍어 단어인 레이트루기아($λειτουργια$)이다. 이 말은 일(에르곤)과 백성(라오스)의 합성어로서, 고대 희랍에서의 레이트루기아는 국가의 전체 이익을 위하여 실시하는 공익사업을 뜻했다. 그 원리는 세금을 내는 것과 비슷한 것으로서 세금은 물론 서비스를 제공해야 한다는 의미를 가지고 있었다.10) 레이트루기아는 영어로 리터지(liturgy)로 번역되었으며, 오늘에 이르기까지 영어권에서는 예배의 총체적 표현을 리터지(liturgy)라 한다.

오늘날 개신교 예배의 특징은 목회자의 설교 준비가 끝나면 예배 준비가 동시에 끝나는 것으로 이해하는 경향이 있다는 것이다. 이는 개신교 예배가 일반적으로 가지고 있는 예배에 대한 이해에서 기초한 것으로, 설교의 성패가 은혜의 유무와 직접적 상관성이 있다고 믿기에, 예배에 있어서 설교에 대한 비중을 크게 두는 것과 맥을 함께 하고 있다. 물론 설교에 비중을 두는 것이 개신교 예배의 태생적 상황이라고 할 수 있

---

10) 제임스 화이트, 『기독교 예배학 입문』, 32.

지만, 예배는 설교만이 부각되는 사건이기 보다는 공적인 사건이며, 공동체적 연합으로 함께 만들어 가는 종합적인 행위이어야 한다. 리터지의 영어식 표현은 '사람들의 일'(work of people)로 정의할 수 있다. 예배는 비록 목회자라고 할지라도 목회자 한 사람에 의해 준비되어서는 안 된다. 예배는 공동체적 행위로 이루질 때 예배가 갖는 순기능이 더욱 명확히 표현되고 경험된다. 모든 노동이 예배가 될 수는 없지만, 예배는 반드시 공동체적 노동이 있어야 된다.

필자는 십여 년간 신학교에서 가르치면서 학생들과 함께 매주 예배학회로 모이고 있다. 학회의 모임을 통해서 매 학기 학회원들과 한 편의 예배를 기획하여 드리고 있다. 학교 공동체를 위한 예배인 경우가 대다수이지만, 때로는 특별한 목적을 가지고 외부인들을 대상으로 하는 예배를 기획하여 드리기도 하였다. 때로는 외부 설교자를 청해서 예배를 드릴 때도 있고, 학교 구성원 가운데 설교자가 세워질 때도 있었으며 때로는 필자가 설교를 인도할 때도 있다. 이 예배를 통해서 중요하게 다루는 부분은 예배의 일관성에 관한 부분이다. 설교 중심의 개신교 예배가 자칫 설교의 주제와 예배 전체의 구성이 조화를 잘 이루지 못하는 경우가 있다. 학회의 구성원들은 예배 전체가 예배의 주제에 맞게 설교와 다른 예배를 구성하는 요소들이 균형을 잘 맞출 수 있도록 노력하고 있다. 이를 위해서 예배의 각 순서가 가지고 있는 고유한 기능이 제 기능을 드러내며 회중들이 함께 할 수 있도록, 예배를 준비하는 학회원들은 최선의 노력을 다 기울인다. 예배의 각 순서뿐 아니라 예배 공간을 통해서도 예배의 전체적인 주제가 경험될 수 있도록 한다. 이러한 예배를 드리며 필자가 공통적으로 경험하는 것은 최소한 예배를 함께 준비하며 드린 학회원들은 예배를 통해 하나님의 자기 계시를 명확하게 경험하며 그

은혜에 대한 응답이 이루어진다는 사실이다. 이들은 리터지의 의미를 몸으로 경험하고 있다.

예배의 두 번째 어휘적 의미는 프로스퀴네오($προσκυνεω$)에서 왔다. 이 말은 존경의 표시로 '절하다' 또는 '굽어 엎드리다,' '입 맞추다'라는 뜻으로서 지상의 통치자들에게 신체적으로 굴복 또는 순종의 의미를 담고 사용하던 표현이었으며, 신약에서만도 24회나 사용되었다.[11] 이 단어가 행위를 기술하는 용어로 사용된 대표적인 곳이 마태복음 2장과 4장이다. 동방의 박사들이 별을 보고 매우 크게 기뻐하고 기뻐하며 찾아간 아기 예수에게 '경배하고' 황금과 유향과 몰약을 예물로 드렸다. 이 행위가 예배의 어원이 되었다. 광야에서 40일의 금식을 통해 공생애를 준비하던 예수는 마귀의 시험을 경험한다. 세 번째의 시험을 통해서 마귀는 그에게 "엎드려 경배하면"(프로스퀴네오) 천하만국과 그 영광을 주겠다고 유혹하였다. 동방의 박사들이 왕의 왕께 행하였던 예배 행위를 자신의 앞으로 돌리려는 시도였다. 예수는 자신에게 예배하라는 마귀의 유혹을 예배를 받을 대상이 하나님 외에는 없다는 계명으로 물리치셨다.

엎드려 절을 한다는 개념의 프로스퀴네오는 한국의 예배의 의미와 가장 잘 부합하는 용어이다. 오늘날의 예배가 무릎을 꿇는 행위를 포함하고 있지는 않지만, 예배(禮拜)의 어휘적 이해, 즉 '예를 갖춰서 절을 하는 것'의 개념과 프로스퀴네오는 깊은 상관성을 나타낸다. '절'이 가지고 있는 행위적 의미는 매우 보편적이다. 권력, 권위, 혹은 권세에 대한 복종, 순종, 경배이다. 절대자의 위치와 힘에 대한 최고의 표현이다. 인간들의 구원을 위해서 이 땅에 초림한 아기 예수를 향하여 예배자들은 "엎드려 절하세, 엎드려 절하세, 엎드려 절하세 구세주 났네"라고 찬송

---

11) 정장복,『예배학 개론』(서울: 예배와 설교 아카데미, 2003), 19.

하고 있다.

셋째는 '라트레이아'($\lambda \tau \rho \varepsilon \iota \alpha$)이다. 이 단어는 '보상을 위한 봉사,' '신들을 섬김'이라는 뜻을 가지고 있다. 신약성서에서 라트레이아($\lambda \tau \rho \varepsilon \iota \alpha$)가 사용된 다섯 가지 실례 중에서 세 가지는 희생제사 사역을 언급하고 있는데, 롬 9:4, 히 9:1, 6이 그러하다.12) 로마서 12:1에서는 내적인 생활과 외적인 행위의 산 제사를 말하고 있다. 즉, 인간의 이성과도 일치하며 또한 그 안에서 하나님의 이성도 역사하시는, 하나님께 대한 예배를 말한다. 영어로 worship, service라는 예배에 대한 표현에서 service의 개념이 '라트레이아'의 의미와 맥을 같이 하고 있다. 실제 예배는 하나님의 은혜에 대한 인간들의 응답이며, 응답의 형태는 섬김의 모습으로 하나님께 영광을 드리는 시간이다. 하나님을 섬기고, 예수 그리스도를 기억하고, 또한 성령의 역사를 소망함에 자신의 것을 희생하고자 하는 의지의 표현이 예배이다.

예배를 이와 같이 외적인 형태와 어휘를 통해서 그 의미를 살펴봤다. 하지만, 그보다 중요한 것은 예배의 주체가 되는 공동체가 어떠한 목적으로 모여서 예배하느냐에 관심을 두어야 한다. 이는 예배의 정의라고도 볼 수 있지만, 예배 공동체의 정체성에 관한 정의라고 할 수 있겠다.

II. 공동체 중심의 예배 정의

예배는 기본적으로 공동체적 행위이다. 한 개인에 의한 예배도 가능하겠지만, 예배는 기본적으로 공동체적 행위에 기초한다. 예배가 개인

---

12) 제임스 화이트, 『기독교 예배학 입문』, 35.

의 경험을 기초해서 이뤄지지만, 필자는 이번 영역을 통해서 공동체적 행위로서의 개념을 가지고 기독교 예배를 정의하였다.

1. 아남네시스 공동체로서의 예배

첫째로 아남네시스 공동체로서의 예배이다. 희랍어 아남네시스(ἀνάμνησι, anamnesis)는 과거의 일을 기억하고 추모하는 의미의 용어이다. 아남네시스는 과거 미완료형으로 사용되며, 과거에 시작된 사건이 현재까지 지속적으로 진행되고 있는 시제이다. 초기 기독교 공동체는 예수 그리스도 사건을 기억하기 위한 모임이었다. 예수는 근본 하나님과 본체이지만, 우리와 같은 사람의 모양으로 이 땅에 내려 오셔서 하나님 나라를 믿지 못하는 그의 백성들에게 하나님 나라의 비밀을 선포하셨다. 예수의 구체적인 사역은 이적을 통해서 사람들을 깨우치고, 고치시고, 회복시키셔서 하나님의 나라에서 사람답게 살 수 있게 하는 것이었다. 자기를 내어주사 죽기까지 복종하셔서 십자가에서 죽으심을 맞이하였다(빌 2:6-8). 초대교회는 예수가 전한 하나님 나라의 메시지로부터 십자가에서 죽임을 당하시고 부활한 예수 그리스도에게로 관심이 전환되었고, 이를 복음으로 증거하였다.13) 기독교 공동체는 예배를 통해서 이 사실을 현재적 의미로 기억해야 된다. 비록 이천 년 전의 사건이며 문화적으로도 우리와 전혀 상관없는 사건이지만, 예수가 이 땅에 오셔서 하나님 나라를 선포하셨고, 부활하신 사건을 현재적 사건으로 기억(anamnesis)하는 시간과 공간이 예배이다.

한국은 전통적으로 추모의 개념을 가지고 있다. 조상 제사를 중시 여

---

13) 조경철,『신약성서신학』(서울: KMC, 2014), 39.

겼던 한국 문화의 영향으로 기독교화된 추모예식을 예배의 형식으로 드리고 있다. 서양인들과 달리 우리에게는 추모의 개념이 보편적이다. 기독교 예배 형식을 통하여 선조들의 신앙을 기억하는 가족 단위의 모임은 아마도 전 세계에서 유일한 모습일 것이다. 한국의 기독교 공동체는 추모예식을 통해서 과거의 사건을 현재화하고 있다. 이 예식을 통해서 자신의 후대들이 조상의 신앙의 유산을 계승하기를 기대하며 예배한다. 아남네시스의 의미는 성찬을 통해서 더욱 명확히 드러난다. 성찬을 행할 때 그리스도께서 현존하시며, 모든 권세를 가지고 구원하시는 역사를 지속적으로 우리에게 베풀어 주신다. 이는 이천 년 전에 그의 제자들에게 베풀어주셨던 마지막 식사의 자리를 단순히 기억하는 것에 그칠 수 없다. "나를 기억하여 행하라"는 주님의 명령을 단순히 기억하는 것이 아니다. 이는 구주되신 예수의 생생한 임재를 명확하게 아는 차원으로, 마치 우리가 역사적으로 현존하셨던 그분의 임재를 경험하는 것처럼 되어야 한다. 성찬에 참여한 회중들은 성찬에서 구체적으로 이뤄지는 예수 그리스도의 영적 임재를 구체적이며 실제적으로 경험해야 한다.14)

예배는 부활하신 그리스도를 아남네시스, 즉 생생하게 오늘의 자리에서 기억하고 현재화 한다. 기독교 공동체가 예수를 그리스도, 구원자로 고백할 수 있었던 결정적 사건은 부활이었다. 인간의 몸으로 이 땅에 오셨지만, 예수는 고난, 죽음, 그리고 부활을 통해서 그를 따르던 자들에 의해 그리스도라 칭함을 받았다. 예배학적 관점에서 예수의 부활 사건은 예배의 시발점이자 이 시대까지 기독교 예배가 유효할 수 있는 근

---

14) 제임스 화이트, 『하나님의 자기 주심의 선물 성례전』, 김운용 옮김 (서울: 예배와 설교 아카데미, 2006), 120-121.

거가 된다. 더욱이 부활은 주님이 오시는 그날까지 기독교 공동체가 예배로 모일 수 있는 근거가 된다. 부활은 예수가 단순히 죽음에서 다시 살아났다는 의미가 아니라, 죽음에서 부활해서 영원히 우리와 함께 계심을 믿고 고백하는, 신비의 사건에 대한 신앙적 응답이다. 예수는 부활하셔서 우리와 지금도 함께 계시며 다시 오실 그날까지 함께 계심을 믿는 신앙이다. 시간과 공간을 초월하는 능력이 있기에, 지금도 우리와 함께 계신 분이시다.

2. 에피클레시스(epiclesis) 공동체로서의 예배

예배는 영적 사건이다. 성령의 임재를 통해서 예배는 시작되고 끝이 난다. 성령이 간헐적으로 혹은 때에 따라서 임하거나 역사하는 경우는 없다. 예배 안에서 성령은 그리스도를 통해 하나님께서 이루신 영광의 사역을 나타내는 성삼위 하나님의 제3위격으로 예배를 가능하게 한다. 모든 종교는 이와 같은 영적 존재의 임재를 위한 제의적 행위가 이뤄진다. 특별히 기독교 예배에서는 뜻과 의지를 가지고 인간들이 모여서 하나님을 만나며 경험하고자 한다 하여도 성령의 임재 없이 예배는 불가능하다.[15] 예배는 그 시작과 함께 '예배로의 부름과 기원'을 통해 성령의 임재(에피클레시스)를 요청한다. 요한복음 4장에 기록된 사마리아 여인과의 대화를 통해 주님은 예배가 영적인 사건임을 명시하고 있다. 로마서 12장에는 우리 몸을 하나님이 기뻐하시는 거룩한 산 제물로 드리는 예배를 영적인 예배로 묘사하고 있다. 사도바울은 세속과 구별된 거

---

15) Peter E. Fink, S. J., *The New Dictionary of Sacramental Worship* (Collegeville, Minnesota: The Liturgical Press, 1990), 529-530.

룩한, 즉 영적인 사건에 의한 예배를 가르치고 있다. 성령의 임재를 요청한 예배자들은 스스로 죄인임을 고백함으로 자비하신 하나님의 용서함을 받고 영광의 찬양과 고백을 통해서 하나님 앞으로 나아가게 된다. 결국 예배에서 성령의 역할은 예배를 가능하게 하는 것이다.

그리스도인들은 예배를 통해 성령의 역사를 경험한다. 초대교회의 역사 속에서 나타난 성령의 역사는 예배 공동체에게는 매우 중요한 증거였다. 더욱이 성령의 임재를 통해서 부활하신 그리스도를 만날 수 있었다. 사도행전 2장의 기록을 통해서 알 수 있듯이, 성령의 임재는 교회의 시작이 되었으며, 교회의 시작은 예배 공동체의 시작을 의미하였다. 예배 공동체는 성령의 사건에 의해서 시작되었다. 그들은 부활을 믿고, 그 부활의 증인이 되어 분명히 이 사실들을 말하고 있다(31-32). 부활의 증인된 초대교회 공동체는 성령을 받고(33), 성령의 역사를 통해서 서로 교제하고 떡을 떼며 오로지 기도, 즉 예배하기를 힘썼다(42).[16] 이러한 예배자의 모습은 예배의 자리에 머물러 있는 것이 아니라, 예배자로서의 삶을 보여주었다. 그들 가운데 '기사와 표적'이 성령의 역사를 통해 많이 나타났고, 이러한 역사는 그들이 예배로 모일 수 있는 삶의 동력이 되었다. 여전히 초대교회 공동체원들의 삶은 고달픈 삶이었지만, 예배를 통해서 경험하는 성령의 역사는 그들로 하여금 기쁨과 순전한 마음으로 하나님께 나아가 하나님을 찬미하고 사람들에게도 칭찬을 받는 예수의 향내를 내게 하였다.

에피클레시스 공동체로서의 예배를 통해서 한국교회는 아래의 세 가지 과제를 해결해야 된다. 첫째, 예배를 통해 역사하시는 성령을 반드

---

16) Teresa Berger and Bryan D. Spinks eds., *The Spirit in worship-Worship in the Spirit* (Collegeville, Minnesota: Liturgical Press, 2009), 6-7.

시 경험해야 된다. 다시 말해서 예배를 통해 영적 성숙이 이뤄질 수 있도록 영적 체험들이 지속적으로 이뤄져야 된다. 한국교회가 상대적으로 짧은 시간 동안 세계 교회가 주목할 만한 성장을 이룬 것은 바로 예배를 통한 영적 체험이 컸으며, 믿는 자의 수를 늘려주신 하나님의 은혜가 있었기 때문이다. 하지만, 2005년 인구조사를 통해 나타난 공식적인 종교인 수치에 따르면, 개신교의 증가추세는 멈췄다. 현장에서 피부로 느끼는 오늘의 개신교 현실은 급격히 위축되는 교회학교의 숫자를 보아서도 알 수 있듯이 한국 개신교의 미래를 암담하게 한다. 한국교회는 반드시 예배를 통한 영적 체험을 회복하여야 한다. 하지만, 주일성도(Sunday Christian)가 늘어나고 있는 추세이며, 이들이 예배를 통해서 무엇을 어떻게 경험하는지에 대해서 교회는 고민해야 한다.

필자가 몇 년 전 송구영신예배에서 경험한 일이다. 예배 시작 전에 교회에 도착했지만 이미 자리가 다 차서 본당에 앉지 못하고 스크린으로 예배를 드리는 별실에 앉아서 예배를 드렸다. 우리 부부 옆에는 어린 아이 둘을 유모차에 태운 젊은 부부가 앉아 있었다. 나는 속으로 두 부부를 보면서 '참 귀하다. 이 추운 겨울에 아이들을 데리고 교회에 나오니'라고 생각하였다. 하지만, 시간이 지나 예배가 시작되면서 나의 마음은 대단히 불편하였다. 비록 스크린 앞에서 예배를 드리지만, 그것도 예배인데, 예배를 드리는 동안 이 부부가 예배를 드리는 모습은 나의 마음을 내내 불편하게 하였다. 그들은 예배의 거의 모든 순서에 관심이 없는 듯 보였다. 목사님의 설교에도 전혀 관심이 없는 듯했다. 이들에게 예배를 드리는 목적이 무엇인지 묻고 싶었다. 하지만, 나는 곧 이들의 예배 참석의 목적을 알 수 있었다. 예배 말미에 목사님에 의해 진행된 축복 기도의 시간에 그들의 목적은 그대로 드러났다. 목사님은 한 사람 한 사람 축복의 기도를 할 수 없으니, 치유를 원하는 신체의 부위에 손을 얹고 목사님과 함께 믿음으로 기도할 것을 요청하였다. 이 두 부부는 돌연 진지한 태도로 자고 있는 아이들의 몸에 한 손을 얹고, 다른 한 손은 자신의 가슴에 얹고 기도를 하기 시작했다.

아직도 많은 그리스도인들이 예배를 복 받기 위한 하나의 수단으로 인식하는 경향이 있는데, 이는 예배에 대한 오해이다. 초기 기독교 공동체 예배에 나타난 모습은 예배를 통해서 성령을 경험하며, 이를 통해서 예배자로서의 거룩한 삶을 살기 위한 거룩함의 자리였다.[17] 현대의 많은 그리스도인들의 종교적 성향이 일주일에 한 차례 주일을 성수하는 것으로 예배자의 의무를 다 하는 것으로 오해하고, 또한 그 예배를 통해서 세상에서 누릴 수 없는 특별한 무엇인가를 받아가려고 한다. 이러한 그리스도인들의 '습관적 예배 행위'는 예배를 통한 성령의 역사를 경험하는데 오히려 가장 큰 걸림돌이 된다. 이러한 사고의 전환을 위해서라도 예배를 통한 성령의 역사는 반드시 경험되어야 한다.

둘째, 예배를 통해 역사하시는 성령을 통하여 변화를 경험해야 된다. 예배의 가장 큰 목적은 예수 그리스도의 현현을 경험하는 것이다. 이를 통하여 예배자들은 기쁨의 예배를 경험하고, 기쁨으로 성삼위 하나님의 영광을 체험하는 것이다. 이러한 경험은 예배자들을 변화시키는 결과를 낳는다. 세상에서 경험할 수 없는 거룩함의 경험은 회중들을 진정한 예배자로 바꾸어 놓으며, 그들의 삶의 모습을 변화시켜 놓는다. 지난 이천 년 동안 기독교가 생명력을 가지고 오늘에 이를 수 있었던 동력은 결국 지속적인 변화의 결과인 것이다.

오늘의 한국교회가 당면한 가장 큰 위기와 도전은 우리가 가르치고

---

[17] Paul Waitman Hoon, *The Integrity of Worship*, 32.

배우는 내용과 분리된 삶의 모습에 있다. 예배를 통해서 성령 하나님의 능력을 힘입은 자들의 모습이라고 하기에는 사회적 기준에도 미치지 못했기에 이러한 위기와 도전에 당면한 것이다. 누가복음 저자가 증거하는 삭개오의 모습은 예배를 통한 성령을 경험한 자의 전형적인 모습이다. 그는 주님을 만난 후 돌무화과 나무에서 "급히 내려와 즐거워하며 영접하였으며"(눅 19:6), 이는 예배의 모습이었다. 주님을 영접하는 것, 주님을 경험하는 것, 주님과 함께하는 것이 예배이다. 이후 삭개오의 모습은 변화되었다. 변화를 위해서 노력하였다. 삭개오는 주님을 경험한 후, 기쁨으로 자신의 소유의 절반을 가난한 사람들에게 주었으며, 스스로 맹세하기를 남을 속인 것이 있으면 그의 네 갑절을 갚겠다고 하였다(눅 19:8).

셋째, 예배를 통해 역사하시는 성령의 역사를 기대해야 한다. 현대 예배 공동체에 새로운 성도들이 유입되지 못하면서 교회는 세례를 행하는 것을 점점 상실하고 있다. 이러한 모습은 자구적인 노력이 없다면 개선되기 어려울 것이다. 결국 예배 공동체는 동일한 회중들에 의해 익숙한 패턴으로 늘 해오던 방식에 의해 예배를 드리게 될 가능성이 높아졌다. 이러한 예배의 가장 큰 순기능은 물론 익숙함으로 오는 편안함이겠지만, 역기능으로는 예배를 습관적으로 아무런 기대감 없이 드리게 된다는 것이다. 예배의 가장 큰 적은 익숙함에 의한 기대감의 상실이다.

성경이 전하고 있는 초대교회의 예배 모습은 강력한 성령의 역사를 체험하는 것이었으며, 이를 힘입어 성도들은 하나님 나라에 대한 기대감을 가지고 어려운 현실적 상황을 극복할 수 있었다. 하지만, 현대의 그리스도인들은 예배를 통한 성령의 역사에 민감하게 반응하지 않음을 자주 목격하게 된다. 더욱이 오늘날과 같이 일주일에 한 번 예배하는 회중들이 늘어가는 현실 속에서 예배가 가지고 있는 의미를 온전히 자리 매김 하는 것이 매우 어려워지고 있다. 일주일에 한 번 드리는 예배를 통해서 어떻게 성령의 역사를 예배 중에 경험하게 할 수 있을까? 어떻게 하면 예배를 통해서 하나님이 허락하시는 자기 수여적 사건을 경험하며, 이를 통해 하나님의 자비를 경험할 수 있을까? 한 주간의 시간으로 계산을 해보자. 한 사람이 한 주일에 교회에 나와서 예배를 드리는데 오가는 시간을 포함하여 2시간을 사용한다고 하자. 이 사람이 한 주간 동안 자신의 신앙생활을 위해 사용하는 시간은 2시간이다. 하루 7시간의 수면을 취한다면, 119시간을 깨어서 생활을 하는 이 사람에게 그리스도인으로 예배에 사용하는 분량은 깨어 있는 시간의 1.7%에 해당하는 시간이다. 1.7%의 시간이 98.3% 시간에 영향을 주어야 한다. 한 주간 삶 가운데 1.7%의 시간을 통한 예배에서 나머지 한 주간의 삶에 그리스도인으로서의 정체성을 지키며 살 수 있도록 영적 경험을 해야 한다. 예배 공동체는 성도들이 1.7%의 시간을 가지고도 기대감을 가지고 예배에 나올 수 있도록 지속적으로 노력해야 된다.[18]

Lex Orandi, Lex Credendi[19]를 예배에 적용할 때, 예배는 '움직이는 믿음이다'라고 표현하는 것이 가장 정확하다. 즉 예배의 최우선적 목적은 하나님, 그리스도, 죄, 구원, 교회, 윤리적 행위, 사회적 관심에 대한 논증적 가르침을 제공하려는 것이 아니라, 예배 공동체 안의 믿음을 경험하게 하려는 것이다.[20] 믿음의 온전한 경험은 성령의 역사를 통

---

18) 댄 킴볼은 하루 8시간의 수면으로 계산하였지만, 필자는 하루 7시간의 수면으로 계산하였다. 댄 킴볼, 『하나님께서 영광 받으시는 고귀한 예배』, 주승중 옮김 (서울: 이레서원, 2004), 55.
19) 기도의 법칙이 믿음의 법칙을 이끈다는 중세의 예배 신학으로, 예배 중에 일어나는 일의 구체적 의미를 알지 못하더라도 예배에 무조건적으로 참여하면 믿음이 생긴다는 의미이다. Lex Vivendi로서의 예배 공동체에서 보다 구체적으로 다룬다.

해서만 이뤄질 수 있는 것이며, 그 결과 그 삶의 변화와 예배를 통한 기쁨의 삶을 경험할 수 있다.

3. 프로랩시스(prolepsis) 공동체로서의 예배

예배는 하나님 나라를 이 땅에서 미리 맛보게 하는(프로랩시스) 역할을 한다. 예배자들은 예배를 통하여 그들의 삶이 마감된 후 천국에서 경험하게 될 그 기쁨과 감동과 은혜를 예배의 자리에서 경험하게 된다. 프로랩시스는 영어로 'to take beforehand'라 번역하였으며, 이는 '앞으로 일어날 일이 현재 일어나다'로 번역할 수 있다. 즉, 그리스도인들의 삶에서 앞으로 일어날 일을 예배를 통해서 선취할 수 있다는 의미이다. 특별히 예배를 통해서 하나님 나라를 미리 경험 할 수 있다. 개신교는 교단의 신학과 전통에 따라 예배의 순서가 다소간에 차이가 있다. 하지만, 이 순서들이 지향하는 목적점은 동일하다. 이는 하나님 나라의 잔치를 이 땅에서 예배를 통하여 미리 경험하는 것을 의미한다.

현대인들의 삶의 질을 높여 놓은 여러 가지의 다양한 기구들 가운데 하나가 바로 GPS 기능을 이용한 내비게이션이다. GPS(Global Positioning System)를 통해서 운전자의 현 위치를 알게 하고, 원하는 목적지까지 인도한다. 망망대해에서도, 무한한 창공에서도, 복잡한 도심에서도 목적지를 설정하면 이 위치추적장치의 도움으로 최종 목적지까지 도착하게 된다. 예배도 이와 같은 기능을 감당한다. God's Positioning System(GPS), 즉 하나님이 예배자들을 하나님이 원하시는 목적지까지

---

20) 로버트 웨버, 『예배가 보인다 감동을 누린다』, 김세광 옮김 (서울: 예영커뮤니케이션, 2004), 110.

인도하시는 수단이 예배이다. 하나님께서는 동과 서, 그리고 남과 북으로부터 온 모든 예배자들이 비록 삶의 자리, 상황, 위치와 형편이 다 다르지만, 삶의 자리에 묶여서 예배로 나아가지 못하는 것을 그대로 두지 아니하시고, 하나님이 주도하셔서 하나님이 원하시는 방향과 길로 인도하신다. 그렇다면 하나님이 원하는 예배공동체의 마지막 목적지는 어디이겠는가? 마지막 축도를 마친 예배공동체는 결국 무엇을 경험해야 하는가?

초대교회의 모습에서와 같이 현대의 그리스도인들도 종말론적 고백과 확신을 가지고 예배당을 나서야 한다. 어린 시절 불렀던 노래처럼, 구원 열차를 타고 천국가기 위한 티켓 수령을 위해서 예배를 드리는 것으로 이해해서는 안 된다. 예배는 천국가기 위한 수단이 될 수 없다. 예배는 종말론적 삶을 살기 위한 영적 동력이다. 비록 일부 이단들이 시한부 종말론으로 세상을 혼란하게 하고 있지만, 예배 공동체는 종말론적 고백의 기초 위에 세워져야 한다. 이는 예수 그리스도 중심의 종말론이다. 성경에서 이야기하고 있는 마지막 때의 도래가 갖는 의미를 예수 그리스도와 무관하게 해석하기는 어렵다. 신약성서에서 이야기하고 있는 종말은 예수 그리스도의 초림과 매우 밀접한 관계가 있다. 초대교회 예배 공동체에 부여된 임무는 예배를 통해서 종말을 경험하도록 하는 것이었다. 즉, 이는 예배를 통해서 초림의 사건과 재림의 사건을 동시에 경험하기 위함이었다.

예수의 초림으로 구약의 종말론적 예언은 성취를 맛보았다. 구약은 메시아가 이 세상에 오는 시점이 세상의 마지막 구원의 때로 이해하고 있었다. 구약의 메시아사상이 가지고 온 종말론적 이해이다. 하지만 신약에서 선포하고 있는 종말은 구세주가 오셔서 종말이 시작되었지만,

그 종말은 다시 오심을 통해서 완성된다고 가르치고 있다(벧전 1:20, 고전 10:11, 요일 2:18). 이미 우리에게 임하신 그리스도께서 다시 오실 그 날을 기다리며 예배하도록 우리에게 허락하셨는데, 그 예배 공동체는 다시 오실 그분을 기다리는 재림의 공동체의 모습으로 예배하여야 된다. 예배 공동체가 종말론적 예배 공동체가 되어야 함은 무슨 뜻이겠는가? 이는 하나님 나라의 경험에 있다. 이 땅의 것에 대한 만족을 위한 예배가 아니라, 하나님 나라에 대한 경험을 목적으로 하는 것이 예배의 지향점이 되어야 됨을 의미한다. 예배 공동체의 예배 경험의 목적은 종말론적 이해에 근거한 하나님 나라의 기쁨을 예배를 통해서 먼저 경험함에 있다.

    내비게이션을 이용하면서도 길을 잃는 경우가 있다. 내비게이션이 인도하는 길이 자신의 기억 속에 있는 통로보다 좋지 못하다고 판단하는 경우, 운전자는 자신의 판단에 따라 길을 가는 경우가 있다. 때로는 이러한 자신의 판단으로 어렵게 목적지에 도착하거나 길을 잃는 경우가 있다. 예배를 통해서도 유사한 경험이 일어날 수 있다. 하나님이 주도하시는 예배를 드리면서도 우리는 예배를 통해서 경험하고 도달하여야 할 목적지에 이르지 못할 수 있다. 이는 마치 GPS의 안내를 무시하고 가는 운전자와 같이, 자신의 경험과 기억에 따라 예배를 드리는 경우에 해당될 수 있다. 익숙함이 예배의 방해 요소가 될 수 있다. 습관에 따른 예배가 결국 예배에 대한 어떠한 기대함도 갖지 못하도록 하는 방해의 요소가 되기도 한다. 익숙한 본문의 말씀이 예배에 대한 기대감을 반감시킬 수 있지만, 그럼에도 불구하고 예배를 통한 하나님의 역사하심을 기대해야 된다. 반복적인 행위를 통해서 더욱 구체적으로 하나님 나라에 대한 경험이 일어나야 된다. 예배 공동체가 예수 그리스도를 중심으로 한 종말론적 신앙에 기초하고 있다면 모든 예배는 하나님 나라를 경험하는 예배가 된다. 이 경우 예배는 프로렙시스의 경험이 일어난다.

우리는 매주 반복적인 패턴의 예배를 드린다. 때로는 설교를 중심으로 구성된 예배를 매주 드리다 보니, 예배를 드리기 전에 주보를 보면 오늘 어떤 흐름의 예배가 드려질지 미리 그려볼 수 있다. 예배자들 가운데 이미 본인이 잘 알고 있는 성경구절을 본문으로 설교를 할 경우 식상한 예배라 미리 단정하고 예배에 대한 기대감을 상실할 수 있다. 이와 같이 자기 주도의 자기중심적 사고로 예배를 드리게 되면 예배를 통한 성령의 역사를 체험하기 어렵다. 예배는 결코 한 개인이 주어가 되어서 경험할 수 있는 사건이 아니다. 한 개인의 주관적 경험이 예배의 중심에 있을 수 없다. 예배는 철저하게 예수 그리스도 중심의 사건이어야 된다. 예수 그리스도를 중심으로 하는 종말론적 예배에 대해서는 교회력을 다루는 다음 장에서 보다 구체적으로 다루겠다.

4. Lex Vivendi 공동체로서의 예배

기독교 예배 공동체는 기도를 통해서 믿음을 형성하고 그리스도인으로 삶을 사는지, 아니면 믿음의 양식에 따라 기도함으로 그리스도인으로 사는 지에 대한 이해의 차이가 있어 왔다. 전자의 이해는 가톨릭의 이해로써, 이러한 이해를 Lex Orandi(기도의 법칙), Lex Credendi(믿음의 법칙)라 칭했다. 기도를 온전히, 즉 예배를 온전히 드리면 믿음이 생긴다는 가르침이었다. 이러한 이유로 서방의 교회는 비라틴어 영역에서도 라틴어 미사를 고집할 수 있었다. 비록 사제에 의해서 집례되는 미사 언어를 회중들이 전적으로 이해하기는 어려웠지만, 전통적으로 내려

오는 그들의 기도들을 고백하는 것과 전례에 따른 성찬에 참여하는 것만으로도 예배자들은 하나님이 허락하시는 믿음을 경험할 수 있었다. Lex Orandi, Lex Credendi, 즉 기도를 온전히 드리면, 믿음이 생긴다고 가르쳤으며, 이를 믿었다.

하지만, 종교개혁가들은 공통적으로 16세기 가톨릭 교회 미사가 가지고 있었던 지나친 사제 중심의 제의와 그 중심 사상이었던 Lex Orandi, Lex Credendi를 부인하였다. 오히려 종교개혁가들은 Lex Credendi, Lex Orandi, 즉 믿음이 다른 그 무엇보다 우선될 수 없으며, 믿음을 따라 기도함을 강조하였다. 개신교 예배의 다양성은 이를 기초로 한다. 가톨릭과 개신교 전통에서 비록 이와 같이 예배와 믿음에 대한 기본적 이해의 차이가 상존하지만, 결국 이를 통한 지향점은 동일하다. Lex Vivendi, 즉 고백한 기도에 의한, 그리고 경험한 예배의 고백에 근거한 삶의 모습이 있어야 한다는 것이다. 예배는 예배자의 삶과 분리될 수 없다. 삶으로 드리는 예배야말로 참된 예배의 모습이다.

예배의 용어 가운데 하나인 레이트루기아(λειτουργια)의 원뜻에서 알 수 있듯이, 예배는 사람들의 일, 혹은 섬김으로 풀 수 있다. 폴 훈은 레이트루기아를 '사람들의 일'이라고 해석할 수도 있지만, 이는 다시 풀어서 해석하면, 예배가 단순히 모여 제의적 행동을 하는 것에서 그치는 것이 아니라, 삶에서 행동으로 나타나야 함을 의미함으로 확대 해석할 수 있다고 주장한다.21) 예배는 그리스도인들의 삶을 통해서 완성되어야 한다. 예배가 하나님의 계시에 대한 인간의 응답이라고 포괄적으로 정의할 경우, 하나님의 자기 계시에 대하여 인간은 삶으로 자기를 하나님께 다 드러내야 한다. 인간의 측면에서도 하나님과 그의 백성을 향해

---

21) Paul Waitman Hoon, *The Integrity of Worship*, 32.

서 자기를 다 드러내야, 즉 자신을 하나님과 세상 앞에 계시해야 한다.

성경은 예배와 예배자의 삶에 대해 많은 관심을 나타내고 있는데 이는 창세기 4장에 등장하는 성경의 첫 예배 기록으로부터 잘 나타나고 있다. 성경은 가인은 농사를 짓는 자였고, 아벨은 양을 치는 자였다고 기록하고 있다. 아벨은 양의 첫 새끼와 그 기름으로 하나님께 예배를 드렸고, 가인은 땅의 소산으로 예배를 드렸다. 하나님은 아벨의 예배는 기뻐 받으셨으나 가인의 예배는 기뻐 받지 않으셨다. 많은 경우 설교자들은 본문의 아벨과 가인의 예배 행위에 사용한 동사의 시제를 통해서 그들 예배가 받아들여지거나 거절된 원인을 전한 것 같다. 가인의 예배 행동을 기술한 원어의 동사인 '와야베'는 미완료형 시제이며, 아벨의 것은 완료형을 사용하고 있다.22) 이를 적용하여서 가인은 잘 준비되지 않은 상태로 하나님께 나와 예배를 드렸고, 결과적으로 가인의 예배는 하나님에게 받아들여지지 않았다고 해석하였다. 아벨의 경우는 반대로, 예배를 드릴 준비를 다 끝내고 하나님 앞에 나와 예배를 정성껏 드렸기에 하나님이 기뻐 받으셨다는 것이다. 하지만, 본문에서 하나님이 가인의 예배를 받지 않은 이유를 그와 같이 가르치고 있지는 않다.

창세기 4장 5절 이하의 본문을 통해서 나타난 하나님과 가인의 대화는 가인의 예배를 받지 못하시는 하나님의 이유를 기록하고 있다. "네가 분하여 함은 어찌 됨이며 안색이 변함은 어찌 됨이냐 네가 선을 행하면 어찌 낯을 들지 못하겠느냐 선을 행하지 아니하면 죄가 문에 엎드려 있느니라 죄가 너를 원하나 너는 죄를 다스릴지니라(6-7)." 하나님이 가인의 예배를 받지 않으신 것이 아니라 받지 못하셨다. 죄의 문제를 해결

---

22) Gordon J. Wenham, *Word Biblical Commentary Vol. 1 Genesis 1-15* (Waco, Texas: Word Books, 1987), 103.

하지 않은 상태에서 하나님 앞에 나와 드리는 예배는 하나님이 받을 수 없으셨다. 그의 예배 자체에 대한 거절이 아니라, 삶에서 죄를 해결하지 못한 모습으로 나온 그에 대한 거절이었다. 본문은 하나님께서 '가인과 그의 제물'은 받지 아니하신지라(5)라고 기록하고 있다.[23] 결국, 하나님께 예배를 드린다는 것은 우리의 삶으로부터 시작되고, 삶으로 종결된다. 예배자로서 합당한 삶을 살아내기 위해 최선의 경주를 다할 때 하나님께서는 우리를 통해서 영광을 받으신다.

주님도 요한복음을 통한 예배에 대한 가르침에서 이를 분명히 하고 있다. 사마리아 여인과의 대화를 통한 주님의 예배에 대한 가르침은 영과 진리의 문제였다. 사마리아 여인이 이해하고 있었던 예배는 제한된 시간과 장소에 근거를 두고 있었다. 유대인의 전통을 알고 있었던 여인이었기에, 그녀의 이야기는 충분한 근거가 있었다. 조상 때부터 예배하였던 시온 성전에서의 예배를 언급하였다. 하지만, 하나님이 원하시는 예배는 시간과 장소에 제한된 예배가 아니었다. 예수는 '하나님은 영이시니 예배하는 자가 영과 진리로 예배할'(요 4:24)것을 명령하셨다. 영과 진리로 드리는 예배는 무엇을 뜻하고, 왜 이 사마리아의 이방 여인에게 예배의 본질에 대해서 가르치고 계실까?

예배는 기본적으로 예수 그리스도 사건이다. 예수는 하나님의 아들로 육신을 입고 이 땅에 오셨지만, 영이신 하나님의 아들로서 영으로 난 것을 스스로 선포하고 있다(요 3:6). 또한 예수는 스스로 진리임을 선언하셨다(요 14:6). 복음의 진리를 듣는 것은 예수 그리스도를 경험하는

---

23) 박해정, "성경적 관점에서 본 삶으로 드리는 예배." 『한국신학논총』, 2009, Vol. 8, 11-12.

것으로 예배의 핵심이다(골 1:5). 진리의 말씀(약 1:18, 딤후 2:15)이신 예수 그리스도의 가르침과 이 여인에게 주님께서 가르치셨던 예배의 상관성은 무엇인가? 예배는 영의 사건이다. 유대인들의 예배를 알고 있었던 이 여인에게도 예배는 영적 사건이다. 하나님의 영이 임하시면, 여인이며 이방 사마리아의 사람도 예배를 드릴 수 있다. 그러나 진리로 예배하기 위해서 이 여인에게는 부족한 부분이 있었다. 여인의 삶은 진리가 부족한 삶이었다. 여인에게는 다섯의 남편이 있었고, 지금도 함께 하고 있는 남자가 있지만, 남편은 아니라고 주님은 지적하셨다. 주님의 말씀이 가지고 있는 뉘앙스를 보면 다분히 이전의 다섯 남편도 그녀의 남편으로 보시지 않는다. 예수는 이 여인에게 삶이 진실되지 못함을 지적하고 있다. 예배가 온전히 영과 진리로 이뤄지기 위해서는 하나님의 영적 임재와 더불어 우리의 삶에 참된 모습이 절대적으로 요청된다.

하나님의 자기 계시에 대한 인간의 응답으로 예배를 정의한 폴 훈의 정의에 기초하자면, 아남네시스, 에피클레시스, 그리고 프로랩시스는 하나님께서 자신을 드러내 주신 자기 계시에 해당되는 내용들이다. 예배가 영적이라는 것은 하나님의 선재적 은총에 근거한 삼위일체 하나님의 주도적 사건을 의미한다. 이에 대해서 반응하며 응답하는 것은 바로 우리의 삶에서 이뤄져야 된다(Lex Vivendi). 인효론적으로 예배를 이해하고 정의하든지 사효론적으로 하든지 간에, 본질적으로 중요한 것은 한 개인과 공동체의 삶이 배제된 예배는 온전한 예배가 될 수 없다는 것이다. 결국, 삶을 통한 예배가 모든 예배의 지향점이 되어야 한다. 진리의 예배는 예배당 밖으로 나온 성도들의 삶에서 경험되어야 한다. 진정한 그리스도인으로서의 일상성이 배제된 영적 예배는 가인의 예배가 될 수밖에 없다. 영과 진리로 드리는 온전한 예배자는 이 세대와 구별된 예배자로 "오직 정의를 행하며 인자를 사랑하며 겸손하게 네 하나님과 함께 행하는"(미 6:8) 사람이다.

2 장
교회력과 예배*

I. 오늘의 예배 현실

오늘날 한국 개신교회 예배1)에서 공통적으로 볼 수 있는 상황은 교회력에 대한 관심이 과거에 비해 상대적으로 높아졌지만, 이러한 관심이 예배를 통해서 구체적으로 발현되기보다는 교회의 특정한 영성 혹은 신앙 프로그램으로 정형화되는 모습이다. 일반적으로 한국교회는 '대강절 2번째 주일', '사순절 3번째 주일'과 같이 주보의 일면에 교회력을 정

---

* 『신학과 세계』 2012년 제 74호 여름호에 실렸던 필자의 소논문 "예배의 본질 재발견: 교회력에 따른 예배"를 수정 보완하였다. 다음 장인 '교회력에 따른 시간의 의미'에서도 일부의 내용을 재인용하였음을 밝힌다.

1) 본 장은 교회력에 따른 절기예배에 익숙하지 않은 개신교회 예배에 절기 예배의 신학적, 예배학적, 그리고 역사적 당위성을 부여하기 위함에 그 목적이 있다. 비록 한국 개신교 전통 중에 루터교와 성공회는 교회력에 따른 절기예배를 전통적으로 잘 지켜 왔지만, 개혁교회 전통과 웨슬리 전통의 교회에서는 교회력에 따른 절기 예배가 일반적인 모습은 아니었다. 필자가 본 논문에서 사용하는 한국 개신교예배는 개혁교회 전통과 웨슬리 전통의 교회의 예배들에 대한 표현으로 한정하여 쓰고자 한다.

확하게 명시한다. 하지만, 그 예배의 실상을 보면 주보에서 명시하고 있는 그 절기와는 사뭇 상이한 예배를 드리고 있다. 다음의 두 예배는 필자가 경험한 예배로, 주보에 명시된 절기와 예배의 내용에서 불일치가 나타난 경우이다.

경험 1. 미국의 한 한인교회에서 대강절 첫 주일 예배를 드릴 때였다. 대강절 첫 주일이기에 예배당의 곳곳에서는 대강절을 상징하는 장식물이 보였다. 설교대와 기도대에서는 대강절기의 상징인 보라색 보가 설치되어 있었으며, 대강절 초는 회중들이 잘 볼 수 있도록 회중석 전면에 있었다. 예배학자의 눈에는 대강절 예배를 위한 기본적인 것들이 잘 준비되어 있는 것으로 보였다. 주보에 나타난 순서를 통해서도 대강절의 의미인 '빛으로 오신 예수님'을 맞이할 준비가 되어 있는 신앙공동체의 예배 순서를 엿볼 수 있었다. 대강절 찬송이 있었으며, 찬양대의 찬양은 주님을 맞이할 준비를 할 것을 요청하는 내용이었다. 입례의 시간에 회중들은 모두 자리에서 기립하여 '오랫동안 기다리던'(105)을 찬송하며 대강절기를 여는 예배를 시작하였으며, 화동(acolyte)에 의해서 첫 번째 대강절의 보라색 초가 점화되었다. 찬양대는 "주의 길을 예배하라"는 찬양으로 4주간의 계속될 대강절기의 서문을 열었다. 이어서 전해진 설교에서는 마태복음 25장 이하에 나오는 열 처녀의 비유를 본문으로 "항상 깨어있으라"는 제목의 말씀이 선포되었다. 필자는 열 처녀와 같이 깨어서 주님의 오심을 기다리라는 말씀으로 설교를 진행할 것으로 기대했으나, 목사님의 설교는 대강절기의 의미와는 전혀 무관하게 그저 본문에 충실한 설교를 선포하였다. 다만 설교의 서두에 "대강절을 시작하는 이 주일 아침에…"라는 관용적 표현으로 대강절을 언급하였을 뿐 설교 내용에서는 대강절의 메시지를 확인하기 어려웠다.

경험 2. 필자가 섬기고 있는 감리교신학대학교 채플은 비록 학교 채플이며 주중에 예배를 드리지만, 주보에는 절기가 명시되고 주일에 지킨 절기와 연관된 예배를 드린다. 근년에 들어서 학교의 채플 담당자는 설교자들에게 교회력에 따른 설교를 준비해 줄 것을 미리 부탁을 하지만, 이에 익숙하지 않은 설교자들은 본인의 선호에 따른 본문으로 설교를 하는 것이 일반적인 모습이다. 그래서 빈번히 절기와는 무관한 설교가 선포된다. 어느 해의 부활절 예배에서는 이미 부활절 예배를 며칠 전 각자의 교회에서 경험하였지만, 감신이라는 신앙공동체의 이름으로 다시 부활절 예배를 드리는 상황이었다. 입례찬송, 오늘의 기도, 합창단의 찬양이 모두 부활절 예배에 합당한 내용으로 전개되었다. 하지만, 설교자가 당일의 예배가 부활절 예배임을 인지하지 못하였는지는 필자가 확인하지 못하였지만, 그 설교의 내용은 구약의 광야의 삶에 관한 것으로 부활절 메시지의 성격은 전혀 아니었으며, 신학생들에게 하나님의 일꾼으로 사역함에 따른 어려움을 신앙으로 극복할 것을 권면하는 것이었다. 설교 내용은 신학생들에게 도전을 주기에 충분한 귀한 메시지였지만, 부활절과는 상당히 거리가 있는 본문과 설교였다.

초대교회 성도들의 모습이 그리스도인들에게 신앙의 지표로 언급된 역사는 상당히 오래되었다. 오늘날의 예배에서도 초대교회 공동체의 예배가 화두가 되고 있는 것은 그 예배의 중심에 기독교 신앙의 본질을 담고 있었기 때문일 것이다. 저스틴(Justine Martyr)은 『제일변증론』을 통해서 다음과 같이 초대교회의 예배를 기술하고 있다.

그리고 일요일이라고 부르는 날에 모든 사람이 살고 있는 도시나 시골의 한 장소에서 모임을 갖고, 사도들의 기록이나 예언자들이 쓴 글들을 시간이 허락하는 한 오랫동안 읽습니다. 그리고 낭독자의 읽는 것이 끝나면, 인도자가 담화로 훈계하고 선한 일들을 본받으라고 우리를 권면합니다. 그리고 나서 우리 모두 함께 일어서서 기도를 드립니다. 앞서 말씀드린 바와 같이 기도가 끝나면, 떡과 포도주, 그리고 물이 드려집니다. 인도자는 마찬가지로 기도와 감사를 그의 능력 안에서 최선을 다해 올려 보내며, 회중은 아멘으로 동의를 합니다. 성별된 음식이 각자에게 나누어지고, 집사에 의해 참석하지 못한 사람들에게 보내집니다. 부유하며 (기부할) 뜻이 있는 사람들은 자신이 기꺼이 선택한 만큼 기부합니다. 모아진 돈은 인도자에게 맡겨지고, 그는 고아와 과부, 그리고 병이나 다른 이유로 어려움 중에 있는 사람들, 갇힌 자들, 우리 중에 체재하는 외국인들을 돌보는데, 간단히 말해 그는 궁핍한 모든 사람들을 돌보는 관리자입니다.[2]

위의 글에서 기록하고 있듯이, 초대교회 예배의 가장 중요한 가르침 중 하나는 하나님의 말씀이 예배의 중심에 있다는 사실이다. 모임에 사도들이 직접 말씀을 가르칠 수 없는 상황에서 그들은 구약의 말씀과 서신서를 '시간이 허락하는 한 오랫동안' 읽었다. 초대교회의 설교는 인도자에 의해서 말씀에 근거한 간단한 삶의 지침으로서의 가르침이 있었는데 이는 철저하게 말씀에 근거한 교훈이었다. 실제 예배가 예수 그리스도 사건의 기념에 그 핵심을 둔다면 그 시작과 끝은 너무도 명확하게 하나님의 말씀이 되어야 하겠지만, 오늘의 교회 예배 현실은 설교자의 주

---

[2] 남호, 『초대 기독교 예배』 (서울: 기독교대한감리회 홍보출판국, 2001), 136-7.

관적 해석에 의한 사설식 설교가 난립하는 모습을 보이고 있으며, 이러한 모습은 예배의 본질이 왜곡된 현상이다. 이러한 왜곡현상을 바로잡기 위해서 교회와 설교자는 예수 그리스도가 중심이 되는 교회력에 보다 깊은 관심을 가져야 한다. 이를 통해서 교회와 설교자는 예배의 본질을 재고할 수 있어야 한다.

한국교회는 전통적으로 교회력에 따른 절기에 익숙해 있긴 하지만, 실제 교회력의 본질적인 의미와 기능에 대한 이해는 미흡한 상황이다. 더욱이 교회력에 충실한 예배에 대한 경험도 매우 제한적이다. 이는 오늘의 현장 목회자들의 대다수가 교회력에 대한 이해가 부족하며, 전통적으로 특정한 절기, 예컨대 부활절, 성탄절, 혹은 성령강림절과 같은 대축일에만 예배를 통해서 그 절기의 의미를 회중들이 경험할 수 있도록 한 결과일 것이다. 또한 대다수의 교회들이 일반절기의 경우는 큰 의미를 두지 않는 것이 목회 현장의 보편적 이해일 것이다. 위의 필자의 경험을 통해서 드러나는 바와 같은 예배의 통일성과 방향성의 상실은 일반적으로 한국 개신교회에서 볼 수 있는 모습으로 예배학자인 필자에게는 교회력에 따른 절기예배의 중요성을 한국 개신교회 예배에 보다 구체적으로 제시해야 할 의무를 갖게 하였다. 교회력에 따른 절기예배가 갖는 신학적, 역사적, 성서적, 예배학적 당위성을 오늘 한국 개신교 예배에서 드러나는 문제점에 대한 대안으로 제시하고자 한다.

II. 종말론적 관점으로의 예배

필자는 앞 장에서 다양한 학자들의 예배의 정의를 열거하였다. 또한 종말론적 관점에서 에피클레시스 공동체로서의 예배 공동체에 대한 신학적 당위성을 열거하였다. 화이트 역시 그의 저서에서 몇몇 신학자들의 예배 정의를 열거하고 있다. 창조주 하나님의 창조행위에 대한 인간의 응답으로서의 예배를 주장하는 영국국교회 신학자 언더힐의 정의, 교회를 교회 공동체 답게 하는 정체성을 강조하였던 폰 알멘, 그리고 '하나님의 영화와 인간의 성화'로 예배를 정의한 로마 가톨릭의 주장에 대해서 기록하고 있다.3) 특별히 감리교 신학자 폴 훈의 예배에 대한 기독론적 정의가 오늘의 한국교회 예배에서 보다 광의적으로 해석되고 수용되어야 한다고 본다.

폴 훈은 "예배는 그리스도이신 예수님의 사건(event)에 기초를 둔 성육신적인 것이어야 한다"고 정의한다. 이러한 주장은 개혁교회 전통의 쟝 자크 폰 알멘의 주장과도 맥을 같이 한다. 그에 의하면 "예배란 인류의 역사 속에 개입하신 그리스도이신 예수님의 사건으로 그 절정에 이른 구속사의 과정을 새롭게 확인하고 집약하는 것이다."4) 필자가 예배를 정의하는데 있어 가장 중심과 우선에 두는 것은 "예수 그리스도를 기념(아남네시스)하는 것"으로, 이는 기독교 예배가 부활의 신비(paschal mystery)와 능력에 의해 이루어졌다는 역사적 사실과 깊은 관계가 있다. 부활의 요소는 "그리스도이신 예수님의 삶과 죽음과 선교와 수난 그리고 부활과 승천에 있어서 중심적인 구속 행위이다."5) 즉, 기독교 예배는 그 시작이 부활을 경험한 증인들의 모임으로, 이들은 부활의 신앙과 접합시키는 신앙의 삶을 살았다. 또한 순환적으로 그들은 자신들의 삶

---

3) 제임스 화이트, 『기독교예배학 입문』, 정장복·조기연 옮김 (서울: 예배와 설교 아카데미, 2000), 27-29.
4) Ibid., 24-26.
5) Ibid., 30.

을 종말론적 삶과 부활의 증인된 삶의 유기적 연합의 모습으로 살았고, 이러한 그들의 삶은 예배를 통해서 예수 그리스도를 거듭 경험하며 자신의 신앙을 확증하였다.

이들의 이러한 경험은 결국 그들이 종말론적 공동체로, 삶과 신앙이 분리되지 아니하며, 일상의 삶을 통해서 그리스도와 함께 그의 삶과 가르침을 뒤따르는 모습을 보였다.6) 그들의 신앙의 경험은 예배를 통해서 통합되었으며, 지속적인 그리스도의 모습을 그들의 삶에서 반복함으로 그리스도의 지상 명령을 준행하였다. "오직 성령이 너희에게 임하시면 너희가 권능을 받고 예루살렘과 온 유대와 사마리아와 땅 끝까지 이르러 내 증인이 되리라 하시니라"(행 1:8). 이들은 예배의 찬양, 기도, 말씀선포, 봉헌, 성찬 나눔, 친교, 파송 등의 순서에 단순한 참관자적인 모습의 회중이 아닌 예배자로 함께함으로 역동적인 '예배 공동체'를 이루게 하였으며, 동시에 하나님의 교회를 '선교 공동체'로 나아가게 하였다.7)

그렇다면 왜 오늘의 한국교회 예배는 기독론 중심의 예배에 보다 관심을 기울여야 하겠는가? 필자의 관찰에 따르면 오늘의 한국교회가 당면한 가장 큰 과제는 목회자 중심의 예배가 가지고 있는 부정적 단면이 여과 없이 그대로 노출됨에 있다고 본다. 개신교 예배의 특성상 예배의 중심에 설교가 위치하기에, 설교자의 설교 능력이 예배의 성패를 가르는 기준이 되고 있다. 이는 단순한 논리로 예배와 설교가 동일시되어 회중들은 설교에 은혜를 받으면 그 예배는 은혜로운 예배로 경험되고, 설교에 만족하지 못하면 예배 자체에 만족하지 못하는 양상으로 나타난

---

6) 사도행전 2장 42-47절 이하의 말씀을 통해서 초대교회 공동체의 삶과 신앙, 그리고 예배의 모습을 살펴볼 수 있다. 그들의 신앙과 삶의 모습에 관해서는 초대교회에서 발견된 문헌들을 통해서 이후에 더 살펴보도록 한다.
7) 기독교대한감리회, 『새 예배서』(서울: 기독교대한감리회 홍보출판국, 2002), 27.

다. 예배를 통전적 관점에서 이해하지 못하고 부분을 통해서 전체를 이해하려는 대단히 위험한 예배이해가 오늘의 한국 개신교 예배에서 개괄적으로 드러나는 모습이다.

교회가 오랜 시간동안 논쟁하였던 성찬에 대한 인효론적 이해와 사효론적 이해가 예배에도 동일하게 적용될 수 있다. 종교개혁자들에 의해서 비판의 대상이 되었던 사효론(ex opere operato, 事效論), 특별히 츠빙글리에 의해서 강하게 비판 되었던 이 이론은 지나친 형식주의로 본질이 호도되거나 도외시된 중세의 예배의 단면을 잘 드러내 주었다. 종교개혁가들은 "성례전을 마술로, 은혜를 양적인 것으로 보아서 미사가 그냥 시행되기만 하면 구원의 행위를 성취하는 것인 양" 가르쳤던 사효론적 성례 이해를 비판하였다.8) 이를 예배에 적용하여 설명하면, 예배 자체가, 또는 예배를 드리기만 하면, 설령 예배를 이해하지 못한다 할지라도, 예배에 단순히 참여만 하여도 예배 자체가 구원의 수단이 된다는 가르침이다. 이를 근거로 중세의 교회에서는 모국어를 배제한 라틴어 미사만 고집하였으며, 회중들이 예배의 언어를 전혀 이해하지 못하여도 예배 자체로 구원이 이루어질 수 있다는 그릇된 가르침을 주었던 것과 일맥상통한다.

이후 종교개혁자들은 인효론(ex opere operantis, 人效論)을 강조하였다. 이는 사효론에 반한 것으로, 예배 집례자 혹은 설교자의 능력에 따라서 성례의 효능이 보다 명확해지며, 예배를 통해서 은혜를 경험한

---

8) 성례전은 단순히 실행됨으로써 효과가 있다는 개념으로 ex opere operato-문자 그대로 행해진 일로부터-라는 말로 요약된다. 즉, 성찬의 유효성은 수찬자가 제공되는 은혜에 어떤 장벽도 두지 않는 한, 사제의 도덕적 특성에 달려 있지 않으며 수찬자의 신앙에 달려 있지도 않다는 것이다. 성례전 자체가 하나님의 은혜의 수단으로 그 능력을 나타낸다는 가톨릭의 오랜 주장이다. 로렌스 홀 스투키, 『성찬, 어떻게 알고 실행할 것인가?』, 김순환 옮김 (서울: 대한기독교서회, 2002), 81.

다는 이론이다. 이와 같은 인효론적인 예배 이해는 예배의 중심에 설교가 위치함으로 그 타당성이 더욱 설득력을 얻게 되었다. 종교개혁을 통한 개신교는 오직 성경(sola scriptua), 오직 믿음(sola fide)과 오직 은혜(sola gratia)를 강조하며, 중세의 가톨릭교회에서 상실하였던 설교의 위치를 회복시키며 설교중심의 예배를 회복하였다. 하지만, 수 세기가 지난 오늘의 한국 개신교의 예배 상황은 지나친 인효론적 예배 이해로 인해서 예배의 본질이 훼손되는 모습을 나타내고 있다.

앞에서 전개한 예배의 가장 근본적인 함의인 "예배는 그리스도이신 예수님의 사건(event)에 기초를 둔 성육신적인 것이어야 한다"는 정의는 예배 집례자의 능력에 의해서 예배의 성패가 좌우되지 않는다는 의미이다. 설교의 성패 여부에 따라 예배가 은혜의 수단으로써의 경험 유무가 결정되는 것은 예배의 본질을 호도할 가능성이 매우 높다. 예배는 기본적으로 사효론적 입장에서 이해되어야 한다. 이는 철저하게 하나님이 주어(subject)가 되는 사건으로, 예배 자체가 성령의 역사에 의하여 그리스도 안에서 하나님의 성육신 사건을 현재적 시점(here and now)에서 경험하는 신비로운 사건이다. 오늘날 한국 개신교회 예배의 지나친 설교자 중심의 예배는 결국 예배 그 자체가 가지고 있는 신비로운 능력을 상실하게 하는 결과를 낳게 되었으며, 철저하게 인간의 언어사건으로 예배를 제한하는 인효론적 결과를 초래하였다. 결과적으로 설교자의 능력이 예배의 능력이 되는 모습이 되었다.

예배는 철저하게 하나님이 주어가 되는 사건임을 좀 더 구체적으로 살펴보자. 개신교 예배의 가장 큰 오해는 예배가 외적으로는 하나님 중심의 예배라고 하지만, 내적으로 살펴보면 자아가 중심이 되는 자기중심적 종교행위로 보여질 수 있다는 것이다. '내가 정한 시간대의 예배에 내가 참석해서, 내가 예배를 드리고, 내가 기도하며, 내가 찬송하고, 내가 말씀을 읽고 또한 들어서 은혜를 경험하며, 내가 정한 금액의 헌금으로 봉헌을 하며, 내가 축도를 받고 성전을 떠나간다.' 이러한 이해로 드리는 예배는 자기표현에 지나치게 초점을 맞추는 예배로 "영과 진리로 예배하는 일에 실패할 수밖에 없다."9) 이러한 오해는 예배에 참여하는 예배자에게뿐 아니라 집례하는 집례자에게도 동일하게 일어날 수 있다.

오늘날 현대교회에서 볼 수 있는 가장 보편적 비판은 예배가 예수 그리스도의 조명에 집중하기 보다는 목회자의 목회적, 설교적, 혹은 신학적 능력이 조명되며, 소비자 중심의 상업주의와 인기주의에 병합하는 모습에 대한 것이다. 이러한 예배가 표면적으로는 선교지향적 예배를 선언하지만, 그 실제의 고민은 "어떻게 하면 이 예배가 회중들의 관심을 끌 수 있을까?"에 집중하여 지나친 경우는 회중의 감성만을 자극하는, 지극히 감성중심의 예식으로 전락하는 모습을 보게 된다. 이러한 예배를 통해서 인간의 열정, 혹은 한 개인의 열정을 드러낼 수는 있겠지만, 그 속에 깊은 하나님의 인간을 향한 거룩한 마음을 알지 못한다면 이는 예배의 본질인 부활의 신비를 체험하는 것과는 거리가 있다. "하나님의 에토스를 알지 못하는 열정은 자기만 드러내려는 비극적인 표현이 될 뿐이다. 또한 예수 그리스도를 통해서 보여주신 인간적 차원의 열정이 없는 하나님의 에토스는 막연한 것이 되고 말 것이다."10) 결국 예배자들은 자신의 질고에 대한 넋두리의 장으로 예배를 타락시키고, 하나님의 응답에는 귀 기울이지 못하는 커다란 오류를 낳게 된다. 이와 같은 위험성은 예배가 균형 잡힌 모습으로 인간의 아픔을 품으시는 하나님의

---

9) 단 샐리어즈,『거룩한 예배: 임재와 영광에로 나아감』(서울:WPA, 2010), 47.
10) *Ibid.*, 65.

은총으로 통합될 때 극복 될 수 있으며, 이는 예수 그리스도를 통해서 온전하게 이루어질 수 있다. 단 셀리어스는 예배의 상호작용을 다음과 같이 설명한다.

> 인간의 파토스(pathos)는 하나님의 에토스(ethos)로 이끌어가는데, 이것은 진정한 예배가 되게 하는 요소로 작용한다. '파토스'는 이 세상 가운데 내재하는 인간의 고통의 문제와 관련한 의미로 사용하였다. 문화적 패턴에 따라서 많은 차이가 있음에도 불구하고 인간의 감정과 열정은 실제적인 것으로 간주되는 것으로 나아가게 하는 통로를 제공해 준다.… 기독교 예배는 인간의 파토스는 연약하여 공격을 받아 상처를 입을 수밖에 없는데, 그것이 말씀과 성만찬을 통해 허락하시는 하나님의 스스로 낮아지시고 연약해지심의 에토스와 만나게 될 때 변형을 경험하게 되고, 능력을 공급받게 된다.11)

결국 예배에 참석한 예배자들은 자신의 삶의 무게가 하나님을 향한 영광의 고백으로 '변형'되어야 하는데, 이는 인간의 의지에 의한 주관적 판단이 아닌, 예배를 통한 하나님의 주권적 은총으로 이루어지며, 이는 말씀을 통한 하나님의 철저한 자기 계시와 성찬을 통한 하나님의 자기 수여를 통해서 완성된다. 즉, 이러한 신비한 사건에는 인간의 주관적인 의지가 개입할 수 있는 공간은 없다.

예배는 철저하게 하나님이 선재적 은총을 베푸셔서 우리로 하여금 예배할 수 있도록, 우리로 하여금 은혜의 보좌 앞으로 이끌림을 받아 나올 수 있도록 허락하시고, 초청하시기에 가능한 사건이다. 하나님은 예

---

11) *Ibid.*, 37.

배를 통해서 가장 우선적으로 인간들과 대화하시기를 원하시지만, 이는 하나님이 먼저 우리를 초청하셔서 우리가 가지고 있는 삶의 파토스를 하나님 앞에 토로할 수 있도록 장을 마련하시기에 가능한 하나님의 절대 은총이다. 이를 통해 우리는 하나님이 누구신지를 생생하게 기억하게 된다. 샐리어즈는 이러한 예배의 하나님 중심의 사건에 대해 다음과 같이 이야기하며 두 가지 예배 요소의 중요성을 강조한다.

> 예배는 하나님께서 직접 스스로를 소통하기를 원하신다는 사실을 토대로 의도성을 가지고 상호 대화(mutual dialogue)를 위해 함께 모인 공동체 가운데서 이루어진다. 그래서 우리는 예배 시간과 장소 가운데로 우리의 파토스를 가지고 나오게 되는데, 하나님은 우리에게 말씀하시는 분이심을 생생하게 기억하게 해주는 성경 말씀과 성만찬 상 앞으로 나아가게 된다. 모든 세대에서 하나님은 거룩한 백성들이 되도록 그들의 절기와 사건을 통해 사람들이 나아오도록 부르셨다.12)

즉, 예배는 하나님이 누구신지를 가장 잘 경험할 수 있게 하는 시간과 공간이어야 된다. 또한 예배는 구속사적 경험과 종말론적 경험이 동시에 이루어져야 하는 성삼위 일체의 하나님이 공히 선포되고 경험되어야 되는 기독교의 정수이다. 이를 위해서 예배는 철저하게 예수 그리스도의 삶이 그 기본에 놓여야 하며, 이를 가장 잘 나타나게 할 수 있는 예배의 요소가 바로 온전한 하나님의 말씀의 선포와 성찬이다.

성찬은 전적으로 예수 그리스도 사건의 완성적 표현이며, 언약과 새 언약의 증거이고, 기독교의 가장 신비스러운 사건의 외적인 증표이다.

---

12) *Ibid.*, 46.

성육신 사건을 통하여 하나님이 인간의 몸을 입고 이 땅의 인간에게 오셔서 천국이 어떠한가를 비유로 가르치셨으며, 이를 통하여 구원의 길로 우리를 인도하셨다. 인간 예수는 고난과 죽음, 그리고 부활을 통해서 인간임에도 불구하고 다시 영으로 하나님의 보좌 우편으로 승천하셨지만, 그는 자신을 기념하기 위해서 따르는 무리들에게 자신을 기억할 수 있는 방법을 남겨 주셨다. 예수 그리스도는 성찬을 통하여 자신의 살과 피를 먹고 마시며, 이를 통하여 그를 기념하게 하셨다. 더불어 이를 통해서 그의 백성들이 신비로운 영적 임재를 통하여 새로운 형태의 성육신 사건을 경험하도록 하였다.

기독교대한감리회의 『새 예배서』에서는 7가지의 성찬의 신학적 의미를 제공하고 있다. 이는 하나님께 감사(Eucharist), 그리스도의 희생, 그리스도를 기념(Anamnesis), 성령 임재(Epiclesis), 그리스도인들의 친교(Koinonia), 은총의 수단, 그리고 하나님 나라의 잔치이다.13) 비록 교회의 전통에 따라 그 형식과 신학적인 차이는 다소 있지만, 성찬은 "나를 기념하라"고 명령하신 주님의 명령에 따라 기독교 역사의 시작과 함께 오늘에까지 공교회가 행하는 예식으로, 하나님은 이를 통해서 철저하게 자신을 교회에게 수여해 주셨다. 하나님의 자기 주심(God's self-giving)은 기독교 성례전의 가장 중요하고도 명확한 명제이다.14) 위의 신학적 정의를 통해서 살펴보듯이, 이를 믿고 행하는 참여자들은 수혜자이며 이를 통한 큰 유익을 경험한다. 이는 기독교인들이 이 땅에서의 삶을 유지할 수 있는 수단이며, 단순히 이 땅에서의 삶의 도구일

---

13) 기독교대한감리회, 『새 예배서』 (서울: 기독교대한감리회 홍보출판국, 2002), 138-140.
14) 제임스 화이트, 『성례전: 하나님의 자기 주심의 선물』, 김운용 옮김 (서울: WPA, 2006), 23.

뿐 아니라, 이를 통해서 천상에서의 잔치를 미리 맛보는 보증의 수단이다. 무엇보다도 중요한 것은 이를 통해 철저하게 예수 그리스도에게 집중한다는 사실이다. 오늘날 한국 개신교회에서 발행되는 예배서들의 공통적인 특징은 예수 그리스도에 초점을 둔 예배를 가장 근본으로 하고 있다는 점이다. 대부분의 교단에서 발행되는 예식서는 교회력에 근거하고 있으며, 성찬예식 또한 절기에 따라서 다양한 예문을 제시함으로, 성찬이 명확하게 예수 그리스도 사건에 근거함을 보여 준다.

현대 교회에서 회복이 요구되는 또 다른 예배의 본질은 종말론적 고백과 이에 상응하는 삶의 모습이다. 초대교회 예배로의 회복을 주장하는 오늘의 교회는 초대 교회의 어떠한 모습으로의 회복을 기대하고 있는가? 초대교회의 예배가 말씀의 예전과 다락방 예전의 균형 잡힌 이중 구조로 이루어진 사실은 그 형식적인 면과 내용적인 면 모두에서 중요하다.15) 말씀을 듣고 성찬에 참여한 성도들은 자신의 삶 속에서 말씀의 증인된 모습으로, 성찬의 은혜를 나누는 모습으로 살아갔다. 예배 공동체의 종말론적 공동체성을 지켜내기 위한 그들의 희생적 모습, 즉 함께 나누고 섬겼던 모습이 예배와 그들의 삶 속에 있었듯이, 오늘의 예배 공동체에서도 이와 같은 모습이 나타나야 한다.

예배학적 관점에서 살펴보면 초대교회 예배를 통해서 나타난 다양한 형식과 내용 가운데, 그 생명력은 바로 이들의 모임이 철저하게 종말론적인 고백 위에 세워져 있다는 사실에 있다. 초대교회 예배의 가장 중요한 근간이 되었던 종말론적 고백과 경험을 오늘의 예배 속에서 찾아보기는 쉽지 않다. 오늘의 교회는 오늘의 문제에 보다 집중하기에 주님

---

15) 윌리암 멕스웰,『예배의 발전과 그 형태, 기독교 예배의 역사 개관』, 정장복 옮김 (서울: 쿰란출판사, 1998), 28-9.

의 나라가 이 땅에 임하여 있음을 잊어버리곤 한다. 기도회와 작은 규모의 기독인들의 모임에서 그 모임을 파할 때 고백하는 주님의 기도를 통해서 우리는 늘 하나님의 다스리심과 통치하심을 믿고 간구한다. "주님의 나라가 임하옵시며, 주님의 뜻이 하늘에서 이루어진 것같이 땅에서도 이루어지이다." 주님의 나라가 우리의 예배에 임하는 것은 무엇을 의미하는가? 이는 예배의 종말론적 특성을 통해서 보다 명확히 정의할 필요가 있다.

예배의 종말론적 특성은 초대교회의 예배가 성찬 공동체였음을 통해서 보다 구체적으로 확인할 수 있다. 초대교회 성도들이 주님의 부활과 성찬을 동일한 이해로 접근한 것은 이를 통해서 그리스도와 하나 되는 천국의 잔치를 경험하고자하는 그들의 대망이었다. 단 샐리어즈는 다음의 세 가지 연관된 사항을 통해서 이를 보다 구체화하였다. 첫째, 주일은 빈 무덤을 발견한 여인들의 증언으로부터 시작되었다. 한 주가 시작되는 첫날 예수님은 제자들에게 나타나셨다. 그래서 그들은 '부활의 날'이라고 칭한다. '주님의 날'이라는 그 이름은 사도행전 20장에서 발견된다.[16] 순교자 저스틴은 초기 기독교 공동체가 모이는 날을 '일요일'이라고 칭하고 있다. 그는 구약의 창조의 질서와 예수 그리스도의 부활의 신비가 일어난 날을 일요일로 칭하고, 이 날의 신성함을 변론하고 있다. 당시 기독인들에 대한 일반적인 오해, 즉 광신적인 사람들의 모임, 주신제와 식인적인 축제를 즐기는 사람이라는 소문에 대해서 안토니누스 피우스 황제와 당시 로마의 지도층에게 예수 그리스도를 따르는 무리들의 모임의 성격과 내용, 그리고 목적하는 바를 잘 기술하였다.[17]

---

16) 단 샐리어즈, 94.
17) 남호, 136-137.

둘째, 주일은 '여덟 번째 날'로 알려진 날이다.18) 당시 로마의 요일을 명기하는 법은 그 주의 시작을 첫 번째 날이라 칭하였고, 오늘의 월요일은 두 번째 날이라 칭하였다. 한 주의 마지막 날은 유대인들의 안식일이었으며, 이는 일곱 번째 날이었다. 오늘의 주일은 안식일 다음날로 세속력에 따르면 첫 번째 날이 되어야 하지만, 초대교인들은 안식 후 첫 날을 주님의 날, 즉 부활의 날로 기념하기 위하여 여덟 번째 날을 주일로 거룩하게 지켰다.19)

국가 공휴일로 지정된 일요일에 주님의 날로 모여서 예배를 드리는 오늘의 예배와는 다른 상황 속에서 초대교회의 교인들은 예배하였다. 노동 후 지친 몸을 이끌고 저녁에 모여 예배하였으며, 이를 통하여 기쁨을 경험하였다. 노동이 시작되는 첫 번째 날이었지만, 초대교회의 성도들에게는 이른 새벽, 혹은 늦은 저녁 시간에 함께 모여서 부활의 기쁨을 '넘치게' 기뻐하며 축하하였다.20) 그들은 예수님의 부활을 직접 만났으며, 하늘로 승천하신 그분을 보았고, 죽음과 부활, 승천을 경험하였기에 다시 오심을 대망하였고, 공동체로 함께 모여 삶을 나누고 또한 예배하며 기다렸다.

셋째, "초대교회의 예배 전통에서는 거리낌 없이 마지막 때 있을 그

---

18) 단 샐리어즈, 94.
19) Laurence Hull Stookey, *Calendar: Christ's Time for the Church* (Nashville: Abingdon Press, 1996), 41.
20) 사도행전 20장에 나타난 드로아 공동체를 위한 바울의 사역은 "그 주간의 첫날에" 이루어졌다. 학자들 사이에 그 주간의 첫날이 주일을 의미하는지 아니면 안식일을 의미하는지는 이견이 있다. 안식일을 주일로 지키는 전통은 초대교회의 모임이 안식일(토요일)에 회당에서 안식일을 지키고, 이후 안식일 저녁 시간에 유대전통의 기독인들과 이방인들이 함께 모여서 떡을 떼며 잔을 나누는 기독교 예배를 드렸다고 주장한다. 또한 이를 통해서 초대교회 기독인들의 모임은 주로 밤에 이루어진 것을 알 수 있다. 보다 자세한 내용은 다음을 참고하라. Thomas J. Talley, *The Origins of the Liturgical Year* (New York: Pueblo Publishing Company, 1986), 14-15.

리스도의 재림, '파루시아' 그 자체와 연관시키고 있음을 알 수 있다."21)
샐리어즈는 초대교회 성도들이 주일에 모임을 갖는 것이 근본적으로 신학적 행위임을 주장한다.22) 지오프리 웨인라이트(Geoffrey Wainwright)는 예수의 마지막 만찬이 단순히 주님의 죽음을 기념하는 식사의 자리가 아니라 아남네시스의 개념을 확대 해석함으로 주님의 죽음과 그의 재림을 병합해서 해석하고 있다.

> [23] 내가 너희에게 전한 것은 주께 받은 것이니 곧 주 예수께서 잡히시던 밤에 떡을 가지사
> [24] 축사하시고 떼어 이르시되 이것은 너희를 위하는 내 몸이니 이것을 행하여 나를 기념하라 하시고
> [25] 식후에 또한 그와 같이 잔을 가지시고 이르시되 이 잔은 내 피로 세운 새 언약이니 이것을 행하여 마실 때마다 나를 기념하라 하셨으니
> [26] 너희가 이 떡을 먹으며 이 잔을 마실 때마다 주의 죽으심을 그가 오실 때까지 전하는 것이니라

고린도전서 11장의 성찬 제정사에서 특별히 25절의 "이것을 행하여 마실 때마다 나를 기념하라"와 26절의 "주의 죽으심을 그가 오실 때까지"를 종말론적 입장으로 이해하며, 초대교회에서의 성찬은 과거(예수의 죽음), 현재(성찬 중에 임하시는 성령의 역사), 그리고 미래(다시 오심에 대한 약속의 언약)가 공존하는 신비의 식사로 설명한다.23) 이러한 이해

---

21) 단 샐리어즈, 95.
22) *Ibid.*, 96.
23) Geoffrey Wainwright, *Eucharist and Eschatology* (Akron Ohio, OSL Publications, 2002), 76-77.

는 요한복음 6장에 등장하는 하늘양식에 대한 본문에서 보다 명확하게 드러난다.

> ⁵³예수께서 이르시되 내가 진실로 진실로 너희에게 이르노니 인자의 살을 먹지 아니하고 인자의 피를 마시지 아니하면 너희 속에 생명이 없느니라
> ⁵⁴내 살을 먹고 내 피를 마시는 자는 영생을 가졌고 마지막 날에 내가 그를 다시 살리리니
> ⁵⁵내 살은 참된 양식이요 내 피는 참된 음료로다
> ⁵⁶내 살을 먹고 내 피를 마시는 자는 내 안에 거하고 나도 그의 안에 거하나니
> ⁵⁷살아 계신 아버지께서 나를 보내시매 내가 아버지로 말미암아 사는 것 같이 나를 먹는 그 사람도 나로 말미암아 살리라
> ⁵⁸이것은 하늘에서 내려온 떡이니 조상들이 먹고도 죽은 그것과 같지 아니하여 이 떡을 먹는 자는 영원히 살리라

비록 요한의 본문에서 구체적으로 성찬을 명시하고 있지는 않지만, "내 살을 먹고 내 피를 마시는 자"는 성찬에 참여하는 자들로서 이들은 그리스도 안에 거할 뿐 아니라 그리스도가 이 신비의 식사에 참여하는 자들에게 거함을 약속하고 있다. 그리스도는 "내가 그를 다시 살리리니"와 "영원히 살리라"는 두 약속을 통해서 성찬에 참여하는 자에게는 영생의 언약을 허락하였다. 요한복음 기자는 그리스도와의 식사를 통해서 이미 이를 먹고 마시는 자는 영생을 가졌기에(54a) 구원의 자리에, 천국의 식사 자리에 함께 할 뿐 아니라, 아직 이루어지지 않았지만, 그리스도

와의 식사를 통해서 다시 살리시겠다는 약속(54b)과 영생의 약속(58b)을 선언하였다.24)

이와 같이 예배는 그 시작에서부터 예수 그리스도 사건으로 기인하였고, 예수 그리스도로 인하여 오늘의 예배가 이천 년 전의 예배와 유기적인 관계 속에서 그 생명력을 유지할 수 있는 것이며, 더욱이 그리스도 안에서 부활의 능력이 오늘의 예배자들에게 하나님의 나라를 향한 신앙적 고백을 가능하게 한다. 예배는 '가장 최초의 성례전'인 예수 그리스도를 만나서 그의 말씀을 듣고, 경험하고, 먹고, 그리고 마시는 신비의 사건이다.25)

III. 교회력과 예배

세상의 세속력과 같은 기능을 교회 내에서는 교회력이 감당한다. 기독교 예배는 그 시작에서부터 시간과 긴밀한 관계를 가지고 있다. 예수와 그 제자들은 유대교의 전통과 절기에 익숙하였으며, 성전에서 천국에 관한 하나님의 말씀을 선포하였고, 유대의 절기와 관습에 따른 삶의 여정을 통하여 천국의 비밀을 그의 무리들에게 전하였다.

그 때에 예수께서 무리에게 말씀하시되 너희가 강도를 잡는 것 같이 칼과 몽치를 가지고 나를 잡으러 나왔느냐 내가 날마다 성전에 앉아 가르쳤으되 너희가 나를 잡지 아니하였도다(마 26:55, 비교 본문-막 14:

---

24) Ibid., 138.
25) 제임스 화이트, 『성례전; 하나님의 자기 주심의 선물』, 44.

49, 눅 19:47).

예수께서 대답하시되 내가 드러내 놓고 세상에 말하였노라 모든 유대인들이 모이는 회당과 성전에서 항상 가르쳤고 은밀하게는 아무 것도 말하지 아니하였거늘(요 18:20).

이미 명절의 중간이 되어 예수께서 성전에 올라가사 가르치시니(요 7:14).

무교절의 첫날에 제자들이 예수께 나아와서 이르되 유월절 음식 잡수실 것을 우리가 어디서 준비하기를 원하시나이까(마 26:17).

유월절 전에 예수께서 자기가 세상을 떠나 아버지께로 돌아가실 때가 이른 줄 아시고 세상에 있는 자기 사람들을 사랑하시되 끝까지 사랑하시니라(요 13:1).

예수와 그의 제자들, 또한 그들을 따르던 무리들은 이미 유대교 절기에 익숙해 있었다. 이들의 이러한 전통적 관습이 직접적으로 기독교 공동체에 영향을 준 것은 아니지만, 안식일을 통해서 주일의 의미를 발전시켰듯이 유대교의 절기를 발전시켜 기독교인들이 기억하고 지켜야 될 절기들을 기념하기 시작하였다.

하지만 교회력은 단순히 과거의 기독교 역사에서 이루어진 사건들을 기억해내는 습관적인 종교행위가 아니다. "은총의 교회력은 그리스도이신 예수님이 다시 오실 때까지 그를 나타내 보이고, 성령이 교회와 함께 하심을 증거한다. 교회력은 선포이자 또한 감사이다. 유대인이나 기독교인이 기도할 때 감사를 드리는 것과 똑같이 교회력도 하나님이 하신 놀라우신 일을 선포하고 감사하는 것이다."[26]

---

26) 제임스 F. 화이트, 『기독교예배학 입문』, 79.

다양한 지역적 그리고 문화적 전통으로 인하여 교회 절기의 정확한 날짜에는 이견들이 존재한다. 아직도 이러한 차이는 상존하지만, 그 날을 지키는 교회의 목적은 모두 명확하게 동일하였다. 이는 모두 습관적인 절기를 지키는 차원이 아니었다. 그 중심에는 기독교의 핵심 가치로 고백하는, 예수 그리스도를 통한 하나님의 놀라우신 은총에 감사하고, 이를 기념하는 기독교인들의 적극적인 신앙 행위가 있었다.

초대교회에서부터 예수 그리스도를 예배의 중심으로 기념하기 위해 사용하였던 교회력에 따른 예배는 20세기에 들어 본격적으로 공교회에서 관심을 가지고 사용하기 시작하였다. 교회일치운동이 이와 같은 관심을 불러일으키는데 일조하였다. 로만 가톨릭에서 본격적으로 시작된 교회력을 사용한 예배서와 성서 일과는 개신교회까지 그 영향력을 가져왔으며, 이는 공교회가 사용하는 교회력에 따른 성서 일과를 만들게 하였다.

제2차 바티칸 공의회 이후 가톨릭 미사에는 커다란 변화가 일어났다. 표면적으로는 미사의 주 언어였던 라틴어가 모국어로 바뀌면서 회중들이 '관망'하는 예배에서 '참여'하는 예배로의 전환을 가져왔다. 더욱이 공의회 이후 가톨릭에서는 예배에 초대교회의 말씀과 성례의 균형을 강조하기 위해, 말씀의 영역에 대한 집중적인 연구가 이루어졌다. 예배에 사용할 수 있는 *Ordo Lectionum Missae*가 1969년과 1980년에 출간된 후, 가톨릭에서는 주일 예배에서의 성경봉독에 변화가 일어났으며, 이러한 변화는 실질적으로 개신교 예배에도 큰 변화를 가져다주었다.[27] 예수 그리스도의 삶과 가르침을 기본으로 하는 lectionary(교회력에 따

---

27) Fred R. Anderson, "Protestant Worship Today," in *Theology Today*, 43 no. 1, April, 1986, 65.

른 성경본문)가 가톨릭 예배에 정형화되었으며, 이에 따라 미사에는 반드시 구약의 말씀, 신약의 말씀, 시편, 그리고 서신서가 하나님의 말씀으로 선포되게 되었다. 이는 미국의 개신교단들에게 예배서(worship book)라는 새로운 전통을 시작하는 커다란 계기가 되었다. 결국 1970년에 미국 장로교회는 *Worshipbook*을 출간하여 교단에서 표준이 되는 예배의 형식과 기도문을 제공하였으며, 무엇보다도 초대교회의 전통에 기초한 성례문을 작성하여 개교회에 제공하였다. 비슷한 시기에 동일한 관심을 가지고 있었던 북미대륙의 개신교회들, 즉 루터란, 성공회(Episcopal), 미연합감리교회, Church of Disciples, UCC 등도 교단에서 미국 장로교회의 예배서와 유사한 형태의 예배서를 출간하였다.28) 이를 예배 혹은 예전회복운동(liturgical movement)으로 칭하기도 한다. 이러한 예전회복운동은 성례전에 대한 새로운 이해의 지평을 확장하는 시도이기도 하였지만, 예배의 중심에 예수 그리스도가 있으며, 균형 잡힌 말씀의 선포를 위해서는 철저하게 복음에 근거한 설교가 증거 되어야 한다는 선언이었다.

1978년에 에큐메니칼 단체인 Consultation on Common Texts에서 로만 가톨릭의 교회력과 개신교 전통의 예배서에 나타난 교회력을 종합하여 교회연합운동 차원의 교회력에 따른 성경본문을 만들기 시작하였다. 위원회에서는 3년 주기의 성경분문을 작성할 것을 동의하였으며, 이에 따라서 1984년 Common Lectionary가 출판되었다. 위원회에서는 1992년에 개정판을 출간하였고, 이를 Revised Common

---

28) Inter-Lutheran Commission on Worship, *The Church Year: Calendar and Lectionary*, Contemporary Worship 6 (Minneapolis, Minnesota: Augsburg Publishing House, 1973), 14-15.

Lectioanry라 부르며 현재에 이르기까지 사용하고 있다.29)

　　미국의 연합감리교회에 속한 4명의 목회자와 신학자들에 의해서 저술된 *Handbook of the Christian Year*에서는 1년의 교회력 절기를 다음과 같은 명칭으로 구분하여 사용하였다. 대강절기와 성탄절 그리고 주현절을 묶어서 From Hope to Joy(소망에서 기쁨으로)로, 사순절기와 부활절, 그리고 성령강림절을 묶어서 From Ashes to Fire(재에서 불로), 그리고 성령강림절 이후의 주일을 묶어서 From Sunday to Sunday(주일에서 주일로)로 명명하였다.30) 비록 위와 같이 절기를 크게 부활절, 성탄절, 그리고 성령강림절 이후로 묶어서 구분하지만, 교회력의 시작은 바로 주일로부터 이루어졌다. 가장 작은 단위의 주일이 일 년의 교회력 절기를 이루는 가장 중요하고도 작은 단위가 된다.

　　위에서도 언급하였지만, 주일은 '주님의 날', '일요일', '안식 후 첫 날' 등으로 초대교회에서부터 지켜왔다. 이날은 하나님의 창조의 새로운 완성으로 예수의 죽음과 부활을 통하여 하나님의 백성들이 이미 이루어진 하나님의 약속에 대한 기념(*anamnesis*)과 앞으로 다가올 하나님의 임재에 대한 기대(*prolepsis*)의 만남이 이루어지는 시간과 공간의 개념이었다. 예배학자 스투키는 미국에서 일반적으로 쓰이는 "every Sunday is a little Easter"(모든 주일이 작은 부활주일이다)라는 표현을 신학적으로 보다 정확하게 사용할 필요성을 제기하고 있다. 그는 오히려 "every Easter is a great Sunday"(모든 부활절이 위대한 주일이다)로 재해석이 필요하다며 주일의 중요성을 더욱 강조하고 있다.31) 부활의 사건을 기

---

29) Consultation on Common Texts에 관한 자세한 내용은 CCT의 홈페이지에 잘 기록되어 있다. www.commontexts.org.
30) Hoyt L. Hickman, Don E. Saliers, Laurence Hull Stookey, James F. White, *Handbook of the Christian Year* (Nashville: Abingdon Press, 1986).

인하여 기독교의 본질적인 모임이 시작되었기에, 부활주일이 가지고 있는 의미는 이미 모든 기독인들에게 숙지되어 있다. 하지만, 부활주일도 한 주일임을 잊지 말아야 된다. 이 주일을 시작으로 기독인들에게는 새로운 한 주가 시작이 된다.

세속에서는 월요일을 새로운 주간을 시작하는 첫 날로 인식하지만, 기독인들에게 한 주의 첫 날은 주일이며, 주일을 통해서 한 주를 시작한다. 비록 일상을 보내는 날들이지만, 초대교회로부터 교회는 주중에도 모임을 통해서 기독인들의 삶의 근간이 무엇임을 숙지하였고, 이를 삶에서 실행하기 위해 노력하였다. 이를 성무일과(Daily Office)라고 칭하기도 하는데, 교회는 기도의 시간을 정하였으며, 특별히 아침과 저녁의 정한 시간에 함께 모여서 기도회를 가졌다. 지금도 비록 소수의 사람들이 모이기는 하지만, 성당기도회(cathedral office) 전통에 있는 교회들은 아침기도회(martins)와 저녁기도회(evensong)로 주중의 예배모임을 지속한다.32) 한국교회의 예배 가운데 가장 특징적인 새벽기도회도 독특한 방식의 성무일과로 이해할 수 있으며, 이 전통은 주중의 예배를 통해서 기독인의 신앙을 고양시키고, 삶에서 기독인으로의 소명과 사명을 다할 수 있는 동력을 제공한다.

---

31) Laurence Hull Stookey, "Collating Calendars," in *Liturgical Ministry 12* (Spring, 2003), 98.
32) Laurence Hull Stookey, *Calendar: Christ's Time for the Church*, 45.

3 장
교회력에 따른 시간의 의미*

I. 교회력과 시간

구약과는 달리 신약에서는 인명에 대해서 구체적이지 못하다. 예수와 그의 제자들에 의해 기록된 문서들에서는 사람의 일에 대해 많은 기록이 있는 것에 반해, 그 사람의 이름을 기록하는 일에는 매우 인색하였다. 하지만, 그 일이 언제 이뤄졌는지에 대한 기록에는 비교적 상세하다. 성경에는 '때'에 대한 언급이 많다. 특별히 성경은 예수의 탄생과 죽음에 관련해서 언제 그 일이 일어났는지에 대해 구체적으로 언급하고 있다. 마태복음의 기자는 "헤롯 왕 때에"(마 2:1) 주님의 나심을 기록하고 있지만, 누가복음의 기자는 보다 상세히 그때에 대해서 기록하고 있다. "그

---

* 『신학과 세계』 2016년 제 85호 no. 1에 실린 필자의 "시간의 개념으로 살펴본 주일 예배에 대한 고찰 및 제언"을 수정 편집하였다. 앞 장에서 언급한 바와 같이 『신학과 세계』 2012년 제 74호 여름호에 실렸던 "예배의 본질 재발견: 교회력에 따른 예배"에서 교회력에 관한 부분은 재편집하여 실었다.

때에 가이사 아구스도가 영을 내려 천하로 다 호적하라 하였으니 이 호적은 구레뇨가 수리아 총독이 되었을 때"(눅 2:1-2)였다. 유월절 양을 잡을 무교절을 맞이하여 주님은 자신의 제자들과 빵과 포도주를 나누며 마지막 식사를 하셨으며, 제자들과 새언약을 맺으셨다.[1] 또한 주님은 안식 후 첫날 일찍이 부활하셔서 무덤을 찾아온 여인들에게 자신의 부활을 알리셨고, 그날 즉 안식 후 첫날의 저녁에 제자들에게 나타나셔서 평강을 빌며 자신의 다시 살아남을 나타내 보이셨다. 주님의 죽음과 부활이 우연히 유월절과 일맥을 같이 하고 있다고 보기에는 하나님의 구속사적 계획과 섭리가 너무 깊고 심오하다. 창세기부터 시작된 하나님의 구속 이야기는 주님의 이야기를 통해서 구체적으로 우리에게 현현되었다. 이러한 예수의 그리스도 사건은 철저하게 시간이라는 큰 틀 안에서 이뤄졌다.

초기 기독교 공동체가 가지고 있었던 이러한 시간적 개념이 현대의 교회에서 매우 중요한 의미를 갖는다. 이는 시간이 가지고 있는 중요성과 더불어 정해진 시간에 반복적으로 이뤄지는 리듬의 중요성과도 매우 밀접한 상관성을 가지고 있다. 기독교 예배 공동체는 정한 시간에 반복적으로 모임을 가져왔다. 이 모임은 기독교 공동체에게 자연스럽게 하루, 한 주, 한 달, 일 년, 그리고 평생에 반복적으로 이뤄지는 종교적 리듬을 제공하였다. 이러한 반복적인 행위를 통한 종교적 리듬은 단순한 제의적 반복성을 뛰어넘는 삶의 중심으로서의 기능을 감당해 왔다. 비록 분주한 일상을 살아가는 현대인들에게 종교적 리듬을 갖는 것이 너

---

[1] 요한복음 13장의 기록에 의하면, 예수가 자신의 제자들과 마지막 만찬과 제자들의 발을 씻기는 절기가 유월절 전에 이루어 진 것으로 기록하고 있다. 공관복음의 마지막 만찬의 시간과 요한복음의 시간에는 하루의 차이가 있다.

무나 큰 도전이 되지만, 여전히 기독교 예배는 시간의 반복 속에서 행해지고 있으며, 다수의 그리스도인들에게는 이와 같은 반복성이 유의미하게 경험되고 있다.

주일을 지킴으로 한 주를 시작하는 그리스도인들과는 달리 현대인들에게 일요일(주일)은 한 주의 마지막, 즉 주말로서의 개념으로 자리하고 있다.[2] 이와 같은 모습은 이제 더 이상 서구 교회에서만 볼 수 있는 것이 아니다. 21세기에 들어서면서 한국 사회에 나타난 가장 큰 변화 가운데 하나는 토요휴무에 따른 가족단위의 외유가 늘어났다는 사실이다. 봄과 가을의 행락철을 맞이하면 교회의 빈자리는 더욱 늘어나며, 휴가철이 오면 주일이 휴가일에 포함되는 경우가 늘어나고 있다. 그리스도인들이라 할지라도 삶의 주기로 보면, 주일을 주말의 개념으로 이해하고 있는 사람들의 수가 늘어나고 있다.

2013년도 Pew Research Center의 보고에 따르면, 미국인들 가운데 70.6%가 스스로 그리스도인이라고 응답하였다. 이들 가운데 매주 교회에 출석하는 사람은 37%에 이르고, 일 년에 몇 차례 예배에 참석하는 사람은 33%, 그리고 전혀 교회에 출석하지 않으면서 스스로 기독교인이라고 칭하는 사람도 29%에 이르고 있다. 시간이 지날수록 예배에 참석하지 않는 기독교인들이 늘어나고 있는 추세이다. 2003년에 비해서 4%가 증가한 결과이다.[3] 청교도 정신에 근거한 미국의 경우는 그마나 유럽의 개신교 상황에 비하면 예배 공동체의 모임이 잘 이루어지고 있는 상황이다. 한국의 상황은 비록 전반적인 성도의 정체와 감소세가

---

2) Hans Bernard Meger S. J., "Time and the Liturgy" in *Liturgical Time* by Wieke Vos and Geoffrey Wainwright, eds. (Rotterdam, the Netherlands: Liturgical Ecumenical Center Trust, 1982), 12.

3) http://www.pewresearch.org/fact-tank/2013/09/13.

있지만, 그래도 주일 예배 공동체로 모이는데 부지런함을 보이고 있다. 2005년 인구조사에 의하면, 29.2%가 스스로 그리스도인이라고 답했다. 한국교회 미래 리포트에 따르면 매 주일을 성수하는 그리스도인들은 66.3%에 달하고, 한 달에 2-3차례 주일을 지키는 사람은 15.4%에 달한다.4) 거의 80%에 달하는 사람들이 일상의 삶 속에서 반복적으로 리듬에 맞춰서 예배를 통한 신앙생활을 하고 있다. 하지만, 오늘의 교회가 당면한 과제는 시간이 지날수록 삶의 리듬을 가지고 신앙생활을 하는 사람들이 줄어들고 있으며, 특별히 젊은 세대들에게서 이와 같은 모습이 더 많이 나타난다는 것이 한국교회의 위기로 다가올 수 있다.

이와 같은 상황 속에서 교회는 예배로 모이는 것에 대한 부담감을 갖기 시작하였다. 이에 전통적으로 드리는 예배의 시간과 공간을 줄여가는 모습이다. 새벽기도회, 수요기도회, 금요심야기도회, 그리고 주일 저녁 예배 등이 여러 가지의 이유로 그 모임의 성격과 시간이 변경되거나 없어지는 모습을 보게 된다. 이러한 모습은 지난 이천여 년 동안 교회가 반복적으로 삶의 주기에 따라 리듬으로 형성하고 있었던 예배의 시간과 공간을 스스로 세속에 내어주는 결과를 낳고 있다. 일상의 삶 속에서 스스로 말씀을 읽음으로 하나님의 계시를 깨닫고, 기도를 통하여 성령의 역사하심을 경험하며, 창조주 하나님께 영광을 돌리는 그리스도인들의 모습을 과거에 비해 상대적으로 보기 힘들어지고 있다. 이러한 위기 속에서 교회는 그 본래적 기능에 관심을 가져야 한다. 이에 교회가 예배 공동체로서의 의미를 회복하는 것이 매우 시급하다. 특별히 모이기에 힘썼던 초대교회에서의 시간에 대한 이해와 이를 통해 어떻게 하나님과의 만남을 가졌는지는 매우 중요하다.

---

4) 한미준, 『한국교회 미래 리포트』 (서울: 두란노, 2005), 142.

이전 장을 통하여 교회력과 예배의 상관성을 설명하면서 초기 기독교 공동체의 모임 시간에 대해서 간략하게 언급하였다. 이번 장에서는 그 시간을 보다 구체적으로 살펴본다. 기독교 공동체가 기본적으로 유대인들의 시간, 즉 그들의 절기에 익숙해 있었고, 또한 파스카의 신비의 핵심인 부활을 중심으로 시작하였기에 시간은 대단히 중요한 개념이었다. 그들의 시간은 작은 단위인 하루의 시간으로부터 1년의 단위까지 구체적으로 훈련되었다. 이 시간들을 통해서 초대 교회의 성도들은 철저하게 예수 그리스도의 삶에 자신을 동기화 하려고 노력하였다.

II. 매일의 예배/ 기도

성경은 기독교 예배의 순서와 구성에 관해서는 구체적인 언급이 없다. 사마리아 여인과의 대화를 통해서 주님은 예배가 가지고 있는 가장 기본적인 이해는 가르치고 있지만, 그 형식에 관해서는 어떠한 기록도 없다. 하지만, 초대교회 예배에 가장 중요한 한 축이었던 기도에 대해서는 비교적 구체적으로 가르치고 있다. 성경이 가르치고 있는 기도는 '항상 기도' 하는 것이었다. 예수와 그의 제자들은 자신을 따르는 자들에게 모든 기도와 간구를 하되 항상 성령 안에서 기도할 것을 명령하고 있다 (엡 6:18, 눅 18:1, 행 10:2, 눅 21:36, 골 4:12). 현실적으로 24시간을 지속적으로 기도하는 것은 불가능하긴 하지만, 초대교회의 성도들은 매일의 삶 속에서 기도하는 일을 멈추지 않았다. 특별히 유대교 전통에 익숙한 이들에게 일상을 통해서 기도하는 것은 어렵지 않았을 것이며, 매우 익숙하였을 것이다.

성경을 통해서 알 수 있듯이, 유대인들은 일상의 삶에서 기도하였다. 기본적으로 유대인들은 하루에 세 차례 기도를 드렸다. 다니엘은 비록 조국을 떠나 있었지만 "하던 대로 하루 세 번씩 무릎을 꿇고 기도하며 그의 하나님께 감사하였다"(단 6:10, 13). 시편의 찬양을 통해서도 "저녁과 아침과 정오에 내가 근심하여 탄식하리니 여호와께서 내 소리를 들으시리로다"(시편 55:18)라고 고백하며 하루 세 차례의 기도를 기록하고 있다. 이들의 이러한 전통이 예수가 활동하던 시대에도 동일하였으며, 이들은 아침, 점심, 그리고 저녁에 기도하였다. 초대교회는 유대인들과의 차별화된 모습의 신앙에 대해서 강조하였지만, 큰 틀에서의 신앙의 유형은 여전히 유대의 전통을 계승하고 있는 모습이다. 기도뿐 아니라, 몸으로 하였던 기도의 한 형태인 금식도 유대교 전통을 이어가고 있다. 『디다케』에 따르면 유대인들은 월요일과 목요일에 정기적으로 모임을 가졌으며, 이 날에는 금식을 행했다. 초대 교인들은 유대인들과 차별하여 수요일과 준비일로 지켰던 금요일에 금식을 하였다.5) 요일은 달리하였지만, 그 형식은 매우 유사하였을 것이다. 초대교인들에게는 유대 전통 속에서 행했던 종교적 제의가 기독교화 되어 자리 잡아가고 있었다. 브래드쇼(Paul F. Bradshaw)는 이후 제 구시에는 금식뿐 아니라 설교가 있는 예배가 드려졌다고 강조하면서, 이와 같이 설교가 있는 예배로 발전된 것은 유대인들이 지키는 제의적 금식과 차별화를 위한 것이라고 주장한다.6)

고린도전서 12장과 14장에 나타난 초대교회의 예배 모습을 보면 형

---

5) 정양모 역주, 『디다케 열두 사도들의 가르침』 (왜관: 분도출판사, 2003), 59.
6) Paul F. Bradshaw, *The Search for the Origins of Christian Worship* (New York: Oxford University Press, 1992), 194.

식이 잘 갖춰져 있지 않고, 즉흥적이며 은사중심, 즉 오늘날의 오순절과 순복음 계통의 교회에서 볼 수 있는 비예전적 예배와 집회의 모습일 것으로 짐작할 수 있다. 하지만, 초대교회의 성도들은 고대 회당 중심의 예배와 기도에 익숙해 있던 사람들이었다는 사실을 잊어서는 안 된다. 이들은 기본적으로 '날마다' 성전에 모이기를 힘썼다(행 2:46). 또한 '정한 시간'에 성전에 올라가서 기도하였다(행 3:1). 성전은 이들이 함께 모여서 예배하고 성령의 역사를 경험하는 장소였으며, 그를 통한 거룩한 교제가 일어나는 곳이었다(행 5:1).[7]

이와 같이 초대교회의 신자들이 유대인의 전통에 익숙함과 성전에서 정기적으로 예배를 드린 경험은 초대교회 예배와 매일의 기도 전통을 시작하기에 매우 중요한 역할을 감당했다. 타프트(Robert Taft)는 성전과 회당, 그리고 가정에서 드리던 유대인들의 종교적 모임이 초기 기독교 공동체 예배의 형성과 발전에 절대적인 영향을 줬다고 주장한다. 이를 근거로 초대교회는 매일의 삶에서도 기도를 통한 예배자의 모습을 유지하였다고 주장한다. 당시 성전에서 매일 아침과 저녁에 있었던 제사의 모습을 통해서 초대교회의 성도들은 늘 성전에서 하나님을 찬송하는 것을 배울 수 있었다(눅 24:53). 예루살렘을 중심으로 한 초기 기독교 공동체는 당연히 성전에서 사용하였던 제사의 형식과 내용도 차용했을 것이다. 회당 예배가 주는 영향에 대한 기록은 성전에 비해 상대적으로 적다. 또한 1세기에 유대교 회당에서 어떤 주기로 모여서 예배를 드렸는지는 정확히 알 수는 없다. 하지만, 최소한 월요일부터 목요일까지 장이 섰던 날과 안식일에는 회당 예배가 열렸을 것이다. 이 매일의 회당

---

7) Oskar Skarsaune, *In the Shadow of the Temple* (Downers Grove, Illinois: InterVarsity Press, 2002), 377.

예배에서는 전통적인 기도, 즉 쉐마와 테필라를 암송했을 것이며, 율법서와 예언서를 읽었을 것이다. 예수도 회당에서 성경을 읽었으며(눅 4:16-30), 사도 바울도 회당에서 그리스도를 선포하였다 (행 9:20-23; 13:5-14:7; 16:13-24; 17:1-17; 18:4-19; 19:8-10).8) 결국 성전과 회당, 기도와 설교에 대해 성서에 나타난 기록을 통해서 그리스도인들의 예배가 전혀 새로운 제도에서 발생한 것이 아니라 유대 종교 의식의 연속이요, 재해석임을 시사해준다.9)

초대교회 공동체의 신앙규범의 역할을 감당하였던 열두 사도들의 가르침『디다케』에서는 복음서에 기록된 주님의 기도를 하루에 3차례 할 것을 명령하고 있다.10) 히폴리투스에 의해 편집된 것으로 보이는 『사도전승』에서는 『디다케』보다는 구체적으로 매일의 기도에 대해서 가르치고 있다. 『사도전승』에서는 주님의 십자가와 관련되어 주님의 고난과 죽음, 그리고 구속의 은혜를 생각하면서 하루에 7차례의 기도를 할 것을 가르치고 있다.11)

> 남녀 모든 신자들은 아침에 잠에서 일어나 일을 시작하기에 앞서 자기 손을 씻고 하느님께 기도한 다음 자기 일을 하러 갈 것이다 … 만일 네 집에 있을 때라면, 제3시에 기도하고 하느님을 찬양하여라. 만일 이 시간에 다른 곳에 있게 되면 마음속으로 하느님께 기도하여라. 사실 그리

---

8) Robert Taft, *The Liturgy of the Hours in East and West* (Collegeville, Minnesota: The Liturgical Press, 1993), 6-7.
9) 사무엘레 바키오키, 『안식일에서 주일로』, 이국헌 옮김 (서울: 나무그루, 2012), 183-184.
10) 정양모 역주, 『열두 사도들의 가르침 디다케』, 63.
11) 하루 일곱 차례의 기도를 하는 것이 시편 119편 164절의 "주의 의로운 규례들로 말미암아 내가 하루 일곱 번씩 주를 찬양하나이다"와의 연장선에서 이해하기는 어려울 것이다. 『사도전승』에서의 일곱 차례는 예수의 죽음의 시간대와 상관성을 가지고 있기 때문이다.

스도께서 이 시간에 나무에 매달리신 것으로 여겨지기 때문이다 … 마찬가지로 제6시에도 기도할 것이다. 왜냐하면 그리스도께서 십자 나무에 매달려 계실 때에 낮이 갈라져서 극심한 어둠이 덮였기 때문이다 … 의인들의 영혼이 하느님을 찬미하는 모습을 본받기 위해서 제9시에 간절한 간청과 장엄한 찬미를 바칠 것이다. 진리의 주 하느님은 성도들을 기억하시어 당신 아들을 보내셨는데, 이분이 그들을 비추시는 그분의 말씀이시다. 그 시간에 그리스도께서 창으로 옆구리를 찔리시자 피와 물이 흘러나왔고, 그후 저녁때까지 그날의 남은 시간을 비추셨다. 그러므로 잠자러 갈 때에 너는 이미 다음 날을 시작하며 부활의 모상을 이행하는 것이다. 네 방의 침대에서 쉬기 전에도 기도할 것이다. 한밤중에 네 침대에서 일어나 씻고 기도할 것이다 … 또 주께서는 이에 대해 증언하여 이렇게 말씀하셨다: "한밤중에 '거기 신랑이 온다. 그에게 마중나가라' 하는 소리가 크게 들렸다." 또 덧붙여 말씀하시기를, "그러므로 사람의 아들이 오는 날과 시간을 알지 못하니 깨어 있어라" 하셨다. 마찬가지로, 수탉이 우는 시간에 일어나 기도할 것이다. 왜냐하면 이스라엘의 자손들이 그 시간에 그리스도를 부인하였는데, 우리는 믿음으로 그분께 신뢰하면서 그분을 알아보았으며, 죽은 이들이 부활할 때에 우리를 영원히 비출 그 영원한 빛의 날을 희망을 갖고 고대하고 있기 때문이다.[12]

『사도전승』이 3세기 로마를 중심으로 한 교회들을 향한 히폴리투스의 가르침의 역할도 감당하고 있지만, 실제 당시 로마 주변의 초대교회에서 행해지고 있던 신앙의 양태를 종합하였다는 주장도 있다.[13] 이는

---

12) 히뽈리투스, 『사도전승』, 185-193.

결국 초대교회의 성도들은 하루에 7차례의 기도를 실제적으로 행했다고 볼 수 있다. 아침에 잠자리에서 일어나면 손을 먼저 씻고 외적으로도 구별된 모습으로 하나님께 기도함으로 하루를 시작하였고, 동일한 방식으로 하루를 마감하는 모습을 볼 수 있다. 하루에 7차례의 기도를 하려면 3시간 마다 기도해야 된다. 이는 초대교회 성도들의 일상은 성경의 가르침처럼 무시로 기도하려고 노력하였던 신앙의 흔적이라 할 수 있다.

스페인의 수녀 에게리아(Egeria)는 예루살렘을 중심으로 한 초대 그리스도인들의 신앙생활에 대해 여행기와 같은 형식으로 작성한 『에게리아의 여행기』를 후대에 남겼다. 이 저서에서는 순교자 기념교회와 부활의 교회에서 이뤄졌던 예배에 관해서 비교적 상세히 기술하고 있다. 특별히 이 기록은 당시 예루살렘 교회의 고난주간에 일어난 사건들을 요일별로 상세하게 다루었다는 점에서 큰 의미를 가지고 있다.

에게리아는 예배로 모이는 장소를 '거룩한 장소'로 칭하고 있으며, 그곳은 아나스타시아, 즉 부활의 교회이다. 이곳에서는 매일 새벽부터 예배가 있었다. 남자와 여자 수도사들과 평신도들이 찬송, 기도, 시편, 그리고 교창으로 날이 밝을 때까지 예배하였다. 에게리아는 "이는 매일 순번에 의해 두세 명의 장로와 집사가 있어서 그들이 수도사들과 함께 모든 찬송과 교창 사이에 기도를 드리기 때문이다"라고 증거하고 있다.14)

에게리아의 기록은 비록 예루살렘 교회라는 한 지역에서 행하였던 매일의 예배에 대한 증거이지만, 이를 통해 당시 예루살렘교회 성도들

---

13) Gregory Dix, *The Shape of the Liturgy* (Glasgow: Dacre Press Westminster, 1943), 157-159.
14) 에게리아, 『에게리아의 여행기』24-25장. 남호, 『초대 기독교 예배』, 174에서 재인용.

이 구체적으로 어떻게 예배를 드리며 하루의 시간을 사용했는지 알 수 있게 되었다. 새벽 이전에 모여서 예배를 시작한 수도사들과 평신도들은 날이 밝으면서 감독 및 다른 성직자들과 함께 예배를 드렸다. 감독은 무덤인 동굴로 들어가서 모든 성도들을 위한 중보의 기도를 시작하였다. 이어서 세례를 준비하는 교육생들을 위해 기도하고, 이후 세례를 받은 사람들을 위해서도 기도를 한다. 이후 사람들의 손에 입을 맞춤으로 오전의 예배를 마친다. 정오에도 감독이 인도하는 예배가 있고, 오후 3시에도 정오에 했던 방식의 예배를 드렸다. 한 시간 후인 오후 4시에는 촛불예배가 있었다. 비록 동굴 안에는 이미 촛불이 켜져서 환한 상태이지만, 그 실내에 있는 촛불을 이용해 개인들이 등잔과 촛불을 켜고 찬양과 기도의 예배를 드린다. 이후 저녁 기도회가 시작된다. 이 장면을 에게리아는 다음과 같이 묘사하고 있다.

> 저녁기도 시편과 교창을 낭송하고 감독을 부르며, 감독은 들어와 최고의 자리에 앉는다. 장로들도 들어와 그들의 자리에 앉고 찬송과 교창은 계속된다. 지정된 모든 것을 노래하기가 끝나면 감독은 일어나 칸막이(즉 동굴) 앞으로 다가간다. 집사 중 한 사람이 개인들을 위해서 정상적으로 기념하며, 집사가 이름을 말할 때마다 큰 그룹의 소년들이 키리에 엘레이존(*kyrie eleison*, 주여 자비를 베푸소서)으로 응답한다.15) 그들의 목소리는 매우 크다. 집사가 그의 역할을 마치자마자 모든 사람들을 위한 기도를 드린다. 이때가 되면 믿는 사람들과 세례 피교육자들은 함께

---

15) 집사(deacon) 중 한 사람이 추모의 목적으로 돌아가신 분들의 이름을 하나씩 부르면, 소년들로 구성된 찬양대(choir)에서 '주여, 우리를 불쌍히 여기소서'로 응답한 것을 의미한다.

기도한다. 그러나 집사는 모든 세례 피교육자들을 각자의 자리에서 일으켜 세우고 머리를 숙이게 하며, 감독이 자신의 자리에서 세례 피교육자들 위에 축복한다. 다른 기도가 있고 이 후에 집사는 모든 믿는 자들에게 머리 숙일 것을 요구하며 감독은 자신의 자리에서 믿는 자들 위에 축복의 말을 한다. 이렇게 아나스타시스(Anastasis, 부활의 장소에 있는 부활교회)에서 모임이 폐하며, 한 사람씩 감독의 손에 키스하기 위해 다가간다.16)

이와 같이 예루살렘의 그리스도인들은 하루의 시간을 예배를 중심으로 지냈다. 예배는 기도, 찬양, 그리고 축복의 기도를 중심으로 구성되었다. 더욱 놀라운 것은 "일 년 동안 매일 이와 같은 순서가 지켜진다"는 것이다. 매일 반복적으로 정한 시간에 동일한 내용과 패턴을 가지고 예배하였던 초대교회 공동체의 예배 모습을 통해서 현대 교회의 예배의 실상을 되돌아볼 필요가 있다.

III. 주일

1. 주일의 기원

우리가 기억하고 있는 예배의 날은 주일이다. 주일이 가지고 있는 신학적 의미가 분명하기에 그리스도인들은 주님의 날인 일요일에 모여서 예배하는 것을 당연하게 생각한다. 비록 회교권과 같은 문화권에서 부

---

16) 남호, 『초대 기독교 예배』, 175.

득불 일요일을 주일로 지켜서 예배하지 못하는 곳도 있지만, 일반적인 기독교 공동체는 일요일을 예배하는 날로 지킨다. 그렇다면, 이 일요일이 어떻게 그리스도인들의 예배하는 날로 정착되었을까? 앞에서도 살펴봤지만, 초기 기독교 공동체는 유대교와 그 문화에 매우 깊이 연결되어 있었다. 어떠한 과정을 통해서 안식일과 분리된 날을 택하여 하나님을 예배하게 되었을까? 일요일을 주님의 날로 지키는 것이 어떠한 의미가 있는가?

한 주간이 언제부터 7일이었는지에 대한 정확한 역사적 기록은 없다. 한 주간을 7일로 지키던 전통은 아마도 두 가지의 전통에서 기인한 것으로 짐작한다. 첫째는 유대인들이 가지고 있는 한 주간의 개념이다. 이들은 창세기의 기록에 나타난 것처럼 한 주간을 7일 주기로 지켰으며, 그 마지막 날을 안식일로 지켰다. 유대인들은 한 주간의 개별의 날들에 특별한 이름을 붙이지는 않았다. 다만 금요일은 안식일을 준비하는 날이었기에, 특별한 이름을 붙였는데 준비일이라 하였다(마 27:62, 막 15:42, 눅 23:54, 요 19:31, 42). 금요일도 그 이름을 준비일로 부르면서 안식일에 귀속된 날로 지켰다. 이와 같이 유대인들이 한 주간을 지키는 전통은 자연스럽게 노동의 날들과 안식의 날을 구분하도록 하였다. 한 주간의 엿새를 노동을 위한 날로 하고 마지막 하루를 안식일로 지키라는 명령(출 34:21) 때문이었다. 출애굽기 23장에 나타난 안식일의 목적이 종교적인 이유라기보다는 사회적인 이유에서 비롯된 것으로 보인다. 소와 나귀가 쉬어야 일을 할 수 있기에 가축들이 쉴 수 있는 날로 안식일을 정하고 있다. 또한 여종의 자식들과 나그네들이 숨을 돌리기 위한 시간이 필요하였기에 안식일이 이와 같은 목적으로 이용되었다. 하지만, 신명기와 출애굽기에 기록되어 있는 십계명에 언급된 안식일은 그 목적이 보다 분명히 나타나 있다. 이 말씀에서는 가축의 안식과 종들의 쉼을 뛰어넘는 의미의 안식일을 지킬 것을 명령하고 있다. 안식일은 이스라엘의 하나님, 야훼를 거룩하게 하기 위한 날이다(신 5:12, 출 20:8).[17]

둘째는 행성에 기초를 두고 있는 주기로서 7개의 행성이 하나의 요일을 의미한다고 생각하고 지켰다. 7행성은 고대부터 알려져 있었고, 각 행성은 신적인 능력이 있는 것으로 알려졌다.[18] 바빌론의 천문학자들에 의해서 행성이 발견되었지만, 실제 과학적 상관성 속에서 행성을 활용한 것은 희랍인들이었다. 하지만, 행성과 요일을 연관하여 사용한 사람들은 이집트 사람들이었다. 이집트인들은 일주일을, 지구를 제외한 7개의 행성에 연결하여 사용하였으며, 그 행성이 그날을 지배한다고 생각하였다. 처음 바빌론 사람들에 의한 행성의 순서는 지구로부터 멀리 떨어진 순서로 다음과 같이 배열하였다: 토성-목성-화성-태양-금성-수성-달. 하지만 이 배열은 요일과 결합되면서 다음과 같이 변형되었다: 일요일(태양)-월요일(달)-화요일(화성)-수요일(수성)-목요일(목성)-금요일(금성)-토요일(토성).[19]

비록 이 주기가 유대인의 주기와 경쟁적 관계에 있었던 것은 아니었지만, 행성에 기초한 한 주간, 즉 7일 주기는 로마를 포함한 지중해 지역에서 지켜지던 방식이었다. 기독교 예배 공동체는 그 시작을 즈음해서 이 두 전통에 다 노출되어 있었다. 이미 초기 그리스도인들은 유대인들

---

17) Willy Rordorf, *Sunday* (London: SCM Press Ltd., 1968), 13-17.
18) 바키오키의 연구에 따르면, 당시 로마의 역사가 디오 카시우스(Dio Cassius)에 의하면, 예루살렘과 폼페이우스가 두 번 모두 가이우스 소시우스(Gaius Sosius)에 의해 점령당했는데, 당시 토성의 날로 불린 날에 점령당했다. 당시 로마의 사람들을 중심으로 행성의 기운에 의해서 요일이 갖는 힘을 믿었으며, 이러한 기록들이 여러 문헌들을 통해서 나타나고 있다. 사무엘레 바키오키, 321-322.
19) Willy Rordorf, 25.

의 절기를 통한 시간의 개념에 익숙해 있었고, 사회적으로 사용하고 있었던 지중해의 행성에 기초한 요일 계산 방식도 잘 알고 있었을 것이다.[20] 유대인들이 지키는 안식일과 행성에 기초한 방식에 기반을 둔 날짜를 지키던 로마와 그리스의 요일에 의한 토요일(Saturn day, 토성일)은 공교롭게도 늘 함께 갔다. 안식일을 지키던 유대인들이 로마와 그리스인들이 지키던 토요일로 인해서 토성에 대한 공경 의식도 있었을 것을 주장하는 일부의 학자들도 있다.[21] 당시 로마와 그리스 중심의 지역에서는 토요일 다음 날이었던 일요일은 어떤 의미가 있었을까?

예수 그리스도의 부활 사건에 기초한 그리스도인들에게 일요일이 갖는 의미와는 매우 상이하게 당시 사람들에게 일요일은 한 주간의 한 날에 불과했다. 단지 일요일이 좀 특별한 의미가 있었다면 태양 숭배에 따른 예식들과의 상관성이었을 것이다. 로마 중심의 서방에서는 페르시아 신화에 등장하는 미트라스(Mithras) 제의에서 태양 숭배 예식으로 발전했을 것이다. 미트라스 제의에서는 토요일(토성)로 한 주간을 시작해서 일요일(태양)로 한 주간을 마감하는 구조를 가지고 있었다. 초대교회 교부의 문헌에서도 미트라스 제의에 대한 경계를 언급하는 것을 보면 초대교회 당시 이교도 제의가 어느 정도 퍼져 있었던 것으로 보인다.

> … 예수께서 떡을 드사 감사를 드리고 "나를 기념하여 이것을 행하라. 이것은 나의 몸이니라"고 말씀하셨습니다. 마찬가지로 잔을 드사 감사를 드리고 "이것은 나의 피니라"고 말씀하셨습니다. 그리고 사도들에게

---

20) *Ibid.*, 9.
21) 이는 Tacitus에 의한 주장으로서 성경에 의하면 유대인들이 별에 대한 특별한 사고를 가지고 있는 것에서 기인하고 있다 (신 4:19, 17:3, 열왕기하 21:3, 23:5, 예레미야 8:2, 19:12). *Ibid.*, 29.

나누어주신 것입니다. 또한 악한 마귀도 이것을 흉내 내어 미트라스 (Mithras)의 신비가 행해지도록 하였습니다. 당신이 아시거나 혹은 배우실 수 있는 것과 같이, 떡과 물의 잔은 그들의 입회의식에서 어떤 형식으로 사용되고 있습니다.22)

변증론의 성격이 당시 그리스도인들이 이방 종교와는 달리 무해한 종교임을 변론하기 위한 글임을 알 수 있다. 이를 통해 초대교회 성도들에게는 이방 종교에 대한 경계를 목적하고 있으며, 로마 정권에는 기독교의 종교적 정당성과 창조성을 강조하고 있다. 일요일은 종교적 모임의 날로 정하는 것에도 이방 종교와의 차별적 개념을 갖추고 있었다.

태양신 숭배 사상에 기초한 주일을 주님의 날로 지키는 것에 부정적인 입장을 취하고 있는 안식교단의 신학자인 바키오키는 그리스도를 태양신에 빗대어 설명하는 문헌들과 예술 작품들, 초대교회 성도들이 동쪽을 향하여 기도하던 전통들, 그리고 성탄절의 날짜 등을 이유로 주일로서의 일요일을 거부하고 토요일인 안식을 지키는 것이 합당하다고 주장하고 있다.23) 하지만, 이러한 미트라스의 태양신 숭배 전통에 의한 일요일의 개념과 초대교회가 지켰던 주일과는 어떠한 상관성도 없었다.24) 초대교회의 성도들은 이교도들의 태양신 숭배의 개념보다는 오히려 유대교적 개념으로 한 주간을 지켰다. 초대교회에서는 안식일이라는 표현을 여전히 사용하였고, 금요일은 안식일을 준비하는 날로 표현되었다. 다른 날들은 단순히 번호를 붙여서 요일을 표하였다.25)

---

22) 저스틴, 『제일 변증론』, 66장. 남호, 『초대 기독교 예배』 (서울: 기독교대한감리회 홍보출판국, 2001), 136에서 재인용.
23) 사무엘레 바키오키, 325-346.
24) Willy Rordorf, 37.

일요일로 시작하는 한 주간의 명칭이 있기 전까지 유대인들의 요일을 칭하는 명칭은 1요일부터 7요일이었으며, 이를 기본으로 한 주간을 지켰다. 7요일이 안식일을 칭하였기에, 그 다음날인 1요일이 주님의 날로 지켜졌다. 7요일의 다음날이었기에 그리스도인들 사이에서는 주님의 날을 '8요일'이라는 명칭으로 지켰다. 유대인들에게 7은 완전의 의미가 있었다. 8은 완전을 넘어서는 숫자로서, 구원의 의미를 담고 있는 숫자로 여겨졌다(벧전 3:20). 바나바의 서신에서도 '새로운 세상이 시작되는 여덟 번째의 날'로 주일을 기록하고 있다.26)

더욱이 주님께서 그들에게 말씀하셨다. '나는 너희의 초하루와 안식일을 경멸한다.' 주님께서 무엇을 의미하시는지 생각하라. 현재의 안식일은 주께 받아들여질 수 없으나, 이 세상의 마지막을 표시하고 제팔 일째 날(the eighth day), 즉 다른 세상의 시작으로 인도하기 위해 이 날을 주께서 정하셨다. 그런데 우리가 제팔 일째 날을 기쁨이 넘치게 축하해야할 이유가 있다. 그 똑같은 날에 예수께서 죽은 자들로부터 부활하셨고 그 후에 주님께서 자신을 명백히 드러내 보이셨고 하늘에 오르셨다.27)

결국 1요일과 8요일은 동일한 날이었지만, 그리스도인들에게는 1요일이 주님의 날로 지켜졌으며, 그날을 8요일이라 칭하였다.
하나님의 창조의 역사로부터 시작된 시간은 특별한 때에 특별한 제의적 행동을 통하여 그 의미를 더하게 되었다. 예수와 그의 제자들도 유

---

25) *Ibid.*, 39.
26) James F. White, *Documents of Christian Worship*, 19.
27) 『바나바의 편지』, 15장 8-9절. 남호, 『초대 기독교 예배』, 143에서 재인용.

대교의 절기에 익숙했었으며, 특별히 안식일이 갖는 의미를 잘 알고 있었다. 창조의 섭리에 따른 제 7일에 쉬는 안식일(Sabbath)은 단순히 일곱 번째 날을 의미하는 것으로, 창세기에 기록된 하나님의 창조 섭리에 따라 쉬고 안식하는 날이었다.[28] 하지만, 복음서에서는 예수가 그날의 주인 됨을 가르치고 있다(눅 6:5). 예수는 안식일의 주인 됨을 증명이라도 하시듯이 안식일에 일을 하며 율법학자들과 논쟁을 벌이는 모습을 여러 차례 보여주셨다. 유대인들에게 안식일은 한 주간을 마무리 짓는 마지막 날이었다. 초대교회 공동체는 유대교의 전통 속에서 모임을 이어 갔지만, 예수의 부활과 승천 사건 이후로 그 모임에 새로운 전기를 마련하기 시작하였다.

그리스도인들은 주님의 부활을 기념하여 모이기 시작하였고, 그 날을 한 주간의 첫 날로 기록하고 있다. 신약성서에는 3곳의 본문에서 주일에 초기 그리스도인들의 모임을 가졌던 것에 대한 기록을 찾을 수 있다. 그 주간의 첫날에 예배를 위해서 드로아에 함께 모였던 바울과 그의 무리들은 주일을 지내고도 더 머물러 날이 늦도록 설교하였다. 성경은 "떡을 떼려" 이들이 모인 것으로 기록하고 있다(행 20:7-12). "매주 첫날에"(고전 16:2) 그리고 "주의 날"(계 1:10)은 모두 성경이 기록하고 있는 주일의 의미였다. 기본적으로 안식일과는 그 개념과 실제에 있어서 구별하려는 노력을 하였다. 초기 기독교 공동체의 안식일의 모임에 대해서 롤돌프(Willy Rordorf)는 안식일 다음 날이 그리스도인들의 모임을 위한 날이었음을 주장하였다. 그에 따르면, 초기 유대교 그리스도인들은 유대인들의 전통에 따라 주일을 안식일로 지켰으며, 그 주일은 종말론적 성격이 강한 안식일의 개념이었을 것이라 주장하였다. 하지만, 바

---

28) Laurence Hull Stookey, *Calendar: Christ's Time for the Church*, 39-41.

울의 영향 하에 있었던 이방 그리스도인들은 유대인들의 율법으로부터 자유로웠기에 안식일을 지켜야 된다는 어떠한 의무감도 없었고, 예배를 위한 요일을 안식일로부터 일요일로 옮기는 것에는 전혀 문제될 것이 없었다. 특별히 부활 후 주님께서 자신의 제자들과 함께한 식사의 자리가 한 주의 첫 날에 이뤄진 것으로 보이기에, 이들이 일요일을 주일로 지키는 것에는 전혀 문제될 것이 없었다. 초기 그리스도인들 모임의 중심에 위치하고 있었던 성찬도, 초기에는 토요일 저녁에서 일요일 저녁으로 옮겼을 것이고, 이후 자연스럽게 일요일 오전으로 자리를 옮겨 왔다.29) 결국 일요일을 주일로 지킴에 있어서 초기 기독교인들은 일요일을 안식일의 대체일로서 지켰다기보다는, 부활의 주님을 기억하기 위한 시간의 성격이 강하였을 것이다. 그렇다면 초대교회에서 시작된 주일예배는 어떤 모습이었을까? 오늘날 이 시대의 예배와는 어떤 차이점을 보이는가?

2. 주일 예배의 원형

성경이 주일의 모임에 대해서는 기록해 주고 있지만, 그 예배의 형식에 대해서는 언급이 없다. 하지만, 초대교회의 예배의 모습은 여러 교부들과 그리스도인들에 의해서 아직도 남아 있다. 비록 초대교회의 예배가 오늘을 사는 우리에게 어떠한 절대적인 모델이 될 수는 없지만, 초대교회에서 행해진 주일 예배의 원형을 살펴보는 것은 매우 의미 있는 일이다. 오늘의 교회가 주일예배의 어느 부분에 관심을 가지고 있는가를

---

29) Paul F. Bradshaw, *The Search for the Origins of Christian Worship* (New York: Oxford University Press, 1992), 192-3.

돌아보고, 초대교회의 예배에서 무엇을 회복할 수 있는지 살펴보고자 한다.

초대교회에서 주님의 부활을 기억하기 위한 예배의 가장 핵심적인 구성 요소는 말씀과 성찬이었다. 초대교회 예배를 구성하는 가장 중심에는 하나님의 말씀의 선포와 회중들이 함께 참여함으로 직접 응답하는 성찬이 있었다. 그레고리 딕스(Dom Gregory Dix)는 하나님의 말씀을 읽고 그에 대해서 선포하는 것은 유대교의 회당 전통에서 온 것으로 본다. 또한 성찬 예식은 비록 기독교 예배 공동체에 의해서 시작된 것이지만, 유대교의 유월절 전통 속에서 있었던 식사와 상관성이 있는 것으로 본다.30)

이미 앞의 글에서 초대교회의 주일 예배의 형식이 단일화된 형식이 아니라 지역의 문화에 따라서 다양할 수 있었을 것을 언급하였지만, 큰 틀에서의 주일 예배의 형식은 매우 유사하였다. 기본적으로 예배를 구성하는 요소는 성경봉독, 시편찬송, 설교, 그리고 몇 편의 기도들이었다. 사도의 권위에 의해서 예배의 순서에는 변화도 가할 수 있었을 것이다. 성찬을 제외한 예배의 순서는 다음과 같았다.

인도자에 의한 예배 시작의 인사와 회중들의 응답
성경봉독
시편찬송

---

30) 그레고리 딕스는 말씀의 예전을 Synaxis, 즉 회의 혹은 회합이라는 의미의 단어를 사용함으로 그리스도인들의 집회적 성향의 모임의 핵심 예배에 하나님의 말씀이 있었음을 주장하고 있다. 또한 하나님의 말씀과 함께 성찬은 유대인의 유월절 감사 식사인 키두쉬와 상관성이 깊은 것으로 주장한다. Dom Gregory Dix, *The Shape of the Liturgy*, 36-37.

성경봉독

설교

교회에 속하지 않은 자들을 위한 파송

기도들

파송

봉헌 (이는 경우에 따라서 행해졌으며, 가난한 자들이나 교회의 경비를 위해서 행해졌다.)31)

예배의 시작은 인도자의 인사의 말로 이뤄진다. 인도자는 "주님이 여러분과 함께하시기를 바랍니다" 혹은 "평안이 여러분과 함께 하시기를 바랍니다"로 예배의 시작을 알렸다.32) 예배를 처음 시작하는 표현에서 알 수 있듯이 초대교회 예배의 시작은 예수 그리스도와 깊은 연관이 있었다. 주님이 함께함으로 예배를 드릴 수 있었다. 또한 '평안의 인사'는 부활하신 주님이 제자들에게 하신 인사의 말씀으로(요 20: 19), 두려움에 떨고 있던 제자들에게 평안을 허락하신 주님의 마음으로 예배를 시작한 것은 매우 특별한 의미가 있다.

연이은 성경봉독의 시간에서는 저스틴의 변증론에서 볼 수 있듯이 "사도들의 기록이나 예언자들이 쓴 글들을 시간이 허락하는 한 오랫동안" 읽었다. 초대교회의 성도들은 구약의 말씀을 먼저 읽었고, 이후 주님의 말씀을 읽었다. 읽는 방식은 낭독의 형식과 찬트의 형식이 되었을 것이다. 특별히 참여하는 회중들이 많고, 그 공간이 넓었을 경우는 모두

---

31) Ibid., 38.
32) 딕스는 이 두 인사말이 모두 유대교 전통에서 기인한 것으로 보고 있다. 첫 번째의 인사는 탈무드에서 온 것으로 보고 있으며, 두 번째의 인사는 유대인들의 일반적인 인사인 샬롬에서 그 기원을 찾고 있다. Ibid., 38.

가 들어야 하는 상황이기에 찬트 형식이었을 가능성이 높았을 것이다. 성경을 읽는 봉독의 시간 사이에 위치해 있던 시편찬송은 층계송(gradual)의 형식이었다. 오늘날의 예배 중에는 시편을 중심으로 한 교독문을 하지만, 당시 초대교회에서는 시편을 중심으로 찬트 형식의 시편찬송이 있었다. 회중들과 교창의 형식은 아니었을 것으로 보이며, 솔로이스트가 부르는 형식이었다.33)

초대교회에서의 설교는 감독들에 의해서 선포되었다. 비록 시간이 지나면서 사도적 전통에서 안수를 받은 이들에 의해서 전해졌지만, 초기에는 감독들에게 설교하는 은사가 주어졌다고 믿었다. 비록 시간이 지나면서 예배 중의 설교가 여러 가지의 이유로 사라지게 되어서 중세의 예배에서는 설교가 없고 성찬만이 있는 예배로 발전하게 되었지만, 초대교회에서는 설교가 중요한 역할을 하였다.34) 감독들에 의한 설교의 모습도 현대 교회에서 이뤄지고 있는 목사의 설교와는 상당한 차이가 있는 것으로 보인다. 실제 성경봉독의 시간이 상당 시간을 차지했기에, 설교는 오히려 '가르치는 자의 의자'로 불렸던 감독의 좌석에 앉아서 길게 읽은 성경 내용을 풀어가며 차분히 전한 것으로 보인다. 감독은 설교를 통해서 하나님이 스스로 자신을 세상에 나타내시는 것을 상징적으로 나타내려 하였다.35)

---

33) 비록 유대교 회당의 모임의 규모가 크지 않은 상황에서도 유대교는 이와 같은 찬트 형식의 성경봉독이 일반적이었다. *Ibid.*, 39.
34) 설교가 사라지게 된 가장 큰 이유 가운데 하나는 예배의 언어가 라틴어라는 것이었다. 중세에 성서는 희귀하였을 뿐 아니라 라틴어 성서를 주석의 작업을 통해서 설교를 할 수 있을만한 훈련을 받는 사제가 많지도 않았다. 설교를 위한 성서 주석의 작업은 일부 훈련을 받은 수도회에 속한 사제들에 의해서 이뤄졌다. 중세의 설교는 미사 중에 있지 아니하였으며, 따로 시간을 구분하여 이를 위해 훈련받은 순환 수사들에 의해서 이뤄졌다. 보다 자세한 내용은 아래의 책을 참고하라. 로렌스 홀 스투키, 『성찬, 어떻게 알고 실행할 것인가?』, 김순환 옮김 (서울: 대한기독교서회, 2002), 105-107.

초대교회에서의 진정한 의미의 교인은 세례를 받은 이들이었다. 하지만, 세례 받은 자들만을 위한 예배를 드릴 수는 없었다. 세례를 받은 이들이나, 유대인, 이방인, 심지어 이교도들이라 할지라도 복음을 듣기 원하는 사람들은 모두 예배의 자리에 올 수 있었다. 이들을 위한 기도와 파송이 말씀 선포 뒤에 자리했다. 초대교회에서 일반적으로 세례를 받기 위해 필요한 시간이 3년이었기에, 그 교육 기간에도 함께 예배에 참여하여 성삼위 하나님의 구속의 은총을 경험하여 고백할 수 있어야 했다. 하지만, 세례 받지 못한 이들은 말씀의 예전 이후에는 감독의 기도를 받고 성전을 떠나야 했다. 이후 세례를 받은 신자들을 위한 성찬의 예배가 시작되었다. 히폴리투스의 기록에 의하면 성찬의 순서는 감독이 평화의 입맞춤과 인사를 하면서 시작되었다.

감독: 주께서 여러분과 함께
백성: 당신의 영과 함께
감독: 여러분의 마음을 드높이
백성: 우리는 주님께 마음을 향하고 있습니다
감독: 주님께 감사합시다
백성: 마땅하고 옳은 일입니다36)

오늘날 교회에서 예배 중에 있는 평안의 인사의 기원을 성찬의 시작과 함께 이뤄진 평화의 입맞춤에서 찾을 수 있다. 현대의 성찬예식에서 평화의 입맞춤의 순서는 시작을 알리는 위치에 있지는 않지만, 로마의

---

35) Dom Gregory Dix, *The Shape of the Liturgy*, 41.
36) 히뽈리투스, 『사도전승』, 83.

교회들에서는 평화의 입맞춤으로 성찬예식이 시작되었다. 이와 같이 입맞춤의 행위는 유대교 전통에서 왔을 것으로 본다. 이는 이삭의 야곱에 대한 입맞춤과 같이 축복의 의미가 있었다. 또한 존경과 우정의 표시로도 입맞춤을 행했다. 이와 같은 행위는 초기 기독교 공동체에서 받아들인 것으로 보인다. 초대교회 감독이 그 직임을 받을 때 참석한 모든 성도들에게 축복과 존경의 의미로 입맞춤을 하였다. 『사도전승』에 기록된 성찬의 순서와 내용을 스투키는 아래와 같이 정리하였다.

1. 특별히 예수 그리스도의 오심 속에 있는 하나님의 선하심을 칭송하고,
2. 성찬의 제정사를 포함시키고 있으며,
3. 주의 죽으심과 부활을 기념하여 떡과 포도주를 하나님께 드리며,
4. 성찬 성물의 봉헌물 위에 그리고 그것을 받는 사람들 위에 성령의 은사가 임하시길 구하며,
5. 교회의 일치와 증거의 효과를 위해 기도하며,
6. 삼위일체를 찬미하는 송영으로 마친다.[37]

초대교회 예배는 말씀의 예배와 성찬의 예배가 확연히 구분되어 있었다. 특별히 동방교회에서는 이와 같은 구별이 분명하였다. 심지어 세례 받은 사람만의 예식인 것을 강조하기 위해서 성찬의 예배가 시작되기 전에 부제가 "문들아! 문들아!"라고 소리를 치며, 세례 받지 않은 자들이 들어오지 못하게 문단속을 할 것을 경고하기도 하였다.[38] 이들에게 성찬의 예배는 대예배로 여겨졌다. 그리하여 봉헌의 시간에는 그리

---

37) 로렌스 홀 스투키, 『성찬, 어떻게 알고 실행할 것인가?』, 김순환 옮김, 95.
38) *Ibid*., 98 각주내용.

스도를 상징하는 빵과 포도주, 그리고 언약의 상징으로 우유와 꿀을 함께 들고 입당을 하였으며, 이를 대입당(great entrance)이라고 하였다. 이 시간에 성도들이 준비한 헌물들도 함께 바쳐졌다.

3. 주일 예배의 본질

그리스도인들이 주일을 통해서 예배 공동체를 형성해 간다는 것은 매우 중요한 일이다. 교회 공동체의 근본 목적이 예배를 위한 제의적 공동체이기에, 주일을 통해서 부활의 증인들이 함께 모여 예배를 드리는 것은 지난 이천 년 동안의 기독교 역사 속에서 가장 중요하게 지켜왔던 전통이었다. 로마제국의 박해가 심하였을 때에도 초대교회 공동체는 예배를 지속적으로 드리며 예배 공동체로서의 정체성을 지켰다. 이러한 기독교의 예배 공동체로서의 정체성은 오늘의 한국교회에서도 여전히 뚜렷이 나타나고 있는 현상이다. 앞에서 살펴봤지만, 한국 기독교인들의 예배에 대한 이해는 남다르다. 2004년 기준으로 살펴본 한 주간 동안의 예배, 법회, 미사 참석률을 보면, 개신교는 83.6%, 불교 17.5%, 그리고 천주교 59.8%이다.[39] 주일을 예배로 지켜야 된다는 것에 대한 높은 이해를 보여주는 수치이다. 집에서 방송 매체를 통해 주일 예배를 드릴 수 있느냐의 질문에는 10.8%가 집에서 방송을 통해 주일 예배를 드릴 수 있다고 답했으며, 주일 예배는 반드시 교회에서 드려야 된다고 답한 사람이 89.2%였다.[40] 또한 교회에 대한 만족도에서도 담임 목사님의 리더십(81.1%)에 이어서 예배(70.4)에 대한 만족으로 인해서 현

---

[39] 한미준,『한국교회 미래 리포트』, 148,
[40] *Ibid.*, 207.

재 교회에 출석하고 있다고 답함으로 교회생활에 있어서의 예배가 차지하는 비중이 높다는 점을 알 수 있다.41)

초대교회와 현대 교회의 가장 큰 공통점이 있다면, 두 시대 모두 예배를 중심으로 모이는 공동체라는 것이며, 이는 주님의 부활을 기념하는 주님의 날에 함께 모여 예배를 드리는 것을 중요시한다는 사실이다. 기독교는 예배로 시작되어서 예배로 그 정체성을 지켰으며, 오늘도 예배하는 모임이다. 특별히 주일에 함께 모여서 예배함을 통하여 사도 바울의 고백처럼 "죄에 대하여는 죽은 자요 그리스도 예수 안에서 하나님께 대하여는 살아 있는 자"가 되는 은혜의 수단을 경험하게 된다. 주일에 함께 모여 예배함을 통하여 죄인인 우리가 죄로부터 해방됨을 경험하게 된다. 찬양, 기도, 말씀, 봉헌 그리고 결단을 통하여 하나님의 은혜 아래 있음을 확증하게 된다. 하지만 안타깝게도 현대의 예배 공동체는 주일에 함께 모여 예배함의 본질적 의미를 온전히 경험하지 못하는 모습을 자주 목격하게 된다. 필자는 여러 경로의 경험을 통해 오늘날 한국 교회가 예배 공동체로서의 당면한 문제에 대한 이야기를 접할 수 있었다. 많은 교회 지도자들의 하나같은 고민은 어떻게 하면 예배 공동체의 본질을 회복할 수 있겠느냐는 것이었다. 예배를 중요하게 생각하면서도 그 해결을 위한 방법을 모색하는 데 어려움을 겪고 있다. 이와 같은 해결책으로서의 강론은 개교회의 상황에 따라 매우 다양할 수 있을 것이다. 하지만, 총론의 차원에서 접근하고자 다음의 몇 가지를 제안해 본다.

첫째, 주일 예배는 공적이어야 한다. 교회 공동체가 가장 공적으로 모일 수 있는 시간과 공간은 주일 예배이다. 비록 교회 공동체가 공동체성을 공고히 하기 위하여 많은 모임과 프로그램을 가질 수 있지만, 교회

---

41) *Ibid*., 211.

의 공동체성을 드러내는 가장 명확한 것은 예배이며, 이는 주일 예배이다. 교회는 주일 예배를 통해서 그 교회가 어떤 교회인지를 나타낸다. 교회의 사명이 예배를 통해서 선포되고, 교회의 과거의 역사와, 오늘의 기도 제목, 그리고 미래의 선교적 사명이 예배를 통해서 모두 나타난다. 비록 매주일 예배를 드리지 못하는 교인들이 있다고 할지라도, 이들에게도 주일의 예배는 언제나 돌아갈 수 있는 고향과 같은 평안과 위로와 회복을 주는 시간과 공간이다. 현대 예배가 지나치게 개인화되고 있는 모습에 대한 우려가 있다. 일부 계층의 사람 혹은 특별한 사람들만을 위한 주일 예배 공동체는 건강한 예배 공동체가 될 수 없다.

한 때 필자는 한국교회에 장애인을 위한 예배 공동체가 있는 것에 대한 인식이 없었다. 심지어 장애인을 위한 교회가 있는 것이 사회적 배려라고 생각하였다. 하지만, 예배 신학적으로 보면 이는 매우 유감스러운 상황이다. 아마도 장애인이 중심이 되어서 모이는 교회가 있는 것은 한국에서만 볼 수 있는 예배 상황인 것으로 짐작된다. 한국에는 탈북자들을 위한 새터민 교회, 은퇴한 목회자들의 교회, 홀사모님들이 모여서 예배드리는 교회, 가출 청소년들을 위한 예배 공동체 등 특정한 상황의 사람들이 모여서 예배하는 공동체들이 늘어나고 있다. 동질의식을 가지고 함께 예배하는 것에 대한 순기능은 있다. 이들 예배 공동체의 모임 자체가 예배 신학적으로 문제가 있는 것은 아니다. 하지만, 이와 같은 예배 공동체가 생겨나게 된 배경에는 기존의 예배 공동체에서 그들 집단의 특수성을 잘 수용하지 못하고, 이들의 특수한 상황이 기존 예배 공동체와 잘 융합되지 못하는 것에 대한 반작용으로 생성된 것으로 보인다. 예배 공동체의 공적인 부분에 대한 불완전성이 이와 같은 특수성을 가진 예배 공동체를 형성한 것으로 이해할 수 있다. 예배 공동체는 모든 사람들에게 열리는 공적인 시간과 공간이어야 한다. 이것이 하나님 나라의 예배 공동체이다. 모두가 함께 할 수 있는 공적인 예배를 구성하기 위해서 힘들고 어렵더라도 노력해야 한다.

둘째, 주일 예배는 교회의 모든 것에서 우선적이어야 한다. 한미준의 보고에 따르면 개신교 성도들 가운데 53%는 1주일 동안 성경을 전혀 읽지 않는다고 답하였으며, 35%의 성도들이 하루에 한 번도 기도하지 않는다고 답하였다.42) 주중에 기도와 말씀을 통한 영성생활을 하지 않는 사람들이 교인의 반을 차지하고 있다는 수치이다. 일주일에 한 차례, 주일 예배를 참석하는 것만으로 그리스도인으로서의 일상의 삶을 사는 사람들이 교인들 가운데 거의 반이며, 이러한 수치는 시간이 지날수록 높아지고 있다. 이러한 현실적인 모습에서 단순히 교인들의 주일 예배 참여와 주중의 신앙생활에 대한 독려가 이들의 영성을 깊게 할 수 있을까? 오히려 이들이 참여하여 드리는 매주 한 번뿐인 주일의 예배가 더욱 그들의 신앙의 중심이 될 수 있도록 교회는 예배에 더 집중해야 한다. 주일의 예배가 교회의 심장과 같은 역할을 감당할 수 있도록 노력해야 한다. 예배를 통해서 영적 수혈이 이뤄질 수 있도록 예배에 집중해야 한다. 마치 예배가 주일의 여러 사역들 가운데 한 가지인 것으로 이해하고, 주일 예배가 한 주를 시작하는 하나의 사역으로만 이해해서는 안 된다. 예배를 통해서 예배에 참석하는 모든 성도들이 성삼위 하나님의 거룩하심을 경험할 수 있도록 해야 한다.

앞의 글에서 이미 살펴보았지만, 한 주일에 한 번의 주일 예배를 드리는 사람이 그리스도인으로서의 정체성을 가지고 살아간다는 것이 현실적으로 얼마나 어렵겠는가? 주일성도(Sunday Christian)가 늘어날

---

42) 한미준, 『한국교회 미래 리포트』, 183-188.

수밖에 없는 사회구조 속에서 살아가는 현대 그리스도인들에게 주일 예배는 그들에게 영적으로 채움을 받을 수 있는 거의 유일한 은혜의 수단일 것이다. 주중에 자신의 영적 성숙을 위한 일체의 종교행위를 하지 않는 그리스도인들에게 주일에 드리는 한 번의 예배가 보다 중요할 수 있도록 교회는 다각도의 노력을 기울여야 한다. 이들이 예배를 통해서 하나님의 거룩하심을 체험하고, 하나님께 영광을 돌리도록 해야 된다. 그러하기에 주일의 예배는 교회 공동체의 전체 사역에서 가장 중요하다. 부활의 주님을 단순히 구두로 선언하는 형식을 뛰어 넘어서 참된 부활을 축하하는 예배의 공동체가 될 수 있도록 해야 된다. 예배를 구성하는 예배자들이 스스로의 고백을 통해서 창조주 하나님을 만나고 고백할 수 있도록 해야 된다.

셋째, 주일 예배는 모두가 참여할 수 있는 동등한 모임이어야 한다. 종교개혁을 통한 개신교 정신에서 가장 두드러진 부분은 회중들이 예배의 주체로 참여한다는 것이다. 중세 가톨릭 미사의 가장 두드러진 특징은 철저히 사제 중심의 미사였다. 미사의 언어는 라틴어로 되어 있었으며, 심지어 로마에서 드리는 미사에 참석한 회중들도 고전 라틴어에 익숙하지 않았기에 그 내용을 충분히 알 수 없었다. 이와 같은 16세기 상황에서 마틴 루터는 종교개혁을 통해서 회중이 모두 온전한 예배자로 참여할 수 있도록 그 통로를 열었다. 회중들이 알지 못하는 라틴어 미사를 거부하고 회중의 언어로, 회중이 이해할 수 있는, 그리고 회중이 알고 있던 멜로디를 활용한 찬송곡들을 부름으로 회중들을 위한 예배를 시작하였다. 루터의 이와 같은 신학적 이해는 세례에 대한 이해에서 기초하고 있다. 세례를 받은 성도라면 제사장의 직분을 부여 받고 세례 공동체에 동등한 한 사람으로 입회하는 것으로 믿었다. "세례를 받고 물 밖으로 나온 사람은 누구든지 성결하게 된 사제, 감독, 그리고 교황이라고 자랑할 수 있기 때문에" 세례를 받은 그리스도인은 모두 예배의 주체로서 예배할 수 있다고 강조하였다.43)

루터의 이와 같은 예배 개혁은 회중이 주체적으로 참여하는 예배에 대한 새로운 이해를 열었다. 기본적으로 개신교 예배의 특징은 초대교회 예배의 원형과 같이 회중이 함께 참여함으로 진정한 의미의 예전(Liturgy, 사람들의 일, work of people)을 회복함에 있었다. 하지만, 현대 개신교 예배에서 여전히 회중은 예배자로 예배에 능동적으로 참여하지 못하며, 수동적이며 소극적인 예배자의 모습이다. 기독교 예배는 사회적, 경제적, 정치적, 그리고 문화적 계급과 차이를 초월한다. 예배에 참여한 모든 사람들은 하나님 안에서 자녀 된 자로서 동일한 자격을 부여받는다. 동일한 자격 뿐 아니라, 예배자들이 예배의 구성원일 뿐 아니라, 예배를 만들어가는 주체가 되어야 된다. 목회자들에 의해서 준비되고 인도되는 예배 방식에서 탈피하여 회중들이 보다 주체적으로 예배에 참여할 수 있도록 노력해야 된다. 이와 같은 주일 예배가 한 사람 중심의 예배가 아닌 공동체적 행위로서의 공공성을 시행하기 위해서, 주일 예배가 모든 것에 우선이 되기 위해서, 그리고 그 예배가 공적이기 위해서 다음의 몇 가지의 실천 방안을 제안한다.

첫째, 설교 중심의 예배에서 탈피해야 된다. 개신교 예배에서의 설교가 차지하는 위치를 부정할 수 있는 사람은 없다. 하지만, 지나친 설교 중심의 예배는 '설교는 예배다'라는 그릇된 예배관을 심어 줄 수 있다. 이와 같은 예배에 대한 단순한 이해 구조를 가지고 있는 사람은 설교를

---

43) James F. White, *Protestant Worship: Traditions in Transition* (Louisville, Kentucky: Westminster/John Knox Press, 1989), 41.

통해서만 예배의 은혜를 경험할 수 있다고 생각하는 경향이 있다. 설교를 통해서 은혜를 체험하면 예배를 통해서 은혜를 경험하였다고 생각하지만, 그 반대의 경우는 예배를 통해서 하나님의 은혜를 체험하지 못 했다고 판단한다. 하지만, 예배는 통전적 이해에 기초해야 된다. 예배를 구성하는 다양한 요소들이 종합적으로 조화를 이루고 있으며, 모든 요소들을 통해서 예배자들은 성령의 역사를 경험할 수 있어야 된다.

기본적으로 예배는 은혜의 통로이다. 예배의 다양한 순서와 요소들, 즉 기도, 찬양, 성경봉독과 같은 직접적인 언어적 요소들 뿐 아니라 상징과 침묵과 같은 비음성적인 요소들을 통해서도 하나님의 은혜를 경험할 수 있다. 설교도 예배를 구성하는 여러 요소 가운데 하나이다. 비록 개신교 예배에서 가장 중요한 위치를 차지하고는 있지만, 예배를 구성하는 다른 요소들이 설교에 의해서 그 중요성이 감해져서는 안 된다. 오히려 예배에서 설교만을 지나치게 강조할 경우 다양한 예배의 역기능이 나타날 수 있다. 지나치게 목사 한 사람이 중심된 예배, 배움과 가르침 중심의 지성적이며 이성적인 예배, 예배자들을 수동적으로 만드는 예배가 될 가능성이 매우 높다.

둘째, 예배의 다양한 구성 요소들이 그 기능을 잘 드러낼 수 있도록 해야 된다. 이는 앞에서 언급한 설교중심 예배에 대한 보다 구체적인 실행 방안이다. 앞에서도 언급하였지만, 예배를 구성하는 모든 요소들은 성령의 역사를 체험할 수 있는 통로이며, 은혜의 수단이다. 오늘의 개신교 주일 예배를 보면 일반적으로 기도의 순서가 적은 것을 알 수 있다. 예배 순서를 보면 예배에 참여하는 회중들이 자신의 입을 열어서 기도할 수 있는 시간이 없다. 맡은 이에 의한 오늘의 기도와 봉헌 이후의 목회자의 봉헌기도 이후 반주자에 의한 후주 시간에 기도할 수 있지만, 실제 자신의 기도제목을 가지고 기도할 수 있는 시간은 아니다. 주일 예배를 통해서 예배에 참여하는 회중들은 자신의 기도제목과 중보의 기도제목을 놓고 기도할 수 있어야 한다.

앞에서도 언급했듯이 오늘날 개신교회 예배 공동체에서 볼 수 있는 공통의 현상은 주일에 한 번 예배드리는 것으로 종교생활이 전부인 사람들이 늘어나고 있다는 것이다. 교회는 이 사람들이 어떻게 주일 예배 한 시간의 시간 동안 신앙적으로 도전을 받고 하나님을 경험하게 할 수 있는지 고민해야 된다. 설교를 듣기만 하는 수동적 예배자에서 자신이 보다 능동적으로 참여하는 예배자로 이끌어야 된다. 더욱이 일주일에 한 차례의 종교행위로 예배를 드리는 사람들에게는 신앙적 도전과 결단의 시간과 공간이 필요하다. 주일 예배 시간을 통해서 스스로 기도하며 결단할 수 있는 시간을 반드시 마련해 줘야 된다. 이를 위한 가장 좋은 시간은 설교 이후라고 할 수 있다. 설교 후에 회중들은 하나님의 말씀에 대한 응답의 시간을 갖고 싶어 하며, 그 말씀에 대한 스스로의 결단과 응답의 시간이 필요하다. 이 시간, 설교자는 자신의 기도로 설교를 마무리하는 것 보다는 예배자들로 하여금 선포된 말씀에 대한 응답과 결단의 시간을 갖도록 하는 것이 좋다. 기도의 형태는 목회 상황에 따라서 결정될 것이다. 통성기도에 익숙한 공동체는 함께 소리를 내어 기도할 수 있다. 예배자들이 깊이 있게 기도할 수 있도록 침묵으로 기도해도 좋다.

성경을 읽는 시간도 은혜로운 시간이 되어야 한다. 예배 가운데 실제적으로 하나님의 말씀을 듣는 시간은 성경을 읽는 시간이며, 설교는 선포된 하나님의 말씀에 대한 교회의 해석이다. 그럼에도 불구하고 성경봉독 시간이 형식적이며 간소화된 느낌이다. 심지어 간단히 성경 한 구절을 읽고, 설교자가 자신이 말하고자 하는 바를 전하는 예배를 경험하기도 한다. 교회력에 따른 성경 본문은 이러한 우려를 가장 정확하게 불식시킬 수 있는 방편이다. 구약, 시편, 서신서, 그리고 복음서까지 모두 읽을 수 있다. 초대교회의 예배에서도 시간이 허락하는 동안 하나님의 말씀을 읽었던 전통이 있었다. 현실적으로 성경을 읽는 것을 위해서 넉넉한 시간을 할애할 수 없다면, 성경본문의 말씀을 예배자들이 깊이 묵상할 수 있는 시간을 마련하는 것이 좋다.

필자가 경험한 한 성결교단 교회의 예배를 소개하려 한다. 이 교회는 성경봉독을 새롭게 자리매김하였다. 기성교회와 설교 이전까지는 큰 차이점이 없었다. 하지만, 설교 이후에 설교자의 기도가 아니라 성경 말씀을 다시 듣는 시간이 있었다. 설교자의 설교 이후 예배를 인도하던 목사가 나와서 매우 짧게 선포된 설교 말씀의 요지를 전하면서 다시 한 번 하나님의 말씀을 통해서 결단할 것을 요청하였다. 이후 교회 실내조명의 조도가 전체적으로 어두워졌으며, 미리 녹음된 성경말씀이 흘러나왔다. 조용한 배경음악이 먼저 나왔으며, 당일 선포된 성경본문을 아나운서 톤의 여성이 현대인을 위한 성경본으로 읽었다. 성경봉독 뒤에도 2-3분가량 조용한 음악이 계속 흘러 나왔고, 예배자들은 이를 배경으로 깊이 묵상하며 기도하였다. 뒤이어 예배를 인도하는 목사가 마무리하는 기도를 하였다. 찬양, 기도, 성경말씀, 그리고 봉헌의 순서들을 통해서도 예배자들이 보다 능동적으로 참여하여 하나님의 은혜를 경험할 수 있도록 교회 공동체는 노력해야 한다.

셋째, 예배의 변화를 위해서 노력해야 한다. 필자의 관찰에 따르면 예배 순서를 결정하는 과정은 크게 두 관점이 있는 것 같다. 첫째는 교단에서 준비된 예식서에 근거한 예배 순서이다. 한국의 대부분의 개신교단은 예배의 지침이 되는 예배서를 가지고 있으며, 개교회는 이에 근거하여 큰 틀에서의 예배를 마련한다. 둘째는 교단의 예배서에 근거하기보다는 개교회가 가지고 있던 예배전통에 충실한 경우이다. 이 두 경우 모두 예배의 순서에 변화를 주는 것에는 매우 소극적이다. 예배의 순서에 변화를 주거나 새로운 시도를 하면 예배의 거룩성이 손상되는 것으로 생각하는 경우를 보았다. 더욱이 개교회에서 드려온 예배의 형식을 유지하는 것이 보수적이며 전통적인 신앙을 유지하는 한 방편으로 생각한다. 하지만, 예배의 형식에 변화를 주는 것과 보수적이며 전통적인 신앙을 유지하는 것에는 전혀 상관성이 없다. 한편 예배의 형식의 변화에 상대적으로 적극적이거나 다양한 시도를 하는 예배 공동체의 경우는 현대 예배를 지향하는 것을 보게 된다. 하지만, 필자가 주장하는 예배의 변화는 전통 예배와 현대 예배 사이의 선택의 문제가 아니다. 전통 예배이며, 예식서에 기초하는 예배를 드리는 예배 공동체라고 할지라도 예배의 변화에 민감해야 한다는 것이다.

예배의 변화는 작은 부분에서 시작될 수 있다. 변화를 시도하는 목적은 회중들이 예배에 보다 적극적으로 참여하고, 그를 통하여 예배를 통해서 하나님이 주시고자는 은혜를 경험하게 하고자 함에 있다. 변화의 시도는 예배의 순서와 구성 요소들을 단순히 바꾸는 것에 목적이 있지 않다. 변화를 통해서 회중들이 예배에 더 깊이 참여하여 살아 역사하시는 성령의 역사를 예배를 통해 경험하게 함에 있다. 예컨대, 예배에 어떻게 하면 회중들이 자신의 입술을 열어서 기도하게 할 수 있는지, 예배 중에 선포된 하나님의 말씀을 들은 회중들이 어떻게 하면 결단할 수 있을지를 고민한다면, 당연히 예배의 순서와 구성에서 변화를 모색해야 될 것이다. 오늘의 대부분의 개신교 예배를 살펴보면, 회중들이 스스로의 입술을 열어서 기도하는 시간이 거의 없음을 발견하게 된다. 예배를 인도하는 목회자들의 목회기도와 평신도를 대표해서 드려지는 기도 순서 후의 후주 시간에 잠시 기도하는 것 이외에 기도의 시간이 없는 것이 일반적인 예배 상황이다. 회중이 실제 자신의 입을 열어서 기도를 하는 시간이 절대적으로 필요하다.

넷째, 이러한 변화를 위해서 개교회는 예배위원회 혹은 하나의 부서로 예배부를 설치해야 된다. 기독교대한감리회 2015년 31차 총회 입법의회를 통해서 6개 부서(선교부, 교육부, 재무부, 관리부, 문화부, 사회봉사부) 이외에 예배부의 신설을 결정하였다. 매우 고무적인 일이다. 하지만, 예배부의 부서업무가 예배를 단순히 안내하는 예배위원의 역할에 머물러 있어서는 안 될 것이다. 교회의 예배위원들은 안내를 담당하는 경우가 일반적이다. 이들의 일반적인 사역은 주일에 예배하러 온 이들에게 주보를 나눠주거나, 새로 나온 성도들을 예배의 자리로 안내하는 역할 정도이다. 하지만, 실제 예배부는 예배의 기획, 준비, 실행 및 평가를 할 수 있는 위원회가 되어야 된다. 물론 그 중심에는 목회자가 있어야 된다. 교회는 목회자를 중심으로 주일 예배가 드려지기 수 주 전부터 그 예배를 놓고 함께 준비하고 기획하는 과정을 거쳐야 된다. 비록 교회의 규모가 작은 교회라고 할지라도 소수의 사람이라도 함께 엮어서 예배부를 설치해야 된다.

이와 같은 예배부는 설교자의 설교에 관해서도 피드백을 나눌 수 있다. 다만 비판적인 시각에서의 활동이 아닌, 설교자의 설교와 예배의 전체적인 흐름이 일관성을 갖고 잘 실행되었는지를 살펴볼 수 있다. 개신교 예배의 핵심과 중심은 설교이기에, 설교를 중심으로 예배가 잘 균형 잡힌 모습인지에 대해서 계속 살펴야 한다. 이 위원회는 찬양대의 책임자도 함께해야 되며, 교회의 장식을 담당하는 팀과도 함께 해야 된다.

예배부는 회중들 가운데 예배에 함께하는 못하는 사람들에 대한 분석의 과정도 가질 필요가 있다. 왜, 어떠한 이유에서 예배를 통해서 하나님의 은혜를 체험하지 못하고, 기쁨의 예배를 드리지 못하는지에 대한 분석의 과정도 가져야 한다.

다섯째, 다른 교회의 주일 예배에 대한 벤치마킹이 필요하다. 대부분의 목회자들은 자신의 주일 예배 외의 예배를 경험할 기회가 적다. 성도들도 많은 경우 그러하다. 하지만 목회자를 포함한 교회의 지도자들은 새롭게 하나님의 역사를 경험하는 교회의 예배를 경험할 필요가 있다. 특별히 예배위원회를 구성한다면, 이들이 가장 기본적인 교회탐방을 함으로써 예배의 벤치마킹이 이뤄질 수 있다. 목회자들 사이에서 '예배를 통한 교회 성장'을 이야기하는 경우를 본다. 하지만, 예배가 교회 성장을 위한 수단이 될 수는 없다. 그럼에도 불구하고 건강한 예배 공동체는 반드시 성장하며 성숙한 예배 공동체로 발전한다. 그와 같이 성숙하며 성장하고 있는 교회에 대한 탐방이 필요하며, 이를 통해서 자신의 교회 예배에 적용점들을 찾아야 된다. 단순히 예배의 모든 순서가 나와 있는 주보를 통해서는 알 수 없고, 볼 수 없는 요소들이 너무 많기 때문에 반드시 방문하여서 함께 예배를 드리고, 질의문답을 통하여서 예배를 통한 배움과 깨달음이 있어야 한다.

4. 일 년의 주기: 교회력

예수 그리스도의 부활 사건 이후 모이기 시작한 그리스도교 예배 공동체에서 그 예배의 중심은 예수 그리스도의 가르침과 사역을 기념(아남네시스)하는 것이었다. 교회는 예수의 가르침과 생애를 중심으로 1년의 절기를 지켰다. 이후 이 절기에 대해서는 구체적으로 그 신학적, 역사적, 그리고 성서적 의미를 다루도록 하겠지만, 먼저 각 절기가 가지고 있는 개략적 의미를 살펴보고자 한다.

강림절을 시작으로 교회는 보다 큰 단위의 절기를 지키게 된다. 4주로 이루어져 있는 강림절에는 크게 세 인물을 통하여 그 교훈을 경험한다. 첫 번째 인물인 세례 요한은 '회개'와 '하나님 나라의 도래'(마 3:2)를 선언한다. 그는 오실 자를 위한 준비자로 자신을 명명하였다. "나는 너희로 회개케 하기 위하여 물로 세례를 주거니와 내 뒤에 오시는 이는 나보다 능력이 많으시니 나는 그의 신을 들기도 감당치 못하겠노라. 그는 성령과 불로 너희에게 세례를 주실 것이요"(마 3:11). 그는 강림절을 통해서 우리는 철저하게 쇠하여야 하며, 예수 그리스도는 흥하여야 함을 선언하였다. 두 번째 인물은 마리아로 그녀를 통해서 겸손히 기다리며 크신 하나님의 뜻에 순응하는 모습을 경험한다. 마리아의 찬가(Magnificant, 눅 1:46-56)를 통해서 마리아는 자신과 같이 미천한 여종에게 하나님의 약속이 이루어짐에 대한 경이로움을 표현한다. 하지만 그보다 중요한 것은 마리아는 "주의 말씀대로 저에게 이루어지이다"라고 순종하는 모습을 보여 줌으로써, 그리스도의 오심을 믿음으로 순종하는 자세를 우리에게 가르친다는 것이다. 세 번째 인물은 이사야로 그가 전하는 메시지를 통해서 이스라엘 백성들은 종살이에도 소망을 가지고 하나님을 발견하며, 더불어 자아를 발견한다. 이사야는 다음의 구절을 통하여 하나님의 약속을 선언한다. "그러므로 주께서 친히 징조로 너희에게 주실 것이라 보라 처녀가 잉태하여 아들을 낳을 것이요 그 이름을 임마누엘이라 하리라"(사 7:14).[44]

---

44) 로버트 웨버, 『교회력에 따른 예배와 설교』, 45-67.

성탄절을 통하여 교회는 인간과 하나님의 연합 사건을 선언한다. 이는 철저하게 하나님의 계획 속에 이루어진 사건으로 하나님이 인간의 형상으로 이 땅에 직접 내려오신 성육신의 신비이다. 성탄절과 함께 일반적으로 지켜지는 성탄전야는 교회학교 아동들의 성탄 발표로 채워지긴 하지만, 교회는 전통적으로 성탄이브 예배를 지켜왔다. 성탄이브와 성탄절은 세속에서도 축제의 날로 여기며 기뻐한다. 서구 사회에서는 이미 성탄절이 한 종교의 절기가 아닌 국가 공휴일로 서로 선물을 주고받고 인사를 나누는 절기로 인식되고 있다. 이러한 시기에 교회는 성탄의 성서적, 신학적, 그리고 신앙적 의미를 예배를 통해서 선언하며, 이 땅에 오신 예수님을 기념한다. 예배적인 면으로 보자면, 성탄절과 성탄절 이후는 큰 차이를 나타낸다. 성탄의 축제가 끝나면 돌아오는 주의 예배는 뭔가 공허함을 경험한다. 스투키는 성탄절 이브로 시작되는 성탄절기가 주현절까지 계속되어야 됨을 주장한다. 그는 성탄절에 비해 상대적으로 그 중요성이 드러나지 못하고 있는 주현절을 부각시킴으로 성탄의 참된 의미를 주현절까지 확대시킬 것을 주장한다.[45] 한국의 경우에도 주현절을 지키는 교회는 거의 찾아보기 힘들다. 주현절은 신년 첫 주일이기에 예수님의 세례, 동방박사의 방문, 혹은 가나의 혼인잔치 등을 설교의 주제로 삼는 경우는 거의 없다. 하지만, 세속력과의 관계에서도 신년 첫 주일에 예수님이 하나님의 아들임을 선포하며 이를 통해서 한 해의 주인을 예수님으로 선언함으로 신년과 주현절을 함께 지킬 수 있겠다.

사순절은 최근 들어 한국교회에 큰 의미를 가져다주었다. 많은 교회들이 사순절 특별 새벽기도회를 통해서 사순절의 영성을 고양하고, 부

---

45) Laurence Hull Stookey, *Calendar: Christ's Time for the Church*, 110-111.

활절의 의미를 확대하고 있다. 하지만, 실제 주일 예배에서는 사순절의 의미가 온전히 경험되고 고백되지 못함을 본다. 재의 수요일, 혹은 성회 수요일을 시작으로 하여 주일을 포함하지 않는 사십일의 신앙여정이 사순절이다. 사순절을 통하여 교회는 예수님의 치유 사역과 가르침을 통해서 회개와 회복, 그리고 부활의 능력을 미리 맛본다. 특별히 사순절을 통하여 교회는 하나님의 언약 속에 있는 백성임을 경험하며, 이는 전적으로 하나님의 주권적인 은혜로 인하여 이루어지는 언약임을 고백해야 된다.46)

사순절의 절정은 종려주일로 시작되는 고난주간으로, 예수님의 삶에서 가장 반전이 나타나는 한 주간이다. "호산나 다윗의 자손이여 찬송하리로다 주의 이름으로 오시는 이여 가장 높은 곳에서 호산나"(마 21:9)를 외치지만, 그 주의 이름으로 오시는 예수님은 성삼일(Triduum)을 통하여 처절하게 십자가 형틀에 몸을 의지하여 죽음을 경험하게 된다. 세족목요일, 마지막 만찬, 성금요일, 흑암예배, 거룩한 식탁치우기, 부활절 전야예배를 통하여 교회는 철저하게 예수 그리스도와 함께 조롱, 비난, 버림받음, 고통, 그리고 죽음을 함께 경험한다. 금욕, 금식, 그리고 회개와 참회를 동반한 사순절의 고난의 깊이가 깊고 진할수록 부활절에 대한 대망은 더욱 커진다. 반면 사순절의 의미를 경험하지 않고 이에 동참하지 못한 기독교인들에게 부활절은 그저 일상의 주일과 큰 차별을 느끼지 못한다. 이와 같이 예배로 그리스도의 고난에 동참한 성도들에게 곧 다가올 부활절은 신앙적으로나 실제 삶에서도 영원한 생명의 신비적 체험으로의 부활을 경험하기 위한 기다림의 시간이 된다.

부활절은 죽음을 생명으로 돌린 단순한 기적의 사건으로 고백하기

---

46) *Ibid.*, 86-88.

에는 그 신비의 깊이가 훨씬 더 깊다. 이는 죽음을 이기고, 다시 생명을 회복하고 영원히 살아 있음을 선언한 그리스도의 승리의 사건으로, 이를 통하여 기독교의 영원한 생명력을 선언한 신비의 사건을 기념하는 날이다. 부활절은 세례와 성찬을 함께 실행함으로 죽음과 다시 살아남, 그리고 영생의 신비를 시각, 청각, 미각, 그리고 후각적으로 교회가 경험하고 선포하는 날이다.

부활절기를 지낸 교회는 성령강림절을 맞이한다. 이는 교회가 시작된 날이기도 하지만, 더욱 중요한 것은 부활절기의 마지막 주일이다. 부활절기에 사용되는 교회력에 따른 성경본문에는 사도행전이 계속 사용된다. 사도행전 10장 34-43절의 내용은 모든 부활절에 사용되며, 이를 시작으로 부활절기에는 사도행전이 지속적으로 읽힌다. 이는 교회가 예수 그리스도의 부활의 신비에서 시작되었으며, 이를 신앙으로 고백한 이들의 모임이 곧 교회가 되었다는 것을 가르치고 있다.47) 성령강림절의 영성은 철저하게 부활 사건에 기인하고 있음을 알아야 한다. 결국 성령강림절을 통해서 교회는 부활절기를 마감하고, 성령강림절기를 시작한다. 이 절기는 많은 부분이 예수님의 사역에 집중하고 있다. 교회는 이 절기를 통해서 예수님의 가르침에 근거한 가르침의 사역을 감당해야 된다.

이와 같이 교회는 강림절기를 시작으로 성령강림절기까지 일 년의 순환을 통해서 예수 그리스도의 탄생, 사역, 가르침, 고난, 죽음, 부활, 승천과 다시 오심의 약속, 교회의 사명과 선교를 경험하며, 기독인으로서의 선교적 사명을 재확립하며 이에 합당한 삶을 살게 된다. 하지만, 이러한 교회력에 따른 성서 일과를 고수하는 전통에도 한계와 풀어야

---

47) *Ibid.*, 72-74.

할 과제가 있다. 첫째, 교회력에 따른 설교에 대한 가장 보편적인 부정적 견해는 3년 주기로 동일한 본문이 반복된다는 것이다. 이는 목회자들과 회중들에게서 조금은 상이한 이해를 가지고 드러나는 견해이다. 목회자의 경우, 제한된 본문으로 설교를 준비해야 된다는 제약과 동시에 본인의 기호에 따른 본문선택과 주제를 정할 수 없기에 교회력에 따른 설교를 선택함에 주저하는 경우를 본다. 또한 회중의 입장에서도 3년을 주기로 반복적인 설교가 목회자에 의해서 선포되기에 재탕설교로 인식할 개연성이 높고 이에 따라서 새로운 설교를 기대하는 교인들에게는 실망의 빌미를 제공하는 경우를 본다. "하지만 교회력을 단순히 과거를 되풀이하는 것에 지나지 않다고 생각하면, 이는 교회력의 요점을 놓치는 것이다. 하나님의 구원 사건을 축하하는 영적인 목적은, 성도의 영성이 그리스도에 의하여 빚어지도록 하려는 것, 즉 그와 함께 죽고 그와 함께 부활하며 그와 함께 거듭나고 그의 부활과 재림을 향한 참된 소망 속에서 살려는 것이다."[48] 모든 설교는 복음의 정수, 즉 예수 그리스도의 부활의 증인으로 그 부활의 능력을 믿고, 함께 참여하며, 이를 증거하기 위해 신앙의 결단을 하는 은혜의 수단으로 인식되어야 한다.

둘째, 날짜의 변동으로 인해서 혼란을 경험하는 경우도 있으며, 이로 인해서 목회적으로 어려움을 경험할 수도 있다. 예배학을 공부하던 중 미국에서 목회 은퇴를 목전에 둔 한 목사님이 자신의 은퇴가 언제인지 불확실하다며 필자에게 부활절의 일자를 확인하는 연락을 하신 적이 있었다. 교회력이 음력과 양력을 동시에 사용하고 있기에 정확한 날짜를 아는 것이 쉽지 않기 때문이다. 목사님의 생일이 4월 중순에 있는데 부

---

48) 로버트 웨버, 『교회력에 따른 예배와 설교』, 이승진 옮김 (서울: 기독교문서선교회, 2006), 36-37.

활절을 전후하여 열리는 연회의 일정에 따라서 목회를 한 해 더 할 수도 있고, 덜 할 수도 있는 사정이었다. 부활절은 이르게는 3월 22일에서 늦게는 4월 25일까지도 될 수 있다.[49] 일반적으로 부활절을 정하는 방법은 춘분이후 첫 보름달이 뜬 그 다음 주일이다. 하지만, 일반인들이 이를 계산하는 것은 쉽지 않다. 그렇다보니 사순절을 시작하는 성회수요일(Ash Wednesday)이 2월 4일에 해당되는 경우도 있어서 사순절 특별새벽기도를 신앙과 영성 훈련의 초석으로 강조하는 한국교회의 경우 '사순절 특새'는 겨울 한파와의 싸움이 되기도 한다. 조금 게으른 교회의 경우, 아직 교회에는 성탄절의 상징들이 있는데도 사순절을 맞이하게 되는 경우도 보게 된다.

성탄절의 경우 비록 그 날짜가 12월 25일로 정해져 있지만, 성탄절을 기다리며 준비하는 절기인 강림절기의 경우는 성탄절의 요일에 따라서 짧게는 22일에서 길게는 28일까지 지키게 된다.[50] 4주일간 지키는 강림절 주일들의 경우에도 성탄절이 월요일 혹은 화요일에 해당이 되면, 강림절 4주차에 온전한 강림절을 지키는 것은 현실적으로 어렵다. 이미 성탄절의 분위기가 무르익었고, 축하하는 사람들의 인사가 성전에 가득하기에, 세례요한의 음성과 마리아의 찬가가 성도들의 마음을 열기에는 현실적으로 한계가 있을 수 있다. 필자의 관찰에 따르면, 한국의 개신교회 전통에서 주현절을 온전히 지키는 교회는 보지 못했다. 물론 주현절의 주제는 설교를 통해서 종종 듣게 된다. 하지만, 전통적인 주현절의 주제 본문으로 활용되는 동방 박사들의 경배, 예수님의 세례, 혹은 가나의 혼인잔치의 내용이 주현절에 등장하는 경우는 대단히 드물다.

---

49) Laurence Hull Stookey, "Collating Calendars," 96.
50) *Ibid.*, 97.

그 이유는 많은 경우 주현절이 새해의 첫 주일에 해당되기에, 교회들이 한 해를 시작하는 세속의 절기를 따라서 예배를 통해 새해의 의미를 교인들과 경험하기를 원하기 때문이다.

셋째, 목회적으로 중요한 행사와의 충돌이 있을 수 있다. 필자가 속해 있는 기독교대한감리회에서도 교단 홈페이지를 통해서 교회력을 제공하고 있다. 전통적인 교회력 이외에도 교단에서 자체적으로 정한 감리교 교회력에는 교회절기와는 상이하지만, 그 의미가 중요하기에 교회적으로 지키는 절기들도 있다.51) 한국인의 정서에 어버이 주일은 큰 의미를 갖기에 매년 지키고 있으며, 감리교회의 창시자인 웨슬리 회심 주일도 대다수의 교회에서 지키고 있다. 물론 교회가 선택적으로 지킬 수 있도록 지침을 마련하였지만, 행사 중심의 교회의 경우는 현실적으로 교회력에 따른 본문들을 사용하기에는 어려움이 있다.

넷째, 세속 명절과의 마찰이 있을 수 있다. 비록 교회력에 따른 주일은 아니지만, 한국교회는 추수감사주일을 지키고 있다. 그 시행일에 대해서는 미국의 추수감사주일의 전통에서 기인한 것이기에 한국의 추수에 대한 감사의 주일과는 아직도 거리가 있다는 논의는 있지만, 여전히 한국교회에서는 중요하게 지키는 절기이다. 이를 추석과 연관하여 지킬 것을 제안하는 의견들도 있지만, 아직도 대다수의 교회에서는 11월 첫째 주일이나, 미국의 전통을 따라서 셋째 주일에 지키고 있다.

그럼에도 불구하고 교회력에 따라서 하나님의 말씀을 선포하고 이

---

51) 기독교대한감리회 홈페이지에 나타난 감리교 절기는 다음과 같은 것들이 있다. 은급주일, 신학대학주일, 장학주일, 학원선교주일, 어버이주일, 웨슬리회심주일, 평신도주일, 환경선교주일, 순교자기념주일, 남북평화통일공동주일, 교역자보건주일, 교회연합주일, 기독교교육진흥주일, 청년주일, 세계성찬주일, 농촌선교주일, 종교개혁주일, 군선교주일, 성서주일, 송년주일.

를 중심으로 드리는 예배는, 예배가 가지고 있는 본질적인 기능과 역할, 즉 예배의 중심에 예수 그리스도를 기념하는 것을 준행하기에 가장 적합한 예배이다. 예배가 하나의 주제를 가지고 통합적, 유기적, 그리고 실천적으로 경험되기 위해서는 예배가 가지고 있는 본질적인 핵심을 놓쳐서는 안 된다. 이는 철저하게 예수 그리스도를 기념하는 것이다.

4 장
강림절에서 주현절까지(빛의 주기)*

I. 대망의 시간

한국 개신교회는 20세기 후반부터 기독교 절기에 신앙훈련을 하는 모습을 보여 왔다. 특별히 사순절 기간에 많은 교회들이 특별새벽기도회를 실시하고 있다. 이러한 기도회의 모임을 통해서 사순절기를 그리스도의 고난에 동참하는 기간으로 삼고 있으며, 부활절을 잘 준비하는 모습이다. 교회는 직·간접적인 방법을 동원하여 교인들의 새벽예배 혹은 저녁 기도회의 참여를 독려하며, 이를 통해서 성도들의 신앙적 성숙을 위한 노력을 하고 있다. 부활절이 기독교 절기 상 가장 크고 중요한 절기이기에 부활절을 준비하는 절기로서 사순절을 신앙적으로 의미 있

---

* '4장 주현절에서 강림절까지'의 내용은 필자의 소논문 "생명의 주기: 강림절에서 주현절까지"(『신학과 세계』 2015년 여름호, 100-133)를 부분적으로 수정하여 편집하였다. 다음 장에 나오는 정교회 성탄 이콘과 세례 찬송에 관한 부분도 이 소논문에 실렸던 내용을 재인용하였다.

게 지키는 것은 매우 중요하다. 하지만 이에 반하여 성탄절은 기독교의 큰 축일임에도 불구하고, 성탄을 준비하는 절기인 강림절은 상대적으로 가볍게 지켜지는 느낌을 받는다. 더욱이 교회력에 따른 강림절의 큰 의미는 새로운 시간이 시작된다는 것이다. 세상의 시간 속에서 새해가 주는 의미가 얼마나 큰가? 하지만, 교회력의 시작인 강림절은 세속의 성탄과 연말이 주는 기대와 흥분으로 인해서 점차 그 빛을 상실해 가고 있다.

성탄은 또한 어떠한가? 우리는 예배를 통해서 성탄절을 준비하고 기다리는 것이 아니라, 우리 주변에서 들려오는 캐럴과 송구영신의 분위기에 의해서 성탄이 다가오고 있음을 느끼게 된다. 또한 일부 교회는 교회학교의 성탄 준비 모임을 보면서 성탄이 다가오고 있음을 알게 된다. 심한 경우에는 교회의 성탄 트리 혹은 루돌프가 끄는 썰매를 타고 신나게 달리는 산타 할아버지의 모습을 보면서 성탄절이 다가 왔음을 알게 된다. '탄일종이 땡땡땡 은은하게 울리는' 성탄절은 과거의 기억 속에 있으며, 오늘의 현실에서는 볼 수 없게 되었다. 어린 시절 경험하였던 성탄절 전야의 새벽송은 서울은 물론 시골에서도 보기 힘든 성탄절의 모습이 되었다. 이원규는 다음의 몇 가지 이유로 인해서 우리 사회 속에서 성탄절의 의미가 약화되었다고 진단하였다. 첫째, 지나친 상업주의가 성탄절의 의미를 약화시켰다. 둘째, 성탄절의 감격이 사라져 가는 이유는 놀이문화의 확산 때문이라고 할 수 있다. 셋째, 세속화 혹은 신비감의 상실이라는 시대적 변화 상황이 성탄절에 대한 기대를 상쇄시켰다. 넷째, 경제적 생활수준의 향상이 성탄절의 의미를 약화시키고 있다.[1] 주님의 오심을 기다리며, 그의 초림을 기뻐하는 성탄의 의미보다는 세속의 축제와 같은 것이 오늘날 우리 주변의 성탄의 모습이다.

---

1) 이원규, 『힘내라, 한국교회』 (서울: 동연, 2010), 90-91.

이러한 모습으로 성탄을 기다리고 준비한다면, 이는 성탄이 갖는 본질적인 의미보다는 세속이 주는 의미가 더욱 강하게 나타나게 될 것이다. 이미 서구사회에서는 성탄절이 기독교의 전유물이 될 수 없으며, 오히려 성탄절은 국가 공휴일의 성격이어야 됨을 더욱 부각시키고 있다. 이러한 이유로 미국의 언론매체에서는 성탄의 기쁨을 알리는 'Merry Christmas'라는 표현 대신에 'Happy Holiday'라는 표현을 선호하고 있다.[2] 이러한 사회적 상황 속에서 교회는 어떻게 성탄을 맞이하고 있으며, 어떠한 모습을 통해서 생명의 주기인 이 절기를 의미 있게 지낼 수 있을까? 더욱이 예배공동체로서의 순기능을 감당하기 위해서 어떻게 예배를 준비하고 드려야 예수 그리스도의 초림에 대한 예배학적 경험이 이뤄질 수 있겠는가?

II. 강림절(Advent)

1. 강림절의 기원

원래 강림절(Advent, 降臨節 또는 대림절 待臨節, 강림절 待降節)은 '옴,' '도착'을 뜻하는 라틴어 'adventus'에서 유래된 말이다. Advent는

---

[2] 미국의 한 언론기관의 조사에 따르면 2013년도 미국인들 가운데 90%가 성탄절을 축하하는데, 42%의 사람만이 예수 그리스도의 탄생과 관련한 기독교적 성탄의 의미로 성탄절을 지키는 것으로 나타났다. 31%의 사람은 약간은 종교적이지만, 직접적인 상관성은 없이 지킨다고 하였으며, 26%는 전혀 종교적 색채가 없는 성탄절을 지키는 것으로 나타났다. 또한 62%의 사람들은 성탄절 인사를 Merry Christmas보다는 Happy Holiday와 같은 비종교적 색채의 인사가 적합한 것으로 보고하였다. 자세한 자료는 http://publicreligion.org/2014/12/merry-christmas-vs-happy-holidays.

두 개의 라틴어 ad와 venire로 이루어져 있는데, 이는 '~로 혹은 ~을 향하여 오다'를 뜻한다. 전해오는 이야기에 의하면, 로마시대의 황제가 즉위한 후에 각 지역의 부하들을 방문하는 행사가 있었는데, 이를 일컬어 'Advent'라고 표현하였다 한다. 이 날은 결국 기다림과 오심의 뜻을 함께 가지고 있는 절기로, 초림의 사건을 기억함으로 재림의 기대를 소망하는 절기이다.

현대의 교회들은 강림절을 성탄절을 준비하는 절기로 지키고 있다. 아울러 강림절을 시작으로 교회의 일 년 절기를 시작한다. 교회는 주님의 오심을 기다리는 절기인 강림절을 기점으로 교회력을 시작해서 그 다음 해 왕국주일을 마지막으로 하는 일 년의 교회력 주기를 갖는다. 성탄을 앞둔 4번의 주일을 강림절로 지키지만 이를 성탄을 준비하는 절기로만 이해하고 시행해서는 안 된다. 강림절은 하나님께서 우리를 위해 보내주신 성자 하나님이 육신의 몸으로 이 땅에 오신 사건을 기억의 영역에서 삶의 영역으로 확장시켜 지키는 시간이다. 이 기간을 통해서 교회는 주님의 다시 오심에 대한 기대감을 상실하고 살고 있는 현대인들에게 무엇을 기대하고 살아야 하는 지를 일깨워주는 사명을 준행해야 한다.

역사적으로 강림절의 기원을 찾는 것은 그리 쉽지 않다. 초대교회에서 지키던 절기의 계수 방식도 복잡하였기에 그 기원을 찾는 것은 어렵다. 강림절에 대한 기록은 로마 교회에서가 아니라 스페인 교회에서 찾아볼 수 있다. 특별히 서유럽 지역을 칭하던 갈리아 혹은 골(Gaul) 지역에서 그 흔적을 찾을 수 있다. 이 지역의 교회들이 1월 6일을 주현절로 지키며 그리스도의 탄생을 축하하고 예배하였던 동방교회와 인접하고 있기에 아마도 이들의 영향을 받았을 것으로 짐작한다.[3] 당시 교회에서는 주현절과 성탄절을 비중 있게 지냈겠지만, 기독론 논쟁 등의 과정을 거치면서 교회는 성육신 사건으로 이 땅에 초림한 성자 하나님에 대한 준비의 시간이 강조되어야 됨을 알았을 것이다. 이미 교회는 사순절을 통하여 부활절을 축하하는 도식을 알고 있었기에 강림절 예식을 수용하는데 목회적 어려움은 크지 않았을 것이다. 초대교회 예배학자 융만은 보다 구체적으로 그 근거를 제시하고 있다. 골 지역의 강림절 예식이 중요한 이유는 이 지역에서 지켜진 강림절 예전이 중세에 이르러 로마를 중심으로 한 서방교회에 지대한 영향을 미쳤기 때문이다. 결국 오늘날 서구의 교회에서 지키고 있는 강림절 예식의 큰 틀은 골 지역의 예식에서 찾을 수 있다. 프랑스 중서부 지역인 투르(Tours)의 주교를 지냈던 페르페투우스(Perpetuus, 490)는 투르의 주교였던 성 마르틴을 기념하기 위하여 11월 11일을 기점으로 성탄절에 이르기까지 금식을 한 기록을 볼 수 있다.4)

 정교회의 영향으로 강림절이 주님의 오심을 준비하는 절기임에도 불구하고, 골 지역 교회는 성탄의 의미를 주현절과 같은 의미에서 다루었다. 당시 교회는 주현절이 주님의 세례 사건과 관련 있었던 것으로 인하여 세례와 강림절의 의미를 연결시키려 하였던 것 같다. 결국 교회는 세례를 통하여 부활절의 이미지를 찾았으며, 부활절을 준비하는 사순절의 계산 방식을 강림절에도 적용하였다. 골 지역 교회에서는 심지어 주현절 전날에 부활절의 전야 밤샘예배와 같은 방식으로 밤샘예배(Vigil)를 드렸다. 결과적으로 금식과 기도에 집중하면서 사순절과 같은 동일

---

3) Adolf Adam, *The Liturgical Year* (New York: Pueblo Publishing Company, 1979), 130.
4) Josef A. Jungmann, S. J., *The Early Liturgy* (London: Darton, Longman & Todd, 1959), 274.

한 기간인 40일을 강림절의 기간으로 지켰다. 하지만, 서방교회에서 성탄절을 12월 25일로 정하기 이전까지는 주현절을 성탄의 의미로 지켰기에 오늘날의 강림절에 비하면 상당히 긴 기간의 강림절 기간을 가졌다. 일반적으로 40일 기간의 사순절은 주일을 제외한 평일의 수를 계수하여서 지키듯이 강림절도 주일을 제외한 날들을 계수하여 40일을 지켰다. 하지만, 이들의 절기 계수에는 주일과 더불어 토요일도 제외시켰다. 토요일과 주일에는 금식을 중단하였고, 주중 5일 동안 금식과 기도를 행하였다. 월요일부터 금요일까지의 5일 동안을 절기로 계수하였기에, 이들의 강림절 기간은 상대적으로 길 수밖에 없었다.5)

초대교회 당시의 강림절이 주는 전체적인 분위기는 종말론적 이해를 갖고 있었다. 초림 사건 이후 교회는 재림을 기다리지만, 이는 곧 마지막 날로 심판을 기다리는 절기로 가르쳤다. 이러한 이유로 강림절 기간에는 고행과 절제에 대한 설교가 주를 이루었다. 사순절과 유사하게 예배 중에 '할렐루야'는 사용할 수 없는 표현이었으며, 보라색 영대를 사용하였다.6)

2. 강림절의 의미

강림절의 의미가 가장 잘 나타난 단어가 '마라나타'(*maranatha*)이다. 마라나타에는 두 가지의 의미가 있다. 미래적인 의미를 담고 있는 '마라나타'(*marana tha*)는 '주님 오시옵소서'의 의미를 가지고 있다. 반면 과거 시제로 사용되는 '마란 아타'(*maran atha*)의 경우는 '우리 주님이 오셨다'

---

5) *Ibid.*, 275.
6) Adolf Adam, *The Liturgical Year*, 131.

의 의미이다.7) 이는 주님의 초림과 재림에 대한 이중적 의미를 담고 있다. 강림절은 이미 오신 주님의 오심을 기뻐하며, 다시 오실 주님을 준비하는 절기이다. 이천 년 전 주님이 오신 당시의 상황과 오늘의 현실이 많은 차이가 있음에도 불구하고, 왜 지금 이곳에 주님이 오셔야 하는지에 대한 예배 공동체의 진중한 고민과 고백이 있어야 된다.

오늘날의 교회는 4주간의 강림절기를 지키고 있다. 이 기간 동안 교회는 크게 두 가지의 중요한 것을 기억하게 된다. 첫째는 성육신된 성자 하나님이 이 땅에 오신 성탄절을 준비하는 절기로서의 기간이다. 그의 근본은 하나님의 본체와 같은 분이시지만, 동등됨을 취하지 않고 육신을 입고 이 땅에 오신 예수님을 기다리며 우리의 삶을 돌아보는 시간이다. 둘째는 마지막 때에 우리에게 오실 그리스도에 대한 대망의 절기로서의 기간이다. 이러하기에 초대교회와 중세에 지켰던 강림절과는 사뭇 그 분위기가 다르게 지켜지고 있다. 초대교회와 중세 때, 고행을 강조하며 금식과 기도를 행하였던 어두운 모습보다는 영적 기대감이 고조되는 기쁨의 시간이다. 사순절과 동일하게 교회는 보라색을 사용하지만, 예배를 통해 경험하게 되는 전체적인 색은 사순절의 보라색 보다는 훨씬 화려하고 밝게 나타내야 한다.

1) 강림절의 목소리: 이사야

강림절의 4주간의 주일을 통해 교회는 주님의 오심을 준비하는 인물들의 소리를 듣게 된다. 이들의 공통점은 모두 하나님의 구속의 섭리를

---

7) Thomas J. Talley, *The Origins of the Liturgical Year* (Collegeville, Minnesota: The Liturgical Press, 1986), 79.

깨닫고 인간을 위해 이 땅에 오실 구세주에 대한 예언의 고백과 가르침의 소리를 내고 있다는 것이다. 이사야는 성경에서 주님의 오심을 예비할 것을 선포한 예언자이다. 예언자 이사야가 활동하던 시대는 이스라엘이 점차 하나님의 계명을 멀리하고 거룩한 백성으로서의 모습을 잃어가던 때였다. 이사야의 사명은 자신의 정체성을 상실한 이스라엘 백성들에게 그들이 누구인지를 다시금 깨닫게 하는 것이었다. 당시 이스라엘 백성을 향하여 하나님은 다음과 같이 말씀하고 있다. "너희가 듣기는 들어도 깨닫지 못할 것이요 보기는 보아도 알지 못하리라 … 이 백성의 마음을 둔하게 하며 그들의 귀가 막히고 그들의 눈이 감기게 하라 염려하건대 그들이 눈으로 보고 귀로 듣고 마음으로 깨닫고 다시 돌아와 고침을 받을까 하노라"(사 6:9,10). 이사야를 통한 하나님의 마음과 음성이 이 시대와 교회를 향한 마음과 음성으로 받아들여야 하는 시기가 강림절이다. 강림절은 우리의 정체성을 확인하고 우리 안에 잃어버린 하나님의 음성을 발견하는 시기이다. 비록 우리가 듣고 보지만 깨닫지 못하는 하나님을 재발견하는 시기이다.

    이사야의 음성을 통해서 자신의 정체성을 재발견한 하나님의 사람들은 죄를 고백하고 하나님 앞으로 나아가 스스로 하나님의 백성 됨을 고백해야 한다. "그것을 내 입술에 대며 이르되 보라 이것이 네 입에 닿았으니 네 악이 제하여졌고 네 죄가 사하여졌느니라"(사 6:7). 제단 숯불이 그 입에 닿았음으로 죄의 사함을 받았음을 고백하는 이사야의 음성처럼, 교회는 예배를 통하여 철저히 자신의 죄를 고백하고 죄의 용서함을 받음으로 하나님의 임재 속으로 들어가야 된다.8) 당시 이스라엘 백

---

8) 로버트 웨버, 『교회력에 따른 예배와 설교』, 이승진 옮김 (서울: 기독교문서선교회, 2004), 48.

성들은 하나님 앞에 나와 예배를 드림에도 불구하고 그들의 삶은 진정한 예배자의 모습이 아니었다. 이스라엘 백성의 예배에 대해서 하나님은 다음과 같이 비난한다. "여호와께서 말씀하시되 너희의 무수한 제물이 내게 무엇이 유익하뇨 나는 수양의 번제와 살진 짐승의 기름에 배불렀고 나는 수송아지나 어린양이나 수염소의 피를 기뻐하지 아니하노라"(사 1:11).

이사야의 목소리는 철저하게 하나님께 돌아갈 것을 이스라엘 백성들에게 선언하고 있다. 참된 회개의 요청이다. 오늘의 교회에도 울려야 하는 소리이다. 비록 정기적으로 매주 예배를 드린다고 하여도 이사야의 이 외침에 자유로울 수 있는 성도가 얼마나 있겠는가? 손님이 자신의 집을 방문하면 집을 청소하는 것이 일반적이듯, 삶의 중심에 주님의 오심을 준비하는 자들이라면, 자신의 자리를 돌아보며, 죄의 자리에서 하나님에게로 옮겨가야 할 것이다. 이와 같이 이사야의 음성을 통하여 죄를 고백한 자들은 주님의 오심을 통하여 죄로 인해 상한 마음에 회복과 치유가 일어날 것이다.

> 모든 백성 구하려고 임금으로 오시니
> 영원토록 우리들을 친히 다스리시네
> 죄로 상한 우리 마음 은혜로써 고치고
> 주의 빛난 보좌 앞에 이르도록 하소서9)

오랫동안 기다리던 주님이 강림하셔서 자신의 삶의 자리를 하나님에게 옮기는 자들을 하나님의 보좌 앞으로 인도하셔서 성탄의 자리에서

---

9) 찬송가 105장 '오랫동안 기다리던' 2절.

기쁨의 고백이 경험되게 하실 것이다.

2) 강림절의 목소리: 세례 요한

복음서에 등장하는 세례 요한의 목소리는 메시아의 도래에 대한 기대감으로 충만하다. 당시 유대 땅은 로마의 지배 하에서 신음하고 있었다. 현실에서 소망을 찾기 어려운 이스라엘 백성에게 메시아의 도래를 알리는 소리가 필요하였다. 범상치 않은 외모의 요한은 유대 광야에 등장하여 이스라엘 백성에게 외치기 시작하였다. "회개하라 하나님의 나라가 가까웠느니라"(마 3:2). 그가 택한 회개의 방식은 물을 통한 세례였다. 비록 외적인 형식을 통한 회개의 수단으로 세례를 택하였지만, 이를 통하여 오실 그분을 마음과 삶으로 준비할 것을 외쳤다. 그는 이사야 선지자가 예언하였듯이, 메시아의 길을 준비하는 것이 자신에게 맡겨진 하나님의 사역임을 받아들였다(사 40:1-11). "나는 너희로 회개케 하기 위하여 물로 세례를 주거니와 내 뒤에 오시는 이는 나보다 능력이 많으시니 나는 그의 신을 들기도 감당치 못하겠노라 그는 성령과 불로 너희에게 세례를 주실 것이요"(마 3:11). 세례요한은 철저하게 메시아의 길을 닦는 자의 역할이 자신의 삶의 목적임을 천명하고 있다.[10]

세례 요한이 대림절의 선포되는 목소리로 중요한 이유를 웨버는 다음의 네 가지로 설명한다. 첫째, 그는 자신의 말 뿐만 아니라 삶의 방식을 통해서 사람들에게 회개와 개종을 위한 결단을 촉구하였다.[11] 오늘날 한국 기독교가 맞닥뜨리는 가장 큰 도전은 말과 삶의 방식의 불일치

---

10) 로버트 웨버, 57.
11) *Ibid.*, 57.

에 있다. 입술의 회개가 삶의 변화로까지 이어지지 못함이 오늘날 개신 교회의 가장 큰 대사회 신뢰도의 추락요인이다.12) 이와 같은 오늘의 현실 속에서 세례 요한의 외침은 믿지 않는 불신자들을 향한 음성이 아니라, 믿는 자들에 대한 회개의 요청이다. 이사야의 음성과 세례 요한의 음성은 모두 믿는 자들에게 하나님께로의 회귀를 요청하고 있다. 당시 유대교 지도자들의 세속적 욕망과 이 시대 교회 지도자들과 그리스도인들의 세속적 욕망이 크게 다르지 않다. 세례 요한의 "회개하라 하나님의 나라가 가까웠느니라"(마 3:2)는 여전히 오늘의 대림절 기간에 가장 강하게 선포되어야 할 하나님의 말씀이다.

둘째, 세례 요한은 하나님께서 우리의 삶을 휘저으시며 이를 위해서 사용하시기 편한 유형의 사람의 모범이다. 그의 인생에서 유일한 목표가 있다면 그것은 하나님을 섬기는 것이다.13) 이 시대의 그리스도인들은 무엇을 섬기는가? 하나님을 구주로 고백하지만, 여전히 물질의 노예로 살고 있지 않은가? 세례 요한이 이 시대에 다시 온다면, 아마도 맘모니즘(Mammonism)에 빠져 있는 한국교회를 향한 비판의 음성을 외칠 것이 틀림없다. 세례 요한은 그의 삶을 통하여 철저히 하나님의 명령에 따라 예수 그리스도의 길을 예비함에 최선의 노력을 다하였다. 하나님이 사용하시기 편하도록 자신을 철저히 내어놓았다. 대림절의 세례 요한을 통하여 이 시대의 교회는 교회 본연의 모습을 회복할 수 있도록 노력해야 한다. 주님의 오심을 기다리는 자들의 모습에서 하나님이 원하시는 대로 사용하실 수 있도록 자신을 내려놓는 모습이 있어야 한다.

셋째, 세례 요한은 "우리가 무엇을 하오리이까?"라고 물었던 군중들

---

12) 이원규, 22-31.
13) 로버트 웨버, 58.

의 질문에 대한 답을 통해서 우리가 어떻게 대림절을 준비해야 하는지의 실마리를 제공한다. "옷 두벌 있는 자는 옷 없는 자에게 나눠줄 것이요 먹을 것이 있는 자도 그렇게 할 것이니라"(눅 3:10-11).[14] 그는 주님을 따른다고 고백하는 이들로 하여금 어떻게 행하여야 주님이 이 땅에 오신 목적에 부합한 삶을 살게 되는지를 잘 가르쳐주며 알려주고 있다. 세례 요한은 그의 음성을 통하여 고난과 아픔, 그리고 헐벗은 자들의 친구가 되어줄 것을 가르치고 있다. 강림절 찬송에서도 "주린 자 먹이며 병든 자를 고쳤네 천하 만민 돌보사 빛의 길 가게 하소서"라 고백하고 있다.[15] 세속에 묻혀 있는 그리스도인들이 하나님께 거저 받은 물질의 축복을 그 이웃들에게 거저주지 못하는 것은 강림절의 음성과는 거리가 멀다. 성탄은 선물의 계절이다. 하나님이 예수를 우리에게 선물로 주셨다. 사람들은 사랑하는 사람을 위해서 선물을 준비하고, 성탄을 즈음하여 가족과 지인의 기쁨을 위해 그 선물을 전해줄 것이다. 나눔과 베풂이 있는 이 절기에 우리의 이웃을 위한 나눔과 베풂이 온전히 이루어져야 된다.

마지막으로 세례 요한은 우리가 그리스도와 맺어야 하는 관계를 잘 보여준다. 그의 인생의 목표는 오직 그리스도만을 높이는 것이었다. "그는 흥하여야 하겠고 나는 쇠하여야 하리라"(요 3:30).[16] 세례 요한의 모습에서는 자신의 유익을 위한 어떠한 행동도 나타나지 않는다. 성경이 증언하며 기록하고 있는 그의 삶은 철저하게 하나님의 일을 함에 있다. 자신이 이 땅에 온 이유는 그리스도의 길을 예배함에 있음을 잘 알고 있

---

14) *Ibid.*, 58.
15) 찬송가 98장 "예수님 오소서."
16) 로버트 웨버, 59.

었다. 이와 같은 이유로 주님이 십자가 처형을 당하는 장면을 그린 서양의 많은 성화에서 세례 요한을 십자가 하단 우편에 그려 넣었다. 그의 손가락은 십자가에 달리신 주님을 향하고 있으며, 그의 곁에는 "illum oportet crescere, me autem minui"(그는 흥하여야 하겠고, 나는 쇠하여야 하리라: 요 3:30)는 라틴어 문구가 새겨져 있다.17) 비록 예언자로서의 위대한 사역을 감당하였던 세례요한이었지만, 오직 예수 그리스도를 위해서만 살았던 겸손한 그의 모습은 오늘의 교회가 기억해야 될 모범이다. 개인의 능력과 업적이 나타나는 사역의 모습이 아니라, 오직 예수 그리스도의 영광이 나타나는 성숙한 예배 공동체가 되어야 한다.

3) 강림절의 목소리: 마리아

우리는 이사야와 세례 요한의 예언적 음성으로부터 매우 강한 도전을 받는다. 그들의 모습은 광야의 거친 목소리를 내는 자로 그려질 수 있다. 하지만 마리아의 목소리는 강하거나 거칠거나 크지 않다. 그녀의 목소리는 이사야 예언의 성취였다. "그러므로 주께서 친히 징조를 너희에게 주실 것이라 보라 처녀가 잉태하여 아들을 낳을 것이요 그 이름을 임마누엘이라 하리라"(사 7:14).

일반적으로 개신교 전통에서 마리아에 관해서 자유롭게 이야기할 수 있는 시간은 아마도 대림절 기간일 것이다. 가톨릭의 성모숭배사상이 가지고 있는 신성성에 대한 논란여부로 인하여 마리아를 이야기하는

---

17) 마티아스 그뤼네발트의 "이젠하임 제단화"가 가장 대표적인 작품 가운데 하나이다. 십자가에 상할 데로 상한 모습의 뒤틀린 주님의 형상을 보며 세례 요한은 한 손에는 말씀을 들고 자신의 역할에 대해서 충실한 자세를 취하고 있다.

것이 개신교 목회 전통에서 쉽지는 않다. 하지만, 강림절 기간의 마리아는 이스라엘의 소망을 품고 있었던 유약하고 어린 한 인간을 대표하고 있다. 수태 고지로 시작해서 마리아 찬가에 이르기까지의 이야기는 강림절에 반드시 선포되어야 하는 음성이다. 찬송가에 나타난 마리아는 평화로운 세상을 희구하며 찬양하는 사람이다.

> 마리아는 이웃들과 기도하며 노래하고
> 비천함을 높이셨던 하나님을 기뻐하네
> 갈릴리의 사람들과 평화세상 바라보며
> 세상 속에 태어나실 예수님을 찬양하리18)

마리아는 처녀의 몸으로 임신을 하였기에 기뻐할 수 없었고, 찬양할 수 없었고, 평화를 바랄 수 없는 상황이었다. 하지만, 정혼한 여인 마리아는 기꺼이 희생을 감당한다. 마리아의 찬양은 '마리아 찬가'(Magnificat, 눅 1:46-56)를 통해 잘 알 수 있다. 교회는 전통적으로 대림절 기간에 마리아 찬가를 불러왔다.

> 내 영혼이 주를 찬양하며
> 내 마음이 하나님 내 구주를 기뻐하였음은
> 그의 여종의 비천함을 돌보셨음이라
> 보라 이제 후로는 만세에 나를 복이 있다 일컬으리로다
> 능하신 이가 큰일을 내게 행하셨으니 그 이름이 거룩하시며
> 긍휼하심이 두려워하는 자에게 대대로 이르는도다(눅 1:46b-50).

---

18) 찬송가 100장 "미리암과 여인들이."

마리아는 분명하게 강림절의 목소리를 우리에게 들려주고 있다. 크지는 않지만, 결연한 음성의 찬양으로 우리에게 행하신 하나님의 큰일에 대해서 기쁨의 찬양을 하고 있다. 세례 요한과 같이 마리아는 겸손한 모습으로, 스스로를 종이라 칭하며 비천하고 낮은 자임을 고백하고 있다. 비록 마리아의 이 목소리가 찬가로 소개되고 있지만, 마리아의 이 고백은 당시 이스라엘 백성들이 불안, 고통, 좌절, 분노, 그리고 슬픔 속에 짓눌려 있는 것에서 깨어날 것에 대한 요청이었다. "권세 있는 자를 그 위에서 내리치셨으며 비천한 자를 높이셨고 주리는 자를 좋은 것으로 배불리셨으며 부자는 빈손으로 보내셨도다"(눅 1:52-3)라고 고백하며, 메시아의 오심이 갖는 의미를 전하고 있다.

강림절 기간은 우리로 하여금 참된 의미의 종말론에 대한 깊은 묵상을 할 수 있도록 이끌어 준다. 마리아의 이 짧은 고백의 찬가에서도 그의 백성들을 향하신 하나님의 구속의 섭리를 깨닫게 된다. 구약의 예언의 말씀을 통해서 들려주셨던 구속의 언약이 어떻게 구체적으로 이뤄지는지를 마리아는 매우 생생하게 우리에게 증언하고 있다. 인간의 몸으로 이 땅에 오신 하나님의 육신을 맞이하는 이 한 여인의 고백은 두려움이 가득함에도 과감하게 기쁨으로 찬양하는 지혜와 용기를 가진 여인의 모습이다. 그녀의 고백은 오늘의 한국교회로 하여금 무엇을 극복하고 무엇을 기대해야 하는지를 가르쳐 주고 있다. 한국교회가 무엇을 잃어버렸고 무엇을 과하게 소유하고 있는지에 대해서도 명확히 제시해 주고 있다.

III. 성탄절

1. 성탄절의 기원

성경은 예수의 죽음에 대해서 비교적 상세히 기술하고 있다. 하지만, 예수의 탄생에 관해서는 비교적 짧게 기술하고 있으며, 언제 예수가 탄생했는지를 알 수 있기에는 그 근거가 많지 않다. 대체로 학자들은 예수가 늦가을이나 겨울에 태어났을 것이라고 주장한다. 성경에 의하면 예수의 부모는 아우구스투스 황제의 명령에 따라 실시된 인구 조사에 임하기 위해서 고향으로 돌아가야만 했다(눅 2:1-7). 일반적으로 이러한 인구조사는 한해의 분주한 시기를 피하고 모든 추수가 끝난 후 가을 파종을 마친 늦은 가을 혹은 이른 겨울에 시행되었다.

4세기를 시작하면서 서방 교회는 성탄절을 12월 25일로 지키기 시작하였고, 동방교회는 비슷한 절기를 1월 6일로 정하여 지키기 시작하였다. 시간이 지나면서 다른 날짜임에도 매우 유사한 목적을 가지고 이 두 날은 각기 다른 교회 전통에 의해서 지켜졌다.[19] 하지만, 서방교회와 동방교회가 성탄절에 대해서 각기 다른 날짜를 선택해서 지키는 것에 대한 분명한 이유는 정확히 알 수 없다. 다만 학자들은 대체로 두 가지의 이론적 가능성에 대해서 이야기한다. 그 첫째의 이론은 예수가 태어난 정확한 날짜를 추적하려는 이해에서 나왔다. 예수가 태어난 날에 대한 계산은 예수의 운명한 날짜에 기초해서 이뤄졌다. 초대교회의 그리스도인들은 예수가 이 땅에서 정확한 햇수를 채워서 살았을 것으로 생각했다. 예수의 죽음을 3월 25일로 믿었던 서방교회에서는 그로부터

---

[19] 김정, 『초대 교회 예배사』 (서울: CLC, 2014), 65.

9개월 이후를 예수가 탄생한 날로 계산하였고, 그 결과 12월 25일을 성탄절로 지키게 되었다는 주장이다. 동방교회도 예수의 십자가 처형일은 4월 6일로 믿었고, 이에 9개월을 더하여 1월 6일을 예수의 탄생일로 계산하여 지켰을 것이라는 이론이다.[20]

하지만 이와 같은 이론은 '종교사'가 발달되기 시작하면서 그 타당성을 잃게 되었다. 두 번째 이론은 로마의 축일에서 왔을 것이라는 주장이다. 12월 25일은 로마시대에 매우 유명한 축일 가운데 하나로, 율리우스력(Julian Calendar)에 따르면 동지였다. *Dies natalis solis invicti*라 불리었던 이 날은 무적의 태양신의 탄생일로 이교도들이 지켰던 축일이었다. 기나긴 겨울 밤, 동지를 시작으로 태양의 시간이 길어지기 시작하는 것을 놓고 태양신의 신적 위용이 나타나기 시작하였다고 믿었을 것이다. 하지만 교회는 이날을 성탄절로 지킴으로 이교도들의 절기를 몰아내고, 그리스도가 진정한 정의의 태양임을 강조하게 되었다. 이를 목적으로 로마교회는 12월 25일을 성탄절로 선언하였다. 하지만, 동방교회는 그들이 사용하였던 테베의 아메넴헷 1세의 고대력에 따라서 1월 6일을 동지로 지켰으며, 이에 근거해서 1월 6일을 그리스도인들이 지켜야 될 성탄절로 정하여 선포하였다.[21] 결국 로마교회의 성탄절은 정교회의 주현절과 매우 밀접한 상관성을 갖고 발전하였으나, 오늘날의 많은 교회들은 예수의 초림에만 집중하는 모습으로 12월 25일에 성탄의 의미를 지킨다.

---

20) Paul F. Bradshaw, *The Search for the Origins of Christian Worship* (New York: Oxford University Press, 1992), 202-3.
21) A. G. Martimort, I. H. Dalmais, and P. Jounel, *The Liturgy and Time, The Church at Prayer Vol. IV* (Collegeville, Minnesota: The Liturgical Press, 1983), 79.

2. 성탄절의 의미

성탄절의 가장 중요한 주제는 성육신 사건이다. 이는 하나님이 인간의 육신을 입고 이 땅에 오신 놀라운 신비의 사건이다. 하지만 이 성탄의 사건을 하나님이 이 땅에 육신을 입고 온 것에만 집중하면 그 본질을 보지 못할 수 있다. 성육신의 본질적인 의미는 구속사적 관점에서 해석되어야 하며 이해되어야 한다. 예수의 초림이 갖는 의미는 그의 삶을 통한 천국에 대한 가르침, 그의 고난, 십자가를 통한 죽음, 그리고 그의 부활과 연결해서 이해해야 한다. 예수 그리스도의 초림은 강림절 기간의 이사야, 세례 요한, 그리고 마리아의 목소리에서 들었듯이 절망 속에 있는 인류에게 소망을, 어두움에 있는 자들에게 생명의 빛을, 그리고 평화와 정의, 화해에 초점을 두어야 된다. 예배자들은 성탄의 예배를 통해서 성육신의 의미를 경험해야 된다. 자칫 그 의미가 세속의 가치로 인해서 희석되어서는 안 된다.

첫째, 성탄은 하나님이 인간들과 소통하기 위해 인간과 연합한 사건이다.[22] 인간은 그의 죄로 인해서 하나님과의 단절을 선택하였다. 하지만, 창조주 하나님은 그의 피조물을 포기하지 않고, 인간의 몸을 입고 이 땅에 오셔서 인간들과 연합하셨다. 인간의 죄로 인한 하나님과의 단절을 회복하려는 하나님의 선재적 은혜에 근거한 행위였다. 인간이 스스로 하나님과의 단절을 회복할 능력이 없기에 하나님은 직접 이 땅에 내려오셔서 인간과 연합하여 화해를 시도하셨다. 이 땅에 인간의 모습으로 오신 하나님의 모습은 가장 낮은 자의 자리와 가장 낮은 자의 모습이었다. 온 인류와 소통하며 연합하기 위한 희생적 사랑의 모습이었다.

---

22) 로버트 웨버, 82.

하나님의 자기 비움(케노시스)의 사건이다. 이를 근거로 수많은 천군이 그 천사들과 함께 "지극히 높은 곳에서는 하나님께 영광이요 땅에서는 하나님이 기뻐하신 사람들 중에 평화"(눅 2:14)임을 고백할 수 있다.

둘째, 성탄은 인간이 하나님과 연합하는 사건이다. 성육신 사건이 비록 하나님이 주도적으로 인간이 되신 사건이지만, 다른 면으로 보자면 이는 인간이 하나님과의 연합을 위해서 반응해야 되는 사건이다.[23] 성탄은 성찬의 의미와 매우 유사하다. 성찬과 동일하게 성탄도 하나님께서 철저히 자기를 내어주는 자기수여적(self-giving) 사건이다. 성찬을 통해서 부활하신 그리스도와의 하나 됨을 경험하게 된다. 이처럼 성탄의 본질적 의미를 이해하고 그 의미를 기뻐하는 이들은 육신을 입고 이 땅에 육화되어 오신 예수를 그리스도로 고백함으로 그와 연합됨을 경험하게 된다. 하나님이 자신을 드러내신 성육화의 사건이 가장 명확하게 드러나는 시간과 공간이 바로 성찬의 자리이다. 하나님께서는 성찬을 통해서 그의 백성들이 성육신 사건을 볼 수 있도록 하셨다. 또한 성찬에 참여하는 모든 이들이 주님을 받을 수 있도록 그리고 그분의 일부가 될 수 있도록 은혜의 시간과 장소를 우리 가운데 마련해 주신 사건이다.[24]

---

23) Ibid., 84.
24) 제임스 화이트, 『하나님의 자기 주심의 선물 성례전』, 김운용 옮김 (서울: 예배와 설교아카데미, 2006), 45.

IV. 주현절

1. 주현절의 기원 및 의미

한국교회에서 주현절이 실제적으로 지켜지는 교회는 많지 않다. 주현절은 한 해의 첫 주일에 해당되기에 개교회는 주현절의 의미에 부합하는 주일로 지키기보다는 한 해를 시작하는 것에 의미를 두고 예배하기를 원하는 경우가 대부분이다. 특별히 주현절에 해당되는 본문의 내용이 한국교회의 상황에 비추어볼 때 한 해의 첫 주일의 설교 본문으로 삼기에는 적절하지 않다고 판단할 개연성이 매우 높다.

전통적으로 주현절을 지키고 있는 서방과 동방교회는 말 그대로 주현, 즉 주님이 현현한 사건에 대한 기념의 의미로 주현절을 지켰다. 희랍어 에피파네이아(ἐπιφάνεια)에서 온 주현절은 동방교회에서 시작되었다. 인간의 모습으로 이 땅에 오셨지만, 하나님의 뜻에 따른 구원자로서의 사명을 감당하는 그리스도가 이 땅에 나타나심을 기념하는 날이다.

가장 오래된 기록은 이집트 알렉산드리아에서 발견되었다. 2세기에 예수의 세례를 기념함으로서 주현절을 축제의 날로 지켰다고 기록하고 있다. 이는 영지주의적 이해를 가지고 있던 모임에서 지켰던 축일로, 이 날을 하나님의 아들의 탄생일로도 여겼다.[25] 이러한 이유로 아직도 동방교회에서는 주현절에 해당되는 1월 6일을 성탄절로 지키고 있다. 동방교회와 서방교회가 각기 다른 전통에 따라 주현절을 지켰기에 어느 한 쪽의 전통에 따라 주현절을 지키는 것이 쉽지 않다. 동방의 전통에서

---

25) Anscar J. Chupungco, *Handbook for Lirurgical Studies, Liturgical Time and Space* (Nashiville, Tenessee: The Liturgical Press, 1989), 199.

는 예수의 세례를 중심으로 주현절을 지키고 있다. 반면 서방교회의 전통에서는 동방의 박사들이 아기 예수가 구세주임을 알고 와서 경배한 사건으로 주현절을 지키고 있다.

서방교회의 입장에서 스투키는 다음의 세 가지의 이유로 주현절이 잘 지켜지지 않았다고 보고 있다. 첫째, 1월 6일이 평일에 해당되는 경우가 많기에 주현절을 축일로 지키는데 어려웠다. 초대교회의 경우 교회를 중심으로 삶의 공동체가 형성되었기에, 평일이라 할지라도 교회축일을 지키는 것에 큰 무리가 없었다. 하지만, 시간이 흐를수록 주중에 축일을 지키는 것이 현실적으로 많은 제약을 가져왔다.

둘째, 누가복음의 기록에 따라 목자들이 천사의 전한 소식을 듣고 구유에 뉘어 있는 아기를 찾아서 경배한 예수 탄생의 이야기와 마태복음에 나오는 동방의 박사들이 별을 보고 아기 예수를 찾아가 경배한 이야기가 하나의 그림으로 합쳐져서 회중들에게 각인되어 있다. 즉, 성탄절과 주현절의 메시지가 성탄절의 이미지로 통합되어 있다. 심지어 많은 목회자들이 동방의 박사들이 아기 예수를 찾아와 경배하는 본문을 성탄절의 메시지로 전하는 경우가 있기에, 교회는 성탄절과 주현절을 성탄절의 범주에서 이해하는 경우가 많다.

셋째, 시기적으로 너무 많은 성서적 사건들이 예수의 탄생 직후에 이뤄져야 되는 것에 부담을 느낄 수 있다. 서방교회 전통에 따라 12월 25일을 성탄절로 지키고, 연이어서 주현절을 예수의 세례에 중심을 두는 동방의 전통에 관심을 기울이다보니, 동방박사들의 예수 경배를 그 사이에 두는 것이 실제적으로 부담스러워졌다. 비록 이 세 사건은 예수가 누구인지를 '명확히 밝혀주는'(Manifestation, 현현) 이야기들이지만, 교회가 예수의 신성과 인성을 이 짧은 기간에 받아들이는 것이 쉽지 않았

을 것이라는 주장이다.26)

실제적으로 주현절 기간은 사순절이 언제 시작되느냐에 따라서 그 기간이 결정된다. 부활절이 이르게는 3월 말에서 늦게는 4월 말까지도 갈 수 있기에, 성회 수요일을 시작으로 하는 사순절의 시점이 빠르게는 2월 초에서 늦게는 3월 말이 될 수도 있다.27) 이 주현절 기간에 교회는 인간 예수의 신성에 보다 집중하게 된다. 동방의 박사들이 아기 예수를 찾아온 마태복음의 이야기는 유대인의 왕에 대한 단순한 경배의 내용이 아니었다. 성경은 그 시작에서 단순히 유대인의 왕으로 기록하고 있지만, 헤롯이 유대교 지도자들에게 한 질문에서 이미 '그리스도'의 나심을 예측하고 이에 따른 후속 조치들을 취하고 있음을 볼 수 있다. 헤롯은 서기관들에게 그리스도가 태어난 곳에 대해 집중적으로 조사할 것을 명령하였고, 미가 선지자의 예언에 따라 "유대 땅 베들레헴아 너는 유대 고을 중에서 가장 작지 아니하도다 네게서 한 다스리는 자가 나와서 내 백성 이스라엘의 목자가 되리라"(미 5:2)는 보고를 받고 예수의 나심에 대해 경계심을 드러냈다.

한국교회에는 동방 박사들의 이야기가 성탄절과 관련하여 등장하는 경우가 많다. 하지만, 전통적인 이해 속에서 살펴보면, 동방 박사들은 예수의 탄생을 메시아의 현현으로 이해하고 찾아온 이들로, 성탄절 이후의 사건이다. 동방 박사들이 아기 예수를 경배하러 찾아온 마태의 이야기에 따르면, 동방 박사들의 행보는 당시 유대 땅을 온통 시끄럽게 할 만큼 큰 사건이었다(마 2:3). 성경은 말하고 있지 않지만, 교회 전통은

---

26) Laurence Hull Stookey, *Calendar: Christ's Time for the Church* (Nashville: Abingdon Press, 1996), 111-112.
27) Laurence Hull Stookey, "Collating Calendars," in *Liturgical Ministry*, Vol. 12, Spring, 2003, 96.

동방에서 온 박사의 수를 세 명으로 전하고 있다.28) 이는 이들이 가져온 선물에서 기인했을 것이다. 비록 일부 학자들에 의해서 박사들의 숫자가 이스라엘의 12지파를 대표하는 일인으로 구성되어 12명이라는 주장도 있었지만, 큰 설득을 얻지는 못하였다.29) 마태복음은 이와 같이 선물을 들고 온 박사들의 숫자보다는 박사들에 의한 선물에 집중하는 모습을 보여주고 있다. 그들은 황금, 유향과 몰약을 예물로 드렸다. 동방의 전통에 따르면 "엎드려 아기께 경배"(마 2:11)하듯이 절하는 것은 왕에게 인사하는 예법으로 전해지고 있다. 이는 존경과 복종의 의미를 담고 있다.30)

동방의 박사들에 의해서 드려진 선물은 예수의 신성(Divinity)을 드러내기 위한 것이었다. 세속에서 성탄을 즈음하여 선물을 나누는 행위와 동방의 박사들이 아기 예수 앞에 경배하며 드린 선물과는 그 성격이 매우 다르다. 이미 이사야는 그리스도의 영광이 온 땅에 나타날 것을 예언하며, 금과 유향을 가지고 찬양할 것을 명령하고 있다(사 60:1-6). 마태복음서의 기자는 동방의 박사들이 황금과 유향과 더불어 몰약을 추가하여 아기 예수에게 절하여 그의 왕권에 대한 복종을 증언하고 있다. 이세 가지의 선물은 모두 왕권과 매우 밀접한 상관성을 가지고 있다.

---

28) 1983년 출간된 『(통일)찬송가』에서는 "동방 박사 세 사람 귀한 예물 가지고"(116장)로 동방의 박사들의 숫자를 밝히고 있다. 이는 원문 찬송 "We three kings of Orient are..."를 그대로 번역한 것이다. 하지만, 2006년 출간된 『찬송가』에서는 동방박사들의 숫자에 관한 다양한 견해들로 인해서 성경의 전통에 따라 그 인원은 명시하지 않고, 세 가지의 선물에 집중하는 형식으로 그 내용이 변경되었다. 찬송가사의 내용은 "동방에서 박사들 귀한 예물 가지고"로 변경되었다. 한국찬송가공회, 『찬송가』(서울: 대한기독교서회, 2006), 116.
29) Laurence Hull Stookey, *Calendar: Christ's Time for the Church*, 113.
30) Donald A. Hagner, *Word Biblical Commentary 33A Matthew 1-13* (Dallas, Texas: Word Books, 1993), 31.

2. 주현절의 주제들

주현절은 사순절의 시작 시점에 따라서 짧게는 4주에서 길게는 9주 동안 지키게 된다. 이 기간에 동방에서 온 박사들의 경배와 세례요한을 통한 예수의 세례를 비롯해서 하나님의 아들로서 보냄을 받은 목적을 구체적으로 나타내는 예수의 행적에 집중하게 된다. 예수의 세례를 통해서 살펴보았듯이, 하나님의 사랑하는 아들이며 기뻐하는 자로서 하늘의 사명을 감당하는 모습이 이에 해당된다.

교회력에 따른 본문을 살펴보면, A, B, 그리고 C년도 모두 주현절 주일은 마태복음 2장 1절에서 12절의 내용인 동방으로부터 박사들이 나신 왕께 경배하러 온 내용을 다루고 있다. A년도는 둘째 주일에 요한복음 1장에서 세례 요한이 예수를 칭하여 "보라 세상 죄를 지고 가는 하나님의 어린 양이로다"라고 선언하는 내용을 다루고 있다. 이후 주간은 마태복음을 중심으로 천국에 대한 예수의 가르침에 집중한다. 마태복음 5장에 나타난 산상수훈을 모두 다루고, 6장 24절 이하의 걱정하지 말 것에 대한 가르침을 다룬다. 또한 7장 21절에서 29절에 해당되는 반석 위에 집을 짓는 지혜로운 자에 대한 가르침을 다룬다. 사순절이 시작되기 마지막 주일은 변화산 주일로 지키며, 마태복음 17장 1절에서 9절까지의 본문을 선택하게 된다.[31]

B년도에는 마가복음을 중심으로 다루게 된다. A년도와 마찬가지로 주현절에는 마태복음 2장에 등장하는 동방의 박사들이 아기 예수를 왕

---

31) A년도에 해당되는 본문은 마태복음 5:1-12, 5:13-20, 5:21-37, 5:38-48, 6:24-34, 7:21-29 그리고 17:1-9이다. 교회력에 따른 성경 본문은 기독교대한감리회 홈페이지에서 확인할 수 있다. 영문으로는 lectionary.org를 통해서 확인할 수 있다.

으로 경배하며 황금과 유향, 그리고 몰약을 선물로 드리는 본문을 다룬다. 둘째 주일에는 요한복음 1장 43절 이하의 말씀을 통해서 나사렛에 선한 것이 무엇이 있겠냐고 물었던 나다니엘과 그를 찾아간 빌립의 이야기를 다루고 있다. 결국 나다니엘은 나사렛 예수를 "랍비여 당신은 하나님의 아들이시오 당신은 이스라엘의 임금이로소이다"라고 고백하는 내용을 통해서 예수가 그리스도 됨의 현현 사건을 다루고 있다. 이후로는 마가복음을 중심으로 그리스도의 사역이 다뤄지고 있다. 마가복음 1장이 전체적으로 다뤄지고 있으며, 이를 통해서 예수가 복음을 전하는 상황과 내용, 그리고 그 결과를 집중적으로 다루게 된다. 결국 치유와 같은 이적을 통해서 예수가 나타내려 하였던 것은 예수가 가지고 있는 단순한 치유의 능력이 아니라, 치유 사역을 통해서 사람들을 모으고, 이들의 아픔을 해소해주며, 이를 통해서 복음을 증거하고자 함이었다. 2장과 3장 6절까지의 말씀을 통해서 유대교 지도자들과의 논쟁을 다루고 있다. 이를 통해서 예수는 논리적으로도 그가 하나님으로부터 보내심을 받은 자로 유대인의 율법을 완성을 목적으로 온 자임을 가르치고 있다. 마가복음 9장 2절에서 9절의 본문 말씀을 통해서 변화산 주일을 지키도록 하고 있다.[32]

    C년도에는 누가복음을 중심으로 그리스도의 천국 복음 사역을 다루고 있다. 주현절 둘째 주일에는 누가복음 3장 15절에서 17절, 그리고 21절과 22절을 통해서 "나는 물로 너희에게 세례를 베풀거니와 나보다 능력이 많으신 이가 오시나니 나는 그의 신발 끈을 풀기도 감당하지 못하겠노라 그는 성령과 불로 너희에게 세례를 베푸실 것"이라고 그리스

---

32) B년도에 해당되는 주현절의 본문은 마가복음 1:14-20, 1:21-28, 1:29-39, 1:40-45, 2:1-12, 2:13-22, 2:23-3:6, 그리고 9장 2절이다.

도의 사역을 예언하고 있다. 더불어 다른 복음서에 비해 상대적으로 짧게 예수가 세례를 받는 장면을 기록하고 있다. 세례를 받는 장면에 대한 구체적인 기록은 없지만, 세례를 통해서 하나님이 예수를 향해서 "내 사랑하는 아들이라 내가 너를 기뻐하노라"고 하신 말씀은 여전히 기록하고 있다. 누가복음 6장을 중심으로 본문을 형성하고 있는 C년도의 주현절 본문들 역시 그리스도의 메시아 메시지를 중심으로 구성하고 있다. 나사렛에서 배척을 받던 예수는 선지자 이사야의 글을 직접 인용하여 스스로가 누구인지를 나타내고자 하였다. 예수는 회당에서 "주의 성령이 내게 임하셨으니 이는 가난한 자에게 복음을 전하게 하시려고 내게 기름을 부으시고 나를 보내사 포로 된 자에게 자유를 눈먼 자에게 다시 보게 함을 전파하며 눌린 자를 자유롭게 하고 주의 은혜의 해를 전파하게 하려 하심이라"(눅 4:18-9)고 자신이 이 땅에 온 목적을 가르치고 있다.[33]

V. 새로운 생명의 탄생

강림절로 시작해서 주현절에 이르는 시간 동안 교회는 예수의 탄생을 통한 새로운 그리스도인의 탄생을 기대한다. 예수께서 그리스도로 우리에게 오셔서 온 인류의 구원을 위한 구속사적 삶을 사신 것처럼 우리도 그와 같은 삶을 살 것을 요청하셨다. 결국 그리스도인들은 이 절기들을 통해서 예수께서 선포하셨던 하나님 나라를 몸으로 살아가야하며, 이를 통해서 새로운 생명이 하나님의 이름으로 거듭남을 경험할 수 있

---

33) C년도에 해당되는 성경본문은 누가복음 3:15-17, 21-22, 4:14-21, 4:21-30, 5:1-11, 6:17-26, 6:27-38, 6:39-49, 7:1-10, 그리고 9:28-36절이다.

도록 복음의 경주를 다해야 할 것이다. 특별히 세속력에 따른 연말과 연초가 가지고 있는 분주함과 기대감을 부인할 수 없지만, 그럼에도 불구하고 예배 공동체는 교회력을 통한 그리스도와의 동행을 선택할 수 있도록 노력을 해야 된다.

이미 오신 주님이시지만, 다시 오심을 약속하신 분이시기에, 그분의 오심을 준비함에 있어서 예배자들의 삶이 그에 합당한 삶이 될 수 있도록 기다림의 계절에 자신을 돌보는 일에 소홀함이 없어야 한다. 손님을 맞이하여도 집을 정리하지 않는가? 하물며 주님이 우리의 삶에 오시는데, 교회와 예배자들은 보다 철저하게 이사야의 음성과 세례 요한의 삶의 외침, 그리고 마리아가 보여준 겸손의 모습이 우리의 것이 될 수 있도록 노력해야 한다. 이러한 모든 것들이 준비되었을 때 우리는 "마라나타, 오! 주님, 오시옵소서"를 외칠 수 있을 것이다.

5 장
빛의 주기 예배

I. 강림절 예배

강림절 4주는 왕국주일 이후 돌아오는 주일부터 시작되며, 성탄절 전으로 있는 4주의 주일을 의미한다. 사순절에 비해서 상대적으로 짧은 기간이지만, 이 기간을 통해서 마라나타를 외치며, 주님의 오심을 기다리게 된다. 특별히 4번의 예배는 모두 주님의 오심을 기다리며 준비한 인물들에 중심을 두고 본문을 구성하고 있다. 세속에서는 연말이 주는 세속의 기쁨으로 들떠있지만, 교회의 예배는 오히려 차분하다. 보라색으로 치장되어 있는 예배당은 이 땅에 오시는 주님의 숭고한 뜻에 대한 응답의 표시로 볼 수 있다.

다음의 예배는 Advent Adventure라는 제목으로 드렸던 강림절 예배이다. 기존의 장의자 중심의 예배 공간을 탈피하여, 공간의 변형을 가할 수 있는 예배 공간을 교내에서 찾던 필자는 학생들과 함께 학교 건물

〈그림 1〉 강림절 예배 공간 전면

의 지하 로비를 예배 장소로 택하였다. 비교적 넓은 공간이었지만, 통로로 되어 있어서 예배공간으로는 부적절해 보일 수 있는 공간이었다. 하지만, 하나님을 예배하는 구별된 공간으로 만들기 위해서 천을 활용하여 가림막을 설치하였고, 절기에 맞는 보라색 천을 활용하였다. 이는 공간을 구별하기 위한 목적이 있었지만, 동시에 강림절의 의미를 나타나기 위함도 있었다. "그의 길을 예비하라"는 성구와 메시아의 오심을 상징적으로 나타내기 위한 예언서와 별, 그리고 야곱의 사다리 등도 볼 수 있다〈그림 1〉. 보라색도 단순함을 피하기 위해서 그러데이션(gradation)을 활용함으로 보다 예술적으로 보일 수 있도록 하였다. 이러한 시도들을 통해서 회중들이 예배 공간에 발을 들이는 순간 오늘의 예배가 무슨 예배인지를 알 수 있도록 하였다. 설교대와 축을 같이해서 성찬상을 설교대 앞에, 그리고 세례반을 설교대와 마주볼 수 있도록 위치하였다.

예배당의 후면은 대강절 초를 중심으로 구성하였다〈그림 2〉. 3개의 초를 상징적으로 표현함으로 오늘의 예배가 대강절 3번째 주일의 예배임을 나타내었다. 회중들의 예배 공간도 부채꼴 모양으로 펼쳐 놓았다. 의도적으로 종적인 회중석의 구조를 횡적인 구조로 변경하여서 회중들

〈그림 2〉 예배 공간 회중석과 후면

이 다른 느낌의 예배를 경험하도록 하였다. 예배의 순서는 다음과 같다.

∞ 강 림 절 예 배 ∞

I. 하나님 앞으로 나아옴

전주		연주팀
여는 소리	징 3타	맡은이
*입례송	구주여 오소서	다같이
*촛불점화	곧 오소서 임마누엘	맡은이

점화자 나는 세상에 빛으로 왔나니 무릇 나를 믿는 자로 어두움에
거하지 않게 하려 함이로라.

*예배로의 부름   집례자
문들아 너희 머리를 들지어다
영원한 문들아 들릴지어다 영광의 왕이 들어가시리로다
영광의 왕이 누구시냐
강하고 능한 주시요 전쟁에 능한 주시로다
문들아 너희 머리를 들지어다

영원한 문들아 들릴지어다 영광의 왕이 들어가시리로다
영광의 왕이 누구시냐 만군의 주께서 곧 영광의 왕이시로다
(시 24: 7-10).
길 되신 주님 오시옵소서.
슬픔을 딛고 일어설 희망을 주기 위해 오시옵소서.
죽음을 딛고 일어설 생명을 주기 위해 오시옵소서.
주님의 뜻 대신 내 뜻으로 가득 찬
주님의 고통 대신 나의 안일함으로 가득 찬
주님의 겸손 대신 나의 교만으로 가득 찬
마음의 땅을 갈고 닦아 주옵소서.
주님과 우리 사이에, 우리와 이웃 사이에, 이웃과 이웃 사이에
새 하늘 새 땅이 열리는 은총을 허락하소서.
성탄을 기다리며 예배하는 이 시간
예수그리스도를 통하여,
하나님의 구원의 역사를 경험케 하시고,
성령께서 임재 하셔서 저희로 하여금 신령과 진정으로 예배하게 하옵소서.
우리를 구원하시기 위해 이 땅에 오신 예수 그리스도의 이름으로 기원합니다. 아멘.

죄의 고백   다같이

집례자 이제 다함께 하나님 앞에 우리의 죄를 고백하겠습니다.
전능하신 하나님,
주님은 죄 많은 우리를 위해 부끄러움도 무릅쓰고
한없이 작아지심을 선택하셔서, 이 땅에 오셨습니다.
천년이 지나고 또 천년이 지나도록
주님은 변함없는 사랑으로 오시건만
우리는 주님을 외롭게 만들었음을 고백합니다.
우리 죄를 고백하오니
우리는 주님의 길에 서지 못하고 죄와 사망의 길에 서 있습니다.

우리는 가난하고 굶주린 사람을 못 본 체했으며
슬퍼하는 사람 곁을 지나쳤습니다.
또한 억눌린 자의 부르짖음에 귀를 막았고
평화를 위한 외침에 냉담했습니다.
주님께서 지으신 땅을 오용했습니다.
우리 안에 불신과, 편견, 미움과 질투, 욕심과 교만으로 가득
차 있음을 고백합니다.

침묵기도 다같이
자비송 정결한 마음 주시옵소서 다같이
찬양 후 기도 다같이
자비로우신 하나님, 우리를 용서하소서.
우리 삶을 변화시키시고 우리를 새롭게 하시는
주님의 능력을 의지하게 하셔서
이 땅에서 하나님의 자녀로 온전히 살아가게 하옵소서.
우리를 구원하시기 위해 하늘 보좌를 버리시고 이 땅에 오신
예수 그리스도 이름으로 기도합니다. 아멘.

용서의 말씀 집례자
하나님은 죄를 미워하시는 분이십니다.
그러나 긍휼이 풍성하신 하나님께서
우리의 약함과 추함을 고치시고
우리의 죄를 용서하여 주시기 위해,
이천 년 전 예수 그리스도를 이 땅에 보내셨습니다.
죄를 죄 사함 받기를 원하시는 성도 여러분!
우리의 죄를 용서하시는 주님의 말씀을 들으십시오.
만일 우리가 죄를 자백하면
그는 미쁘시고 의로우사 우리 죄를 사하시며
우리를 모든 불의에서 깨끗하게 하실 것이요.
우리 주 예수 그리스도의 이름으로

통회 자복한 모든 죄가 사하여졌음을 선언합니다. 아멘.		
삼위영가	아버지 사랑합니다, 거룩 거룩 거룩	다같이
오늘의 기도		맡은이
기도 응답송		연주팀

*한 곳은 일어선다.

    예배의 시작을 여는 소리라 칭하면서 징을 세 차례 치는 것으로 하였다. 성삼위의 의미를 담아서 삼위 하나님께서 예배를 열어주신다는 의미를 담았다. 이어 회중들이 자리에서 다 일어나서 찬양을 하였으며, 3절을 부르는 동안에 임사자들이 입당을 하였다. 강림절을 상징적으로 나타내는 초를 점화하는 시간을 가졌다. 보라색의 강림절 초에 점화를 하는 동안 선창자(cantor)는 무반주로 '곧 오소서 임마누엘'을 찬양하였다. 이후 촛불 점화자(Acolyte)는 "나는 세상에 빛으로 왔나니 무릇 나를 믿는 자로 어두움에 거하지 않게 하려 함이로라"고 선언하면서 강림절 예배의 메시지를 선포하였다. 예배자들이 자신의 입술을 열어서 공동으로 죄를 고백하였고, 침묵기도를 통해 자신의 개인적인 죄도 고백하는 시간을 가졌다.

    일반적으로 예배의 찬양은 찬송가 중심이다. 하지만, 찬송가에 수록되지 않은 다수의 찬양들이 있다. 찬양곡들의 내용이 신학적으로나 성서적으로 예배의 전체적인 맥과 잘 부합될 때는 사용하는 것도 좋다. 위 예배문에서 볼 수 있듯이, 찬양을 선택할 때 찬송가 이외에서도 택하였다. 자비송과 삼위영가는 현대적인 감각이 살아 있는 복음성가에서 택하였다. 강림절 예배의 전체적인 틀에서 사용이 무난하고, 곡의 내용과 곡조가 적합하다는 판단에서 선곡하였다. 찬송가에 수록되어 있는 강림절 찬송이 많지 않다.1) 성탄절 한 날을 위한 찬송이 24곡인 것에 비해서, 4주 주일을 지키는 강림절 찬송은 9곡인 것을 보면, 강림절 찬송곡의 보충이 절대 필요하다.

Ⅱ. 말씀의 선포		
구약성서 낭독	이사야 35:1-10	맡은이
시편 교창	주 찬양하여라	다같이
서신 낭독	야고보서 5:7-10	맡은이
*복음서 낭독	누가복음 1:39-56	맡은이
특주		연주팀
설교		설교자

교회력에 따른 성경본문에 익숙하지 않은 예배 공동체에서 구약, 서신서, 시편, 그리고 복음서의 말씀을 봉독하는 것이 어색하고, 심지어는 불편할 것이다. 한국 개신교가 설교 중심의 예배를 드리는 예배 공동체임에도 불구하고, 성경 본문을 길게 읽는 것에는 매우 인색하다. 성경말씀 자체보다는 설교에 비중을 더 두는 상황이다. 성경 말씀에 근거해서

---

1) 97장 정혼한 처녀에게, 98장 예수님 오소서, 99장 주님 앞에 떨며 서서, 100장 미리암과 여인들이, 101장 이새의 뿌리에서, 102장 영원한 문아 열려라, 103장 우리 주님 예수께, 104장 곧 오소서 임마누엘, 105장 오랫동안 기다리던. 98장 예수님 오소서는 채희동 작사, 이천진 작곡의 찬송으로 2005년 새롭게 만들어진 곡이다. 특별히 국악풍으로 만들어져서 한국적 정서를 나타내면서 강림의 의미를 담은 곡이다. 100장 미리암과 여인들이는 장숙자 작사, 황의구 작곡의 찬송으로 2005년 만들어 졌다. 이곡 역시 한국적 정서가 담긴 곡조로 구성되어 있다. 특별히 이주노동자 여성센터의 소장으로 있는 장숙자에 의해 쓰인 곡으로 미리암과 마리아, 그리고 한국 여성들을 마음을 담아서 주님의 강림을 기다리는 마음을 잘 표현한 곡이다.

선포되는 것이 설교말씀인 것을 알고 있음에도 성경 본문을 직접 읽는 것에는 비교적 소홀한 편이다. 하지만 이미 초대교회 예배에 관한 문헌을 통해서 살펴보았듯이, 기독교는 전통적으로 말씀 읽는 것에 중요성을 두어 왔다. 초대교회에서는 '시간이 허락하는 한' 말씀을 읽었다.

필자가 한 랍비의 초대를 받아서 안식일 회당 예배에 참석한 적이 있었는데 그 예배를 통해 유대인들이 하나님의 말씀을 대하는 태도를 충분히 경험할 수 있었다. 가장 인상적이었던 것은 찬양과 말씀을 읽는 부분이었는데 기타와 피아노, 그리고 찬양인도자(cantor)의 목소리만으로도 예배 전체적인 음악을 이끌기에 충분하였다. 말씀을 읽는 부분은 매우 특별했다. 두루마리 형식의 토라를 집어든 랍비는 그날에 해당되는 성구를 찾아서 봉독대에 걸었다. 그날 그 말씀을 읽어야 하는 어린 아이 둘은 부모의 손을 잡고 단 위로 올라섰다. 부모는 작은 도구를 사용하여서 성경을 한 글자씩 짚었다. 두 아이는 번갈아 가며 히브리어의 성경을 매우 또렷한 음성으로 읽어 내려갔다. 유대교 예배에서 가장 중요한 것은 하나님의 말씀이었다. 그 하나님의 말씀이 너무나 중요하기에 모두가 들을 수 있고, 이해할 수 있고, 묵상할 수 있도록 천천히, 분명히, 그리고 믿음을 가지고 봉독하는 모습을 보았다.

성경봉독은 단순히 설교를 앞두고 설교 본문을 읽는 것으로 이해해서는 안 된다. 성경봉독은 하나님의 말씀을 가장 명확하게 전달하는 시간이어야 한다. 이를 위해서 말씀을 봉독하는 사람은 본문이 선포하는 의미를 경험하고 숙지할 수 있도록 충분히 읽고 봉독해야 된다. 필자가 유학하였던 미국의 드류(Drew)신학교의 경우 신학석사를 졸업하는 학생들을 대상으로 성경읽기 대회가 있다. 한국의 상식으로는 성경암송대회는 있어도, 성경읽기 대회는 생소할 것이다. 이 대회를 통해서 성경봉독이 갖는 중요성을 목회를 나가는 학생들에게 체험시키는 것이 목적이었다. 오늘의 한국 개신교 강단에서 성경봉독이 차지하는 위치에 대한 재고는 반드시 필요하다고 본다.

Ⅲ. 감사와 응답
(강림절 성찬의 순서는 기독교대한감리회 『새 예배서』를 기본으로 재구성하였다.)

결단 및 봉헌		맡은이
봉헌기도		집례자
신앙고백	사도신경	다같이
성찬으로의 초대		다같이

집례자 어두움 뒤에 밝음이 오듯 기다림 끝에 충만히 채워짐이 있습니다. 말씀이 육신으로 찾아오시길 기다리는 이 거룩한 강림절에 희망의 식탁으로 나오시길 바랍니다.

회 중 저희의 소망을 채워주시는 하나님,
감사와 기쁨으로 주님 앞에 나아갑니다.

성찬찬양	우리 다같이 무릎 꿇고서	다같이
시작기도		다같이

집례자 저희가 죄와 어둠 속에서 방황하고 불신과 두려움의 골짜기에서 헤맬 때에도

회 중 주님은 언제나 저희와 함께하시며 희망의 불빛을 비춰 주셨습니다.

집례자 저희를 어둠에서 구하시고자 예언자들을 통하여 미리 말씀하시고 주님께서 육신을 입으시고 이 땅에 오시사 저희 곁에 계심을 믿습니다.

회 중 말씀이 육신이 되어 저희 가운데 거하실 그 영광과 평화를 기다리며 옷깃을 여미고 자리를 정돈하고 마음의 마굿간을 준비하게 하셨습니다.

| 집례자 | 그러하기에 이 땅 위의 온 백성과 하늘의 거룩한 성도 또한
천군 천사들과 함께 주님의 이름을 소리 높여 찬양합니다.

삼성창   거룩 거룩 거룩 만군의 주   다같이

| 집례자 | 거룩하신 하나님, 복되신 성자 예수님,
그리스도의 은총과 사랑을 힘입어 저희가 구원의 확증을 받고
성령과 함께 약속의 소망 속에서 살아갑니다.
| 회 중 | 아멘

성찬 제정사   집례자
기념사   다같이

| 집례자 | 오! 거룩하신 주님, 긍휼이 풍성하신 하나님.
시므온과 안나가 성전에서 메시야를 기다리다가
아기 예수님을 보고 기쁨의 찬양을 불렀듯 저희도 이 거룩한
식탁에서 주님의 탄생을 다시 한 번 기억합니다.
이 신앙의 신비와 구원의 역사를 소리 높여 찬양하오니
| 회 중 | 그리스도께서 죽으셨다가 그리스도께서 다시 사셨네.
그리스도께서 다시 오시리라.

찬양   여기 오소서 내 주여   다같이
주님이 가르쳐 주신 기도   다같이
성찬분배 및 성유식   각자 나아가서
감사찬양   내 너를 일으키리   다같이
성찬 후 감사기도   다같이

참 소망이 되시는 하나님,
거룩하신 성령의 권능을 힘입어
이 어두운 세상을 힘 있게 살아가며

> 언제 어디서나 이웃에게 빛 된 삶을 살게 하옵소서.
> 주님의 몸 된 교회로 이 세상의 등대가 되게 하옵소서.
> 저희의 참 소망 되시는 예수 그리스도의 이름으로 기도합니다. 아멘.

강림절의 성찬은 진정한 의미의 아남네시스와 프로랩시스를 동시에 경험할 수 있는 시간과 공간이다. 성찬의 시간을 통해서 예배자들은 처음 이 땅에 구세주로 오신 주님을 기념하며, 다시 오실 주님을 기다리는 시간을 동시에 경험하게 된다. 주님께서 제자들에게 다시 오심을 약속하시며 기억할 것을 명령하셨다. 부활 후에 그의 제자들에게 다시 오셔서 그들의 눈을 뜨게 해주시며, 진정한 부활의 기쁨을 경험하게 하셨다. 강림절기에 행하는 성찬은 부활의 증인된 성도들이 하늘의 영광과 이 땅의 평화를 소망하며 자신의 삶의 자리를 정돈하기 위한 은혜의 수단이다.

성찬을 받은 사람 가운데 치유의 기도를 받기 원하는 사람들을 위한 성유식도 마련되었다. 성찬상 옆에 무릎을 꿇을 수 있도록 방석을 놓았으며, 집례자는 성유를 준비하였다. 성유식 참여자는 집례자 앞에 무릎을 꿇고 앉았으며, 집례자는 참여자 앞이마에 성호를 그으며 다음과 같이 기도하였다. "내가 성부와 성자와 성령의 이름으로 OOO에게 기름으로 안수하니, 육신과 영혼의 치유와 회복이 있기를 예수님의 이름으로 기도합니다." 이를 통해서 치유자 예수를 만나기를 기도하였다.

마지막 4번째 파트는 파송의 부분으로 세상으로 나아가기 위한 순서이다.

Ⅳ. 세상으로 나아감		
찬양 및 성도의 교제	형제의 모습 속에 보이는	다같이
광고		맡은이
파송의 말씀		다같이

집례자 주님의 오심을 기다리는 이 계절에 거룩한 설렘과 온전한 변화를 우리 삶의 소망으로 삼아, 주님 허락하신 이 땅에서 승리합시다.
회 중 아멘! 주님 우리와 동행하여 주옵소서.

축도	집례자
축복송	찬양대
후주	연주팀

　　마지막 순서인 세상으로 나아감의 파송 시간은 모두 일어서서 행하였다. 짧은 복음성가인 '형제의 모습 속에 보이는'을 파송찬송으로 고백하였다. '사랑하며 섬기'라는 부분이 이 예배의 파송 찬송으로 선택하게 된 가장 큰 원인이었지만, 잘 알려져 있고, 쉽게 부를 수 있는 부분, 그리고 악보를 보지 않고도 서로를 격려하며 부를 수 있는 곡이었기에 선택하였다.

　　파송의 말씀은 예배에 참여한 모든 회중들이 원을 그리며 서 있는 상태에서 교독을 하였다. 집례자와 회중의 문답과 같은 형식이 아니라, 서로 함께 고백하는 경험을 하기 위한 목적으로 원을 그려서 행하였다. 이후 축도와 찬양대의 축복송, 그리고 후주가 있었으며, 후주가 흐르는 동안에 촛불 점화자가 나와서 초를 소등함으로 1시간 10분의 예배가 끝났다.

II. 강림절 예배 공간

아직까지 한국교회에서 일반적으로 찾아 볼 수는 없지만, 서구의 교회에서는 예술적인 부분이 예배를 통해서 적극적으로 표현되고 있다. 서구에서 볼 수 있는 전통적인 예배 공동체뿐 아니라 젊은이들 중심의 현대 예배 공동체에서도 공통적으로 일어나고 있는 현상이다. 강림절을 상징하는 보라색은 교회가 이미 오래 전부터 사용하고 있지만, 단순한 색상의 표현을 넘어서 다양한 양식을 통해 강림절이 가지고 있는 신학적, 목회적, 그리고 예전적 의미를 예술적으로 표현하고 있다. 때로는 이러한 예술적 표현들이 단순한 상징을 넘어서 복음을 간접적으로 선포하거나 회중들의 영적 깊이를 더하게 하는 역할을 하기도 한다.[2] 이와 같은 목적을 위해서 강림절 기간 동안 교회는 보라색을 활용하고 있으며, 많은 경우 4개의 보라색 초를 사용하여 기다림의 절기를 표현하고 있다. 하지만, 강림절의 초는 부활의 주님을 상징하는 흰색의 성탄 초와 함께 장식해야 한다. 매주 강림절 초가 하나씩 켜짐을 보면서 회중들은 마지막 성탄의 초에 불이 밝혀지는 것을 기대할 수 있게 된다. 4주의 강림절 기간을 지낸 교회는 성탄절에 마지막 초인 흰색의 성탄 초에 불을 밝힘으로 기다림과 준비의 기간을 마무리 짓게 된다.[3] 이러한 초를 강

---

2) Jane Rogers Vann, "Making the Unseen Visible: Preparing for Advent Worship" in *Journal for Preachers*, 36, no 1 Advent 2012, 27.

림절 화관을 활용하여 장식하면 그 아름다움을 더할 수 있다.

강림절 기간에는 예배로의 부름과 기원을 이 강림절 초를 밝히는 것으로 시작할 수 있다. 가족 단위로 신청을 받아서 화동(Acolyte)의 역할을 한다. 순서를 맡은 가족은 임사자들과 함께 입당을 하여 준비된 보라색 초에 불을 밝히며 하나님의 말씀을 읽음으로 예배로의 부름과 기원을 한다. 이때 가급적이면 자녀들이 있는 가정의 경우 자녀들이 강림절에 해당되는 가르침의 성경말씀을 읽도록 하고, 부모들은 강림절의 초를 밝히도록 한다.

이 기간 동안 예수의 가계도를 나타내는 이새의 나무를 표현해 볼 수도 있다. "이새의 뿌리에서 새싹이 돋아나 옛 선지 노래대로 장미꽃 피었다 한 추운 겨울 밤 주 탄생하신 이 날 거룩한 날이여"라고 고백한 찬송이 있다.4) 이사야 선지자는 나무의 이미지를 통하여 그리스도께서

〈그림 3〉 작은 예배 공간에서 표현한 강림절의 상징들

---

3) 박해정, "오! 예수님, 오서 오시옵소서," 『신앙과 교육』, 2005, Nov., 11-15. 특별히 위 글에서는 강림절 기간 동안 교회학교를 중심으로 하는 예배 공간 장식에 관한 아이디어를 제공하고 있다.
4) 찬송가 101장. 이사야 11:1절의 내용을 근거로 작곡되었다. "이새의 줄기에서 한 싹이 나며 그 뿌리에서 한 가지가 나서 결실할 것이요."

인간사에 하나의 열매로 결실하여 나타났다고 예언하고 있다. 이 나무에는 다양한 장식들을 사용하여서 하나님의 구속의 역사를 표현할 수 있다. "구약성서에서 그리스도를 상징하는 다윗의 열쇠, 이스라엘의 지팡이 등과 예언자들과 다른 인물들에 관계된 것들, 즉 노아의 방주, 모세에게 주어진 십계명 판, 아브라함의 칼, 야곱의 사다리, 세례 요한이 세례를 베풀 때 사용한 조개껍질과 신발 등을 사용할 수 있다."5)

III. 성탄절 예배

성탄절이 공휴일이 아닌 일본의 경우, 성탄절은 단순히 선물을 교환하며 즐기는 연말의 한 행사에 불과하다. 필자는 수년 전 텔레비전에 비친 일본인들의 성탄을 맞이하는 모습에 매우 놀란 적이 있다. 성탄절과 예수의 탄생을 정확하게 언급한 일본인들이 거의 없었다. 심지어는 "예수의 죽음을 기념하는 날?"로 답하는 사람도 있었다. 우리나라와 같은 비기독교 국가에서 성탄절은 기독교인들만의 절기가 아니다. 석가탄신일과 성탄절 양일을 국가공휴일로 정하고 모든 종교인들이 함께 그 날에 참여할 수 있도록 하였다. 세속적인 성격이 매우 강한 성탄절이 되어 버렸기에, 오늘과 같은 현실 속에서 교회는 성탄절의 의미를 분명히 하기 위해서 예배를 온전히 드려야 한다.

한국교회에서는 요일에 상관없이 성탄절에 예배로 모인다. 하지만, 서구의 교회들에서는 성탄절에 예배로 모이는 경우가 보편적이지는 않다. 예전적인 예배를 드리는 교회들의 경우, 성탄절 전날 혹은 성탄절

---

5) 남호, 『교회력에 따라 예배하기』, 84.

새벽에 성탄절 예배로 모이지만, 성탄절 아침에는 예배가 없는 경우도 많다. 성탄의 이브에 모여서는 캐럴을 부르는 예배 혹은 촛불 예배를 드리는 경우를 볼 수 있다. 심지어 강림절 마지막 주일에 성탄절에 읽어야 하는 본문의 내용으로 예배를 드리기도 한다. 아마도 서구의 교회에서는 성탄절이 가족들과 함께 하는 공휴일의 개념이 이미 깊이 자리하고 있기 때문인지도 모르겠다. 하지만, 한국의 교회들에서는 성탄절 예배는 주일이 아님에도 주일예배와 같은 형식을 취하여 예배하고 있다.6) 그 형식에 있어서 찬양대의 칸타타가 중심이 되는 경우도 있지만, 큰 틀에서 성탄의 예배는 주일의 예배와 매우 유사하게 드린다. 성탄을 맞이하였기에 드리는 성탄의 찬송 몇 곡과 찬양대의 특별찬양, 그리고 설교자에 의한 성탄의 메시지를 제외하고는 일반 주일 예배와 차이를 느끼기 어렵다.

교회의 예배는 본질적으로 파스카(유월절) 신비의 체험을 그 목적에 두고 있다. 비록 예수의 탄생과 그의 오심을 기뻐하는 무리들의 예배 행위를 통해서 성탄절의 절정을 맞이하지만, 성탄절의 본질적인 의미는 구속사적으로 이해해야 한다. 성탄절의 의미는 서방교회보다는 동방교회의 신학을 통해 보다 구체적으로 알 수 있다. 정교회가 오랜 시간 동안 지켜온 성화를 통한 하나님 말씀의 가르침이 성탄의 성화를 통해서도 명확히 드러난다. 〈그림 4〉는 마포에 위치하고 있는 한국정교회 성당의

---

6) 대한민국 정부에 의해서 1949년 성탄절을 국가공휴일로 선포한 이후부터는 성탄절 예배를 실제적으로 드릴 수 있는 사회적 상황이 마련되었을 것이다. 하지만, 한국 초대교회의 기록에 따르면 성탄예배는 세례식과 함께 지켜졌다. 한국교회의 가장 오래된 성탄예배의 기록은 1887년 행해진 성탄예배이며, 이 예배를 통해서 김명옥의 세례가 행해진 것을 기록하고 있다. 아펜젤러의 기록에 의하면, 이날의 성탄예배 설교가 한국에서 행해진 감리교 최초의 설교라고 확신하고 있다. 아펜젤러가 한국어로 했던 첫 설교를 의미한 것으로 보인다. 주학선, 『한국 감리교회 예배』(서울: KMC, 2004), 27

〈그림 4〉 주님의 탄생

벽에 그려진 '주님의 탄생'이다. 일반적으로 아기 예수의 탄생을 그린 그림과는 상당한 차이를 보인다. 언뜻 보면 성경에 묘사되어 있는 예수 탄생의 이야기와는 거리가 있어 보인다. 아기 예수는 구유에 누인 모습이 아니며, 탄생의 장소도 마구간이 아니다. 이 성화에서는 오히려 성탄이 우리에게 전해주는 신학적이며 신앙적인 의미를 잘 표현하고 있다. 즉, 아기 예수가 이 땅에 오신 목적을 구원사적 의미에서 잘 설명하고 있는 그림이다. 우리를 위한 구속의 역사를 감당하기 위해서 이 땅에 오신 주님을 표현하기 위해서 정교회는 주님이 오신 장소를 무덤으로 표현하고 있으며, 그가 누워 있는 곳도 말구유가 아닌 장례를 치르는 관으로 표현하고 있다. 또한 마리아는 주님 옆에 있지만, 요셉은 아기 예수의 탄생과 자신은 무관한 듯 무덤 밖에서 고민하는 모습으로 그려져 있다.[7]

성탄절 예배는 이와 같이 하나님의 구속사적 계획 속에 이루어진 언약의 성취를 회중들이 경험하도록 해야 한다. 이를 위해서 예배에 세례

---

[7] 아리스토텔레스 암브로시오스 조그라포스 대신부,『비잔틴 성화 영성예술』(서울: 한국정교회 출판부, 2004), 12-13.

와 성찬이 함께 있어야 한다. 하나님의 구속의 사건이 가장 잘 표현되는 세례와 성찬이 성탄절 예배의 핵심이 되어야 된다. 하지만, 안타깝게도 많은 교회들에서 드리고 있는 성탄절 예배는 앞에서 언급한 것처럼 찬양대 중심의 칸타타 예배 혹은 예수의 탄생을 축하하는 이벤트로 구성되어 있다. 성탄절 예배에서는 온 인류를 향한 하나님의 구속사적 계획이 회중들의 기도와 고백을 통해 분명한 목소리로 고백되어야 한다. 이해인 수녀의 '성탄기도'는 이와 같은 의미를 잘 담고 있으며, 예배 중에 회중들이 공동의 기도로 함께 고백할 수 있다.

> 세상 어둠 아무리 깊다 해도 마침내 별이 되어 오신 예수여
> 하늘과 땅을 잇는 존재 자체로 사랑의 詩가 되신 아기여
>
> 살아있는 우리 모두 더 이상 죄를 짓지 말고
> 맑은 마음으로 겸손하게 내려앉기를
> 서로 먼저 사랑하는 일에만 깨어 있기를
> 침묵으로 외치는 작은 예수여
>
> 세상일에 매여 당신을 잊었던 사람들도
> 오늘은 나직이 당신을 부릅니다
>
> 평화를 갈망하는 온 인류가 하나 되기 위해
> 진통 겪고 몸살 앓는 이 세상에
> 울면서 내려오신 평화 아기 기쁨의 아기여
> 진정한 성탄 선물은 당신으로부터 받아서

우리가 이루고 나누어야 할 평화와 기쁨뿐임을
다시 알아듣게 하소서
당신 만난 기쁨으로 첫눈 내리듯 조용히
처음으로 속삭이게 하소서
"메리 크리스마스"라고
모든 이웃에게…

예수님의 이름으로 기도합니다. 아멘.8)

    성탄 예배를 위한 공동의 기도문들은 여러 경로를 통해서 쉽게 구할 수 있다. 온라인 검색을 통해서도 쉽게 다양한 성탄 기도문을 찾을 수 있다. 하지만, 가장 좋은 기도는 예배 공동체가 함께 기도로 작성하는 기도문이다. 예배를 준비하는 소위원회를 구성하고, 이들로 하여금 절기에 따른 공동 기도문을 작성하도록 하면 가장 좋은 기도문을 준비할 수 있다.

IV. 주현절 예배

    한국 개신교에서 주현절의 현주소는 찬송가를 통해서 잘 알 수 있다. 현재 우리가 사용하는 찬송가에서는 불과 4곡의 주현절 찬송이 있지만, 그 어느 곡도 주현절의 의미를 잘 전달하고 있지 못하다.9) 예수를 빛으

---

8) 이해인 수녀의 '성탄기도'는 이해인 수녀의 홈페이지에서 가져왔다. http://haein.isamtoh.com. 이 기도문은 감리교신학대학교 교직원 성탄예배에서 공동기도로 사용되었다.

로 표현하고 있는 '찬란한 주의 영광은'의 1절은 주현의 이미지를 주고 있다. "찬란한 주의 영광은 영원히 빛날 광채요 참 빛을 비춘 예수는 생명의 빛이 되신다."10) 하지만, 예수의 그리스도 되심의 의미를 선언적으로 담고 있는 찬송은 찾을 수 없다.

성실교회를 담임하고 있는 이정훈 목사는 교회력에 따른 예배 자료들을 『성실문화』를 통해서 지속적으로 발표하고 있다. 특별히 한국의 전통 가락을 살리면서도 절기에 매우 적합한 찬송을 만들고 있다. 아래의 '예수님 세례 받으시던 날'은 주현절 찬송으로, 예수의 세례를 주현절의 의미에 부합하게 잘 만들었다.11)

주일 예배로 드려지는 주현절 예배는 특별한 순서를 삽입하기보다는 기도와 찬양을 통해서 이 땅에 구주로 오신 주님의 목적을 상기하고, 우리에게 맡겨진 사명에 대한 결단을 담을 수 있어야겠다. 주현절은 그리스도의 탄생을 알아보고 와서 경배한 동방의 박사들의 형상, 물을 통한 세례의 이미지, 빛으로 오신 그리스도의 영광과 광채, 그리고 가나의 혼인잔치에서 처음 기적을 행하신 능력의 주님의 형상이 예배를 통해서 드러나야 한다.

---

9) 찬송가 130장 "찬란한 주의 영광은," 찬송가 131장 "다 나와 찬송 부르세," 찬송가 132장 "주의 영광 빛나니," 찬송가 133장 "하나님의 말씀으로."
10) 찬송가 130장.
11) 이정훈, "복음서 말씀노래," 『성실문화』, 2013~2014년 대림절, 성탄절, 주현절, 77호 (경기도: 성실문화, 2013), 119.

5장_ 빛의 주기 예배 | 161

예수님 세례 받으시던 날

이 정훈 작사
최 지혜 작곡

말씀노래 (마태 3:13-17)
세마치

1. 천하의 예수께서 세례를 받으시려 갈릴리 고향 떠나 요한을 찾으시네 요단강 터줏대감 요한이 깜짝 놀라 깨끗하신 선생님을 제가어찌 씻으리요
2. 낮은데로 낮은데로 흘러가는 강물처럼 낮추시고 낮추시는 예수마음 하늘마음 맑디맑은 예수님이 요단강에 들어서니 호릿하던 요단물이 거울처럼 맑아지네
3. 요단강을 가르시고 물위로 나오실때 하늘을 가르시고 성령이 나리시네 내사랑 나의아들 내가그를 좋아한다 낮은데로 임하시는 성부성자 성령이여

6 장
사순절(생명의 주기)

I. 사순절의 의미

한국 개신교에서 사순절은 어떠한 의미로 성도들에게 다가올까? 필자가 신학교에 다니던 80년대에만 하여도 사순절이라는 개념이 크게 부각되지 못하였던 것으로 기억한다. 그러나 21세기에 들어 사순절은 개신교회마다 중요한 예배 프로그램의 한 축을 담당하게 되었다. 오늘의 많은 개신교회들은 사순절을 즈음하여 주님의 고난에 동참하기 위한 교회적 행사를 진행하는데, 그 기간은 다소 차이가 있지만, 많은 경우 특별새벽기도회의 형식을 통하여 사순절을 지키는 모습이다. 특별새벽기도회가 보편화되면서 이를 줄여서 '특새'라는 용어가 생겨나기까지 하였다. 하지만, 특별새벽기도회의 내면을 살펴보면, 사순절과 실제적으로 밀접한 관련이 있는 40일 간의 신앙여정이라고 보기 어려운 경우가 일반적이다. 오늘날 교회에서 행하는 40일 혹은 교회의 형편에 따라

조정된 일정으로 지키는 사순절 특별새벽기도회가 교회사적, 혹은 신학적 관점에서 조명하는 사순절의 의의와는 다소 차이를 보인다. 물론 일반화하여 이야기하기는 어렵겠지만, 필자가 경험한 사순절 기간의 '특새'는 일반적인 새벽기도회에 '특별'이라는 명칭을 붙임으로 교인들의 참여를 독려하는 목회의 한 프로그램으로 이해되는 경우가 많았다.

40일을 뜻하는 사순절. 40이라는 숫자를 성경적으로 풀면 어떤 의미가 있을까? 신명기의 말씀을 보면, 모세는 호렙 산에 올라가 40주 40야를 금식하며 여호와께서 허락하시는 언약의 돌판을 받으려고 그의 말씀을 기다렸다(신 9:9). 이스라엘 백성은 40년 동안 광야에서 하나님께서 약속하신 땅에 들어가고자 연단을 받았다(민 14:33). 하나님께서는 애굽 땅에 40년간 기근을 내리셔서 이스라엘 백성에게 심판을 내리시며 그 백성을 흩으셨다(겔 29:12). 열왕기상 19장에서 로뎀나무 아래에서 죽기를 간구했던 엘리야는 보내신 여호와의 천사를 통해 회복되고, 베푸신 음식물을 의지하여 40주야를 걸어서 호렙산에 이르렀다(왕상 19:8).

신약에서는 예수께서 세례를 통해서 하나님께 보내심을 받음에 대한 사명을 공고히 하시고 공생애를 시작함에 앞서서 40일 동안 광야에서 금식함으로 사역에 임하셨던 모습을 볼 수 있다(마 4:2).

신약에서는 예수께서 세례를 받은 후 공생애를 시작함에 앞서서 40일 동안 광야에서 금식함으로 사역에 임하셨던 모습을 볼 수 있다(마 4:2). 혹자는 예수께서 무덤에 머물렀던 시간이 40시간이었다고 주장하는 설도 있지만, 이는 실제 확인할 수 없는 하나의 추측에 불과하다. 우리는 굳이 주님이 무덤에 40시간 머물러 있었는지의 여부에 상관없이, 이미 40이라는 숫자를 통해서 기독교 절기에서 지켜야 될 숫자로서의 당위성은 충분히 수용할 수 있다고 본다.

　기독교 전통에서 40이 갖는 신학적 의미는 하나님의 구속사적 역사와 깊은 상관성이 있음을 알 수 있다. 구약의 40일, 혹은 40년은 하나님과 하나님의 백성, 혹은 한 특정 인물과의 관계 속에서 하나님의 뜻을 이루시기 위하여 참고 기다리시는 인고의 기간이었다. 하나님은 이 기간을 통해서 하나님의 백성됨의 의미를 가르치셨으며, 구속의 은총을 경험하도록 그들을 이끄셨다. 또한 그 백성과 인물에게는 하나님을 만나고 연합하기 위한, 더욱이 통회함을 통해서 하나님의 백성 됨을 회복하기 위한 시간이었다. 때로는 죽음을 목전에 두고 죽음을 맞아야 하는 상황을 맞이하였지만, 그를 통해서 오히려 구원하시는 하나님을 경험하였다. 신약성서에서 나타난 예수의 40일 광야에서의 금식은 하나님의 보내심을 입은 이의 목적이 잘 나타난 시간과 과정이었다. 죄인이 아님에도 세례를 받음으로 하나님의 아들로 이 땅에 보내심을 받은 목적을 세상에 알리신 예수는 광야에서의 40일 금식을 통해서 그의 그리스도 사역을 준비하였다. 인간을 구속하시기 위한 그의 준비의 기간은 다분히 하나님의 구속의 은혜를 전적으로 베풀기 위한 자기 비움의 자리였다.

　이와 같은 의미에서 사순절은 철저하게 하나님의 구속사적 은총에 대한 감사와 그리스도의 고난에 대한 구체적인 동참이 실제적으로 드러나는 시기이다. 교회는 막연하게 그리스도의 고난을 기념하는 것으로 사순절의 의미를 제한해서는 안 된다. 교회는 보다 구체적으로 그리스도의 고난에 동참함으로 그 백성의 고난 가운데 함께하시는 하나님의 모습을 발견하고, 그 백성을 구속하시는 하나님의 자비와 은총을 경험하는 시간과 공간을 반드시 제공해야 한다. 예수께서 행하셨던 유월절의 신비가 그리스도의 몸 된 공동체에서 경험되고 선포될 때 진정한 의미의 사순절이 경험될 수 있다.

하나님께서 허락하시는 구원의 은총의 본질은 철저한 회개의 과정을 통해서만 경험될 수 있다. 결국 사순절기는 회개의 시기이다. 이러한 회개의 시간은 우리가 누구인지를 되돌아보게 할 뿐 아니라, 우리가 어디에 속한 사람인지에 대한 자아의 정체성을 확인하는 기간이 될 것이다. 이 절기는 철저하게 우리의 삶의 위치(Location)를 발견하고 그 위치가 하나님을 떠난 삶의 위치(Dislocation)인 것을 깨달아 알아서 우리 자신을 하나님께 소환하여 그 자리를 재설정(Relocation)하는 시기이다. 즉, 그리스도인들은 사순절기 동안 그리스도와 동행하는 신앙여정을 통하여 자신이 누구인지를 재확증하게 된다.

II. 유월절의 신비

파스칼 신비(Paschal mystery)와 기독교는 무슨 관련이 있을까? 파스칼의 신비와 그리스도인의 삶은 어떠한 상관성이 있을까? 그 어원이 유월절에서 기인하였기에 파스칼 신비는 유월절과 연관하여 그 의미를 파악하는 경향이 있다. 한국의 기독교인들에게 유월절은 여전히 구약시대 유대인의 절기로 익숙하기에, 유월절 신비와 그리스도인의 신앙과의 연관성을 살피는 것이 쉬운 일은 아닐 것이다. 이는 한국의 그리스도인에게 뿐 아니라, 기독교 전통에 익숙한 서구의 교인들에게도 그러하다.

유월절의 영어 표현은 passover이며, 이는 히브리어 페사흐(pesah)를 번역한 것으로, 이스라엘 백성이 고대 히브리의 농경문화에서 봄에 펼쳤던 축제를 일컬었던 표현이었다.[1] 보다 구체적으로 유월절은 이스라엘 백성들이 애굽의 종살이 동안 하나님이 그의 백성을 구속사적 계획 속에서 연단하며 돌보셨던 역사적 사건에 대하여 기억하는 절기이다. 죽음을 뛰어 넘게 하셨던 하나님의 은혜를 기억하며 유월절의 어린 양을 대속물, 즉 희생의 제물로 바쳤다. 무교병을 먹으며 조상들의 경험을 기억하는 유대인의 절기는 오늘의 유대인들이 여전히 중요하게 지키는 절기이다.

사도 바울은 고린도전서를 통해서 유월절의 의미를 다음과 같이 가르치고 있다. "우리의 유월절 양 곧 그리스도께서 희생되셨느니라. 이러므로 우리가 명령을 지키되 묵은 누룩으로도 말고 악하고 악의에 찬 누룩으로도 말고 누룩이 없이 오직 순전함과 진실함의 떡으로 하자"(고전 5:7-8). 유월절의 어린 양을 그리스도의 희생과 연결함으로 하나님의 이스라엘 백성을 향한 구속의 은총이 그리스도를 통하여 유대와 온 사마리아, 그리고 땅 끝까지 동일하게 임하는 하나님의 역사임을 선언하고 있다. 한국어 번역본으로는 이 절기에 대한 이해가 명확히 다가올 수 없다. 단순히 '우리가 명령을 지키자'라고 번역되어 있지만, New Revised Standard Version에 따르면, "Therefore, let us celebrate the festival"로 번역되어 있다.[2] 이 구절의 성찬과의 연관성에 대해서는 학자들 사이에 이견이 있지만, 절기의 중요성에 대해서는 많은 일치를 보이고 있다. 바울은 유월절 어린 양의 희생제의적 이미지와 고난, 죽음, 그리고 부활의 이미지로서 그리스도를 표현하고 있다. 더욱이 유월절 신비의 이미지로서 부활의 그리스도가 축제의 중심에 있다. 이에,

---

1) Thomas J. Talley, *The Origins of the Liturgical Year* (Minnesota: The Liturgical Press, 1986), 1.
2) *New Revised Standard Version: the New Oxford Annotated Bible with the Apocrypha* (New York: Oxford University Press, 1991), 234.

단순히 유월절 사건을 기억할 것이 아니라 '축일'(festival)에 보다 적극적으로 '참여하여 축하(celebrate)'할 것을 명령하고 있다.3) 바울의 명령에서 우리는 유월절 의미를 한정적으로 이해해서는 안 된다는 것을 알 수 있다. 바울은 유월절과 십자가와 부활의 신비를 축제의 의미로 엮어서 설명하고 있다.

파스칼의 신비는 예수의 고난, 죽음, 그리고 부활을 통해 나타나는 하나님의 구속사적 은총에 대한 신비로 이해해야 된다. 기독교 예배의 가장 본질적 이해는 이와 같은 파스칼의 신비와 그 핵심을 같이 한다. 기독교 예배는 예수 그리스도의 고난, 죽음, 그리고 부활의 사건을 기념하는 인간들의 종교적 행위로 정의될 수 있기에, 파스칼의 신비와 매우 밀접한 관계를 갖고 있다. 예수 역시 자신의 죽음을 앞두고 유월절을 지키기 위해서 자신의 제자들을 보내어 준비하게 하셨다(막 14:14, 마 26:18, 눅 22:8).

III. 사순절의 기원

부활절을 준비하는 절기인 사순절은 그리스도의 고난과 죽음에 동참함으로 부활의 신비를 극대화함에 그 목적이 있다. 이를 통하여 하나님의 구속의 은총을 삶에서 실제적으로 경험할 수 있도록 회중들을 인도하는 40일 간의 영적 여정이다. 부활절은 기독교의 시작과 함께 지켜온 가장 큰 절기이다. 부활절은 단순히 주님의 부활을 기뻐하는 행사가 아닌, 그리스도의 죽음과 부활을 통한 하나님의 구원역사의 완성을 기

---

3) Thomas J. Talley, *The Origins of the Liturgical Year*, 4.

억하며 기쁨으로 참여하는 시간과 공간이다. 이와 같은 이유에서 부활절은 단 하루의 축일(feast day)로 지켜져서는 안 되며, 부활절기(Eastertide)로 지켜져야 된다. 초대교회는 부활의 의미를 교회로 하여금 깊이 경험할 수 있도록 하기 위하여 고난주간을 특별히 지켰다. 하지만, 시간이 지나면서 교회는 부활절기를 고난주간 한 주간의 준비절기로는 충분하지 못함을 깨닫게 되었으며, 그 기간이 늘어나게 되었다.

4세기를 시작하면서 교회는 성금요일 예배로 시작하여 부활주일 새벽예배까지 성삼일(triduum) 예배를 고난주간 예배의 중심에 자리하게 하였다. 이러한 성삼일 예배는 로마교회를 중심으로 정형화되기 시작하였다. 이후 교회는 세족목요일 예배로 불리는 성 목요일 예배까지 포함하여 4일 동안을 성삼일 예배라 칭하였으며, 오늘에 이르는 성삼일 예배의 기본적인 틀을 형성하였다. 이후 교회는 세족목요일(Maundy Thursday), 성 금요일(Good Friday), 그리고 성 토요일(Holy Saturday) 예배를 성삼일 예배로 정했으며, 부활절 새벽예배는 제외하였다. 비록 일부 전통에서는 부활절과 연이은 월요일과 화요일을 부활절 성삼일로 지키기도 하였지만, 이는 일반적인 형태의 부활절 축하절기의 모습은 아니었다.[4]

그렇다면 언제부터 40일의 사순절이 시작되었을까? 그리고 그 40일의 시작은 어느 날부터 계수하였을까? 흥미롭게도 40일의 사순절의 시작도 4세기부터 지켜졌다. 교회는 한 주간의 고난주간만으로는 부활절을 준비하는 절기로 삼기에 너무 짧다고 생각했을 것이다. 그렇다면 그 시작은 재의 수요일(Ash Wednesday, 성회수요일)로부터였을까? 그러나 재의 수요일로부터 시작되는 사순절은 11세기부터였다.[5] 4세기

---

[4] Josef A. Jungmann, S. J., *The Early Liturgy: To the Time of Gregory the Great* (London: Darton, Longman & Todd, 1959), 253.

의 사순절의 시작은 부활절이 언제부터 시작되느냐에 따라서 달라졌다. 부활절이 성 금요일부터 시작이 될 경우에는 그로부터 40일을 역으로 계수하여 사순절을 시작하였다. 혹은 부활절을 성 목요일 예배부터 지켰던 곳에서는 성 목요일 예배로부터 40일을 역으로 계수하여 사순절을 지켰다. 초대교회에서 중요한 것은 사순절을 시작하는 첫 주일(*Quadragesima*)이었다.6) 비록 그 이전에 사순절이 시작되었더라도 교회는 그 첫 주일을 사순절의 첫 날로 지정하여 지켰다. 첫 주일을 기점으로 교회는 철저하게 그리스도의 고난과 죽음에 집중하며, 그 고난과 죽음에 동참하기 위한 신앙적 훈련의 자리에 성도들의 참여를 독려하였다.

사순절 기간 동안 교회는 고행과 금식을 통해서 주님의 고난에 동참하였다. 금식의 경우 복음서에 나타난 주님의 40일 금식과 밀접한 관계를 가지고 있다. 이와 같은 기록들은 아타나시우스의 편지를 통해서도 알 수 있으며, 레오 교황의 설교 시리즈를 통해서도 사순절이 지켜졌음을 알 수 있다. 레오 교황은 '40일 동안의 영적인 훈련' 기간으로 사순절을 명시하며, 매일의 삶에서 우리에게 있는 더러운 것들을 정결하게 하며 살 것을 명령하고 있다.7) 많은 경우 사순절 기간 동안 철저한 금식을 한 것으로 알고 있지만, 40일은 준비기간으로서의 성격이 강하였기에 40일 전체의 금식은 아니었다. 초대교회에서 일반적으로 행해졌던, 수

---

5) 재의 수요일에 관한 자세한 내용은 이후의 재의 수요일 부분에서 보다 구체적으로 언급할 것이다. 자세한 내용은 아래의 서적을 참고하라. Adolf Adam, *The Liturgical Year: its history & its meaning after the reform of the liturgy* (New York: Pueblo Publishing Company, 1981), 98.
6) Josef A. Jungmann, S. J., 254.
7) Matias Auge, C.M.F. "The Liturgical Year in the Roman Rite," in Anscar J. Chupungco, *Handbook for Lirutgical Studies Volume V, Lirutgical Time and Space* (Collegeville, Minnesota: The Liturgical Press, 2000), 183.

요일과 금요일 금식의 행위에, 추가적으로 토요일에도 금식을 행하였다. 4세기 후반에 들어서 이러한 금식 행위는 좀 더 엄격해졌으며, 로마를 중심으로 고난주간에 가까운 3주간 동안 철저한 금식을 하는 훈련이 정례화되기 시작하였다. 이후 6세기에 이르러서 사순절 전체 기간 동안의 금식이 자리를 잡게 되었지만, 주일에 금식을 행하는 것은 부활절의 의미와 상반되기에, 종국에는 사순절 기간의 34일 동안의 금식을 행하였다.8) 결국 초대교회에서의 사순절은 철저한 금식을 통해 주님의 고난에 동참하는 기간이었으며, 주님의 부활을 준비하는 절기로 자리매김을 하였다. 비록 교회는 이러한 영성 훈련의 참여를 교회법으로 명시하고 있지는 않지만, 거룩한 고난에 동참을 통하여 육신의 한계를 넘어서 그리스도와 깊은 영적인 교제를 이룰 수 있도록 가르쳤다.

특별히 교회는 전통적으로 사순절 기간 동안 죄의 문제에 더 민감하게 반응하였다. 사순절 기간 동안에 세례 예비자들이 부활절 새벽 예배에 받을 세례예식에 대한 준비의 과정으로 세례교육을 받는 것도 이와 깊은 관련이 있다. 또한 교회는 고행을 통해서 자신의 죄를 돌아보며, 죄를 회개하고 통회하는데 집중하도록 가르쳤다. 자신의 삶에서 죄와 타협하는 부분은 몰아내고, 죄를 고백하고, 영적인 거룩함을 행함으로 그리스도와 화해하며 연합을 위해 노력하였다. 이를 위해 이들은 금식, 고행, 묵상, 금욕, 신앙의 고양을 위한 기도와 말씀의 묵상을 하였다.

---

8) 교회는 이후에 성 금요일과 성 토요일을 금식하는 날에 추가하며 금식의 날을 36일로 늘렸다. 이전에도 언급하였지만, 사순절의 40일을 계수하는 방식은 성삼일이 포함되지 않는 경우가 많았기에, 금식의 날을 계수하는 방식에 조금의 차이는 있을 수 있었다. 현대에는 주일을 제외한 40일을 사순절로 지키지만, 이는 11세기 이후에 정례화된 예식이며, 초대교회 당시에는 주일을 포함한 40일을 사순절로 지켰다. Josef A. Jungmann, S. J., 254-255.

IV. 사순절의 현대적 의미와 적용

사순절의 핵심은 결국 참회에 있다. 참회로 시작한 사순절은 참회의 과정을 통해서 참회의 완성인, 그리스도와의 부활을 경험하는 것을 그 우선의 목적에 둔다. 주님께서 복음 사역을 시작하셨을 때 가장 먼저 우리에게 하신 명령은 바로 "회개하라"(마 4:17)였다. 현대인들에게 참회라는 사회적 개념은 그리 달가운 표현이 아니다. 책임의 소지를 중요시하는 현대의 사회풍조에 비춰보면, 잘못을 인정하고 뉘우치는 것은 실패와 밀접한 관계를 맺는다고 생각할 수 있다. 그럼에도 불구하고 교회는 사순절을 통해서 실패의 아픔, 그릇됨의 오류, 그리고 거짓의 어두움을 몰아내는 경험을 제공해야 한다. 그리스도인들이 이 기간 동안 단순히 자신의 죄를 회개하는 의미로 몇 끼의 금식을 행하거나, 개인의 유흥을 절제하는 것으로만 생각해서는 안 된다. 더욱이 교회는 이 기간 동안 그리스도인들이 회개에 집중할 수 있도록 최선의 영적 순례를 제공해야 한다.

비록 오늘의 한국교회에서는 온전한 40일의 사순절을 지키지 못하는 현실이지만, 사순절의 의미는 부분적으로 교회의 신앙 프로그램에 반영되고 있다. 사순절은 예수 그리스도의 고난, 죽음, 그리고 부활을 경험하기 위한 40일 간의 영성 순례이다. 일상의 삶에서 반복적으로 경험하는 사회적, 경제적, 그리고 문화적 위기 상황과 그로 인해서 경험하는 고난, 위기, 아픔, 상처, 헤어짐, 소외 등과 같은 경험 속에서도 그리스도인으로서의 정체성으로 이겨나갈 수 있는 신앙적 체험을 하는 기간이다. 죽음을 이기신 예수 그리스도의 파스칼 신비를 통해서 삶의 무게와 질고를 이겨낼 수 있는 영적 힘을 얻는 기간이다. 이를 위해 교회는 주님의 고난의 자리에 함께해야 한다.

1. 말씀을 통한 새벽기도회

한국 개신교 새벽기도의 역사를 통해 볼 때, 새벽기도회가 한국교회에 정착하여 오늘에 이르게 된 배경에는 농경문화에 기초한 생활 양식이 중요하게 작용했을 것으로 생각된다. 초대교회와 같이 하루를 시작하기에 앞서 동트기 전에 하나님의 몸 된 전에 나와 기도하는 것이 농경이 중심이 되었던 한국 개신교인들의 삶의 주기와 잘 맞았을 것이다. 하지만, 현대의 그리스도인들에게 새벽기도는 삶의 패턴과 결이 잘 맞지 않는다. 특별히 청소년과 젊은이들에게 늦은 밤은 생산의 시간이 되었으며, 맞벌이가 늘어나고 있는 오늘날 직장인들에게 늦은 밤은 업무 시간이 되어버려서 가족끼리도 시간을 갖기 어렵다. 이러한 현실 속에서 새벽기도회로의 초대가 자칫 무리한 교회적 요구로 비춰질 수 있다. 비록 현실적으로는 모이기 힘들지만, 역설적으로 그러하기에 더욱 교회는 교인들의 모임을 위한 유의미한 예배를 제공해야 하며, 이를 통해서 그리스도의 몸 된 교회를 함께 세워가야 한다. 사순절 기간 동안 행해지는 새벽기도의 모임은 그리스도의 몸 된 공동체를 함께 세우기에 가장 합당한 신앙훈련이다.

닐 알렉산더(Neil Alexander)는 예수 그리스도를 기념하기 위해 모인 예배 공동체에서 괴리감이 나타나는 것을 경고하고 있다. 예배 공동체 내에서 개인의 이해와 신앙 공동체의 본질 사이에 괴리감이 생겨나고 있는 것을 현대 교회의 가장 큰 위험 가운데 하나로 경고하고 있다.[9]

---

9) Neil Alexander, ed., "In Time and Community: Individualism and the Body of

교회 공동체를 통해서 자신의 필요가 채워지지 않거나 공급되지 않으면, 교회의 필요성까지 부인하는 현대 기독인들의 모습은 개인화 혹은 가족 중심화 된 현대 기독교인들의 이기적인 단면을 잘 나타내고 있다. 이는 다시 말해서 예배 공동체인 교회를 찾는 가장 큰 이유 가운데 하나가 자신의 필요를 채우기 위한 하나의 종교행위로 이해될 수 있다는 것이다.

현대 사회가 개인화를 촉진하고 있는 모습을 보이고 있지만, 한국교회가 오랜 시간 동안 개인의 구원에 집중하면서 주님의 몸 된 교회로서의 공동체성이 약해지고 있는 것은 큰 도전과 위기이다. 교회 공동체는 세례 공동체, 성찬 공동체, 하나님의 말씀 공동체, 죄를 고백하고 용서받는 공동체, 또한 위로하며 위로를 받는 공동체로 세움 받아야 된다.10) 하지만 현대 그리스도인들에게 위와 같은 공동체성은 희박해져가고, 오히려 개인의 정체성만이 공고해지고 있는 모습이다. 그리스도인들의 예배 공동체성이 회복되기 위해서는 그리스도의 지체로서의 자기 정체성이 분명해야 된다. 사순절에 행해지는 새벽기도회는 분주한 일상을 살고 있는 현대 그리스도인들에게 시간과 물질의 개인적 헌신을 통해서 예배 공동체의 정체성을 회복해 가는 매우 중요한 신앙의 여정이 될 수 있다. 더욱이 이 여정이 그리스도의 고난을 기념하는 시간과 공간이 되기에, 그리스도와의 연합과 성도의 연합을 공히 경험할 수 있다.

한국교회에서 행하는 특별새벽기도회는 초대교회의 전통으로 볼 때 상관성이 많은 사순절 영성 훈련 프로그램이다. 사순절 기간에 행하는

Christ," in *Time and Community* (Washington D.C.: The Pastoral Press, 1990), 291.
10) *Ibid.*, 298.

금식과 고행이 개별적 영성 훈련이라면, 교회 공동체가 하나의 그리스도의 몸 된 공동체로서 그리스도의 고난에 함께 동참하며 신앙의 정진을 위해 예배로 모이게 되면, 이는 성도들이 예배자로 하나 됨과 연합됨을 경험하는 공동체적 영성 훈련이 될 수 있다. 초대교회 당시 사순절 기간에는 주일뿐 아니라 주중에도 매일 예배로 모여 주님의 사역을 묵상하고, 영적인 재각성과 회개의 시간을 가졌다.11) 정교회의 경우 아침 기도회와 저녁 기도회가 정기적으로 있지만, 사순절 기간에는 그 중간에 3시와 6시에 시편 중심의 말씀을 읽고, 기도를 드리는 시간을 가졌다.12) 하지만 이러한 특별새벽기도회가 일반적으로 행하는 새벽기도회와는 분명 차별화된 모습으로 진행되어야 한다. 사순절 특별새벽기도회는 철저히 사순절의 영성이 드러날 수 있는 말씀과 기도가 있어야 한다. 물론 교회가 자체적으로 사순절의 영성을 잘 드러낼 수 있는 말씀의 본문을 정하여 교회 공동체가 함께 읽고 묵상하고 이를 근거로 사순절을 지내는 것도 매우 바람직할 것이다. 하지만 서구의 많은 교회들은 이미 전통에 따라서 교회력에 따른 성서 일과(Lectionary)에 맞춰 사순절뿐 아니라 절기마다 성경 본문을 읽고 있다.

한국 개신교회는 일반적으로 교회력에 따른 성서 일과를 따르지 않기에 이 기간에는 교회력에 따른 성서 일과의 주제들을 사순절 특별새벽기도회에 다루는 것도 매우 새로울 것이다.13) 비록 현대 개신교단에

---

11) Josef A. Jungmann, S. J., 256.
12) 알렉산더 슈메만,『대 사순절, 부활절을 향한 여행』, 박노양 옮김 (서울: 정교회출판사, 2013), 71.
13) 성서 일과, 성무일과, 혹은 성서정과라고 칭하는 교회력에 따른 성경본문의 교훈은 정확한 그 역사를 알기는 어렵다. 하지만, 현재 한국교회에 소개된 교회력에 따른 성서 일과는 1983년 북미 영어권의 12개 교단에서 만들었던 The Common Lectionary의 번역본이 보급되었으며, 그 개정판이 1992년에 The Revised Common Lectionary로 출

서는 교회력에 따른 성서 일과가 널리 보급되어 있지는 않지만, 그 지정된 성경구절이 절기에 적합하도록 구성되어 있기에 사순절 기간 새벽기도회에 묵상한다면 가장 적합한 말씀 묵상 훈련이 될 것이다. 특별히 시편은 사순절 기간에 묵상하기 가장 좋은 구절들로 이루어져 있다. 시편은 기도, 회개, 그리고 경배와 찬양이 가장 잘 조화를 이루고 있으며, 누가 읽어도 기도와 찬양과 고백이 될 수 있도록 구성되어 있다. 정교회에서는 사순절 동안 시편 150편 전체를 한 주간 동안 두 번 읽을 수 있도록 하고 있다.14) '개정공동성서정과'(The Revised Common Lectionary)는 다음과 같은 시편 구절들을 제시하고 있다. 시편 19, 22:23-31, 23, 25:1-10, 27, 31:9-16, 32, 45, 51:1-17, 63:1-8, 91:1-2, 9-16, 95, 107:1-3, 17-22, 118:1-2, 19-29, 121, 126, 130. 이 시편의 말씀을 설교의 본문으로 삼을 수도 있지만, 그보다는 성도들과 함께 공동

간되어 오늘에 이르렀다. 비록 한국 개신교 전통에서는 보편적으로 활용되지 못하는 현실이지만, 가톨릭과 루터교, 그리고 성공회에서는 철저하게 성서 일과에 따른 일과와 주일을 지키고 있다. Lectionary란 말은 넓은 의미에서 "교회력에 있는 특별한 절기의 예배를 위해 선택된 본문들의 체계"를 지칭한다. 성서 일과는 A, B, C년으로 동일한 본문이 3년 주기로 돌고 있으며, 매 주일 구약, 시편, 서신서, 그리고 복음서에서 말씀을 읽는다.

성서 일과에는 크게 두 가지의 원리가 있는데, lectio continua와 lectio selecta이다. 전자는 성경을 지속적으로 읽는 방식으로 어느 특정한 책을 처음부터 끝까지 지속적으로 읽어 가는 방법이다. 후자의 경우는 절기에 따라서 선택적으로 읽되 주제를 가지고 읽어가는 방식이다. 유대교 전통에서는 포로기 이후에 성전에서의 예배가 불가하게 되었을 때, 회당에서 구약의 말씀들을 정한 날에 읽는 전통이 형성되었다. 누가복음 4장 16절 이하의 말씀에서 회당에서 예수님은 당시 lectio continua 전통에 따라 읽어야 되었지만, 주님은 자신이 이 땅에 보내심을 받은 목적을 이사야 선지자의 예언을 통하여 선포하고 있으며, 이에 회당의 사람들이 분노하는 모습을 그리고 있다. 자세한 것은 아래의 논문 참고하라. 김경진, "개정공동성서정과(The Revised Common Lectionary)의 한국적 적용에 대한 문제점과 개선점에 대한 연구," 『장신논단』 제 33집 (2008년 12월), 201-228.

14) 알렉산더 슈메만, 『대 사순절, 부활절을 향한 여행』, 71.

의 기도를 위한 기도문으로 활용하는 것도 매우 유용하다. 한 주 단위로 사용할 수도 있고, 12편의 기도문을 반복적으로 사용할 수도 있을 것이다.

시편 25편 1절부터 시작되는 기도를 회중들과 함께 하는 기도로 구성해 보았다.

> 인도자 여호와여 나의 영혼이 주를 우러러보나이다
> 　　　　나의 하나님이여 내가 주께 의지하였사오니
> 　　　　나를 부끄럽지 않게 하시고
> 　　　　나의 원수들이 나를 이겨 개가를 부르지 못하게 하소서
> 　　　　주를 바라는 자들은 수치를 당하지 아니하려니와
> 　　　　까닭 없이 속이는 자들은 수치를 당하리이다
> 　회 중 여호와여 주의 도를 내게 보이시고 주의 길을 내게 가르치소서
>
> -침묵-
>
> 인도자 주의 진리로 나를 지도하시고 교훈하소서
> 　　　　주는 내 구원의 하나님이시니
> 　　　　내가 종일 주를 기다리나이다
> 　　　　여호와여 주의 긍휼하심과 인자하심이 영원부터 있었사오니
> 　　　　주여 이것들을 기억하옵소서
> 　회 중 여호와여 주의 도를 내게 보이시고 주의 길을 내게 가르치소서
>
> -침묵-

> 인도자 여호와여 내 젊은 시절의 죄와 허물을 기억하지 마시고
> 　　　　주의 인자하심을 따라 주께서 나를 기억하시되
> 　　　　주의 선하심으로 하옵소서
> 　　　　여호와는 선하시고 정직하시니
> 　　　　그러므로 그의 도로 죄인들을 교훈하시리로다
> 　　　　온유한 자를 정의로 지도하심이여
> 　　　　온유한 자에게 그의 도를 가르치시리로다
> 　　　　여호와의 모든 길은
> 　　　　그의 언약과 증거를 지키는 자에게 인자와 진리로다
> 회 중 여호와여 주의 도를 내게 보이시고 주의 길을 내게 가르치소서
>
> -침묵-
>
> 인도자 예수 그리스도의 이름으로 기도합니다.
> 다함께 아멘

　　구약의 말씀은 창세기(2:15-17; 3:1-7, 12:1-4a, 9:8-17, 15:1-12, 17-18, 17:1-7, 15-16), 출애굽기(17:1-7, 20:1-17), 민수기(21:4-9), 신명기(26:1-11), 여호수아(43:16-21), 사무엘상(16:1-13), 예레미야(31:31-34), 이사야(7:10-14, 43:16-21, 50:4-9a, 55:1-9), 그리고 에스겔(37:1-14)을 본문으로 삼을 수 있다. 일반적으로 사순절 기간에는 그리스도의 고난에 중심을 두고 있다는 생각에 구약을 중심으로 말씀을 전하기에 부담을 가질 수 있다. 하지만, 사순절 기간은 하나님의 구속사적 관점에서 말씀의 전개가 이루어져야 하기에, 오히려 구약의 말씀으

로 시작되는 사순절이 참여하는 회중들에게 큰 신앙적 의미를 줄 수 있다.

서신서의 말씀은 로마서(4:1-5, 13-25, 5:1-11, 5:12-19, 8:6-11, 10:8b-13), 고린도전서(1:18-25, 10:1-13), 고린도후서(5:20b-6:10), 에베소서(2:1-10, 5:8-14), 빌립보서(2:5-11, 3:4b-14, 3:17-4:1), 히브리서(5:5-10, 10:4-10), 그리고 베드로전서(3:18-22)로 묵상할 수 있다. 복음서의 말씀은 이후 사순절 주일의 특징들과 말씀의 영역에서 보다 구체적으로 열거하겠지만, 전통적으로 요한복음이 많이 읽힌다. A 해에는 마태복음, B 해에는 마가복음, 그리고 C 해에는 누가복음을 가지고 예수의 수난사를 중심으로 구성되어 있으므로 이를 본문 삼아서 회중들을 영성의 길로 인도하면 좋다.15)

2. 금식

금식은 이미 한국교회에서 널리 행해지고 있는 신앙 훈련이다. 필자의 돌아가신 어머니께서는 성 금요일이면 어김없이 가족 모두에게 일일 금식을 강요하셨다. 비록 나의 모친께서 어린 나에게 그 이유를 잘 설명하셨을 것이라 생각되지만, 설득을 통해서라기보다는 모친의 강요로 금식을 했을 가능성이 높으며, 필자의 기억 속에 있는 것은 그저 배고픔뿐이었다.

금식을 하는 목적은 무엇일까? 금식은 이를 행하는 사람의 신앙의 연단과 훈련을 우선적인 목적으로 둬서는 안 된다. 금식을 통해서 인내

---

15) 기독교대한감리회 홈페이지에서는 교회력에 따른 설교 본문을 제공하고 있다. 하지만, 3년 전체주기를 제공하지는 않고 해당년도의 본문들을 제공한다. http://www.kmc.or.kr/calendar. 하지만, 아래의 정보를 통해서 3년 주기의 교회력을 모두 볼 수 있다. http://lectionary.library.vanderbilt.edu/.

를 배우겠다는 목적을 우선에 두거나, 금식의 고통을 통해서 단순히 그리스도의 고난에 동참하겠다는 목적을 우선에 두는 경우 자기중심적 이해 속에서 금식을 행하게 된다. 금식의 참되며 우선적 목적은 철저하게 하나님과의 관계를 새롭게 확립하며, 이를 통하여 스스로 하나님에게 속한 백성임을 깨닫기 위함이다. 주님께서 금식을 통하여 자신이 누구임을 세상에 공고히 선언하셨듯이16), 금식에 참여하는 그리스도인들은 금식을 통하여 스스로 누구인지를 깨달을 뿐 아니라 그리스도인으로서의 정체성을 세상에 드러내는 과정이다. 이는 사순절의 영성과 목적에 매우 부합된다.

사순절의 영성은 그리스도인들에게 죄악으로부터 돌아서서 하나님에게 돌아올 것을, 자신을 죄악의 올무에 걸리게 하는 세상의 것들로부터 자유로울 것을 요청하고 있다. 이를 위해 초대교회부터 성도들은 금식을 통하여 세상의 죄로부터 단절된 삶을 살도록 훈련받고 지도받았다. 금식과 죄악을 끊는 것이 어떠한 상관관계가 있을까? 이는 바로 절제에 대한 상징적인 표시이다.

웨버는 두 가지 종류의 금식을 소개하고 있다. 전체금식(the total fast)과 고행금식(the ascetical fast)이다. 전체금식은 하루나 이틀 정도의 한정된 짧은 기간 동안 음식을 취하지 않는 철저한 금식이다. 이 금식은 사순절 기간의 특정한 날에 행해진다. 재의 수요일이나 성삼일(Triduum)에 행해질 수 있다. 이 기간의 금식은 특별히 곧 다가올 부활절에 대한 기대감을 가지고 행하게 된다. 웨버는 다음과 같이 기록한다. "그래서 금식이란 외면적인 수련이 내적인 체험을 안내하는 셈이다. 금식하는 가운데 음식을 거부함으로써 부각되는 기대감은 거의 대부분이 그

---

16) 마태복음 4:1-11.

성삼일의 마지막에 있는 성만찬에 참여하는 기쁨으로 점진적으로 고조되어 가면서 결국 그 기대감이 성취된다."[17] 즉, 금식에 참여하는 성도는 전체금식을 통해서 예수 그리스도와의 연합을 기대하도록 요청받게 된다. 금식을 통한 인내와 고통은 그리스도께서 자신을 전적으로 내어주셨던 은혜의 수단에 대한 기대감으로 변하며, 인내가 기다림으로, 고통이 하나님의 자비하심으로 변화되는 파스칼의 신비로 인도된다.

고행금식은 전체금식과 달리 오랜 시간 진행된다. 고행금식은 금식 기간 중에 탐식을 배제하기 위해 노력한다. 금식과 탐식은 매우 밀접한 관계가 있다. 정교회 이콘에 나타난 성인들의 모습을 보면 탐식을 멀리하고자하는 그들의 마음을 볼 수 있다. 음식에 대한 탐심을 멀리하려는 의도는 성인들의 수염에 덮여 있는 작은 입을 통해서 볼 수 있다. 일일일식 혹은 소량의 식사를 하거나, 육류나 단 것을 빼고 식사를 하기도 한다. 이러한 금식을 통해서 고행금식에 참여하는 성도는 "심령을 억압하는 육체의 욕망, 즉 아담을 파멸에 몰아넣은 그 권세로부터 자유롭게 되며 결국 성도는 시기심과 질투, 분노, 욕정, 진실성의 부족, 혹은 자신의 삶 속에서 일종의 문젯거리라 생각되는 영적 장애물들에 대한 승리를 경험하는 한 가지 수단으로서 금식을 선택할 수 있다."[18]

이와 같은 행위를 통한 금식이 육체적 훈련과 영적인 그리스도와의 연합을 이루지 못하면 금식의 목적이 호도될 수 있다. 금식은 철저히 신앙적 행위와 연합되어야 된다. 기도와 말씀의 묵상과 함께 하지 않는 금식은 살을 빼기위한 다이어트 행위와 크게 다를 바 없으며, 금식을 통해

---

17) 로버트 E. 웨버,『교회력에 따른 예배와 설교』이승진 옮김 (서울: 기독교문서선교회, 2006), 158-159.
18) *Ibid.*, 159.

서 오히려 자의적 존재감만을 높이는 결과를 낳을 수 있다. 이는 사순절의 의미와는 무관한 행위이다. 하지만, 의지적 행위와 신앙적 고백이 함께 병행된 온전한 금식이 이루어질 경우 매우 깊은 영적인 체험을 경험할 수 있는 시간이 되며, 주님이 주시는 은혜의 수단을 경험하게 된다.

사순절 기간 동안 행해지는 금식이 주일에는 중단된다. 주일이 주님의 부활을 축하하는 날이기에 사순절에 포함시킬 수 없는 것도 중요한 이유였지만, 실제적인 이유는 주일은 주님의 명령에 따라서 주님을 기억하기 위한 떡과 잔의 나눔을 행하는 날이었기 때문이었다. 성찬에 참여하는 주님의 백성들은 종말론적 신앙고백과 함께 하나님 나라에 대한 확신이 있었다. 주일은 "하나님 나라의 날을 향한 순례와 여행"이기에 "주일은 금식의 날이 아니라 영적인 기쁨의 날이었다."[19] 매 주일 행해지는 성찬이 갖는 의미와 금식의 목적이 상치되기에, 주일에는 자연스럽게 금식을 금하였다. "이것은 다른 말로 하면 주일은 하나님 나라의 날을 향한 순례와 여행이라는 특징을 두드러지게 보여주는 이 대 사순절 기간에 속하지 않는다는 것을 의미한다."[20]

초대교회 공동체에는 사순절 기간에 행해지던 금식을 위한 다양한 기도와 찬양이 있었다. 특별히 동방의 교회에서는 시간이 지나면서 사순절 기간의 금식이 형식화되는 것을 막기 위해서 사순절 기간에 함께 읽고 고백하는 성가집을 만들었다. 『뜨리오디온』[21]이라고 불렸던 이

---

19) 알렉산더 슈메만, 『대 사순절, 부활절을 향한 여행』, 93-94.
20) *Ibid.*, 93.
21) 뜨리오디온은 사순절, 고난주간, 부활절과 관련 있는 용어이다. 뜨리 오디온 의 의미는 세 개의 '오디'라는 의미이다. '오디'는 정교회에서 아침에 드리는 기도회에서 부르는 성가로 이해하면 된다. 사순절 기간의 아침기도회인 '조과'에서 세 개의 성가를 매주 세 개씩 부른다는 의미로 뜨리오디온이라 명칭한 것으로 추측한다. 보다 자세한 내용은 정교회 홈페이지에서 확인 할 수 있다. http://orthodoxwiki.org/Lenten_Triodion.

전례서에는 절기에 어떻게 영과 육의 금식을 행해야 하는지 잘 안내하고 있다.

> 내 영혼아, 네가 금식하는 것에 대해 자랑하는 것은 헛된 일이다.
> 네가 비록 음식을 먹지는 않지만
> 욕정들로부터 정화되지는 못했음이로다.
> 금식이 너를 다시 일으켜 세우지 못한다면
> 하느님께서는 너를 거짓말쟁이로 취급할 것이다.
> 극악한 악마들도 아무것도 먹지 않으니
> 네가 그들과 다를 게 없기 때문이다.
> 그러므로 죄에 빠져 너의 금식이 무익한 것이 되지 않도록 하여라.
> 반대로 십자가에 달리신 그리스도 곁에 머물러 있음으로써,
> 더 나아가 너를 위해 십자가에 달리신 분을 위해
> 너 자신을 십자가에 못 박음으로써
> 욕정의 공격들 앞에서 확고하게 버티도록 하여라.[22]

기록에 따르면 금욕주간을 설정하고, 성도들로 하여금 지속적으로 이 곡을 부르고 묵상하도록 하여 삶에서 영과 육의 온전한 금식이 이뤄질 수 있도록 권면하였다. 기도이며 동시에 찬양이었던 이 곡의 가사에서도 알 수 있듯이 사순절 기간에는 철저하게 십자가의 예수 그리스도와 함께 성도들 스스로의 삶도 십자가에 못 박히는 모습이 될 것을 가르치고 있다. 더욱이 초대교회에서는 성도들에게 금식을 통한 육적, 영적 순례를 감당함으로 삶에서 구체적으로 그리스도의 도를 행할 것을 권면

---

22) 알렉산더 슈메만, 『대 사순절, 부활절을 향한 여행』, 75.

하고 있다.

> 형제들이여,
> 육체적인 금식에 영적인 금식을 더합시다.
> 불의의 끈들을 다 잘라버리고,
> 폭력 행위의 사슬을 다 끊어버리고,
> 불공평한 빚 문서들을 다 찢어버리고,
> 굶주린 이들에게 먹을 것을 주고,
> 집 없는 사람들에게 우리 집 대문을 활짝 열어줍시다.
> 그리하여 그리스도의 크나큰 자비를 입읍시다.[23]

사순절 기간 동안 교회는 금식을 통한 구체적인 행동을 하는 것이 바람직하다. 금식을 통한 구제 헌금을 함으로, 그리스도의 자비가 필요한 우리 사회에 실제적인 선교적 행위가 이뤄질 수 있도록 한다.[24]

3. 고행과 연단

현대 개신교 공동체에게 고행이란 표현은 매우 이질적인 개념이며 행위일 것이다. 고행은 이미 중세 가톨릭 전통 중에서 개신교에 의해서 버려졌으며, 현대에는 이미 잊어버린 전통이다. 개신교 전통에서는 성

---

[23] *Ibid.*, 77.
[24] 필자가 섬기는 서울의 한 교회에서는 사순절 기간 동안에 새벽기도와 금식을 통한 구제 헌금을 하였으며, 이 헌금은 탈북신학생들의 장학금으로 사용되었다. 사순절이 갖는 의미와 탈북신학생들을 지원해야 되는 의미를 엮어서 사순절 기간을 시작하는 시점에 교인들에게 이 사역의 당위성을 설명하였고, 상당수의 교인들이 적극적으로 참여하였다.

례로 인정하고 있지 않을 뿐 아니라, 믿음으로 인한 구원(Sola Fide)을 강조하는 개신교 신학에서 자신의 죄를 씻기 위한 방편 가운데 하나로 행해졌던 고행(Penance)을 언급하는 것은 부적절해 보일 수도 있다. 하지만, 초대교회에서 행해졌던 고행은 세례와 매우 밀접한 관계를 갖고 있으며, 특별히 사순절 기간 동안에 자신의 죄를 참회하는 과정으로 행해졌던 전통에 비춰보면 오늘의 목회 현장에서 적용하기에 매우 적합한 영성 훈련이다.

초대교회 시대의 세례는 죄의 문제에 대한 해결책이었다. 죄를 씻고 새로운 사람으로 다시 태어나기 위해서 교회는 세례 준비자 과정을 통해서 교육과 훈련을 시켰으며, 세례를 받아 기독교인으로 인침을 받을 수 있는 삶을 살고 있는지도 면밀히 살핀 후에 사순절 기간 동안 특별한 교육을 집중적으로 받고 세례인의 명부에 그들의 이름을 올릴 수 있었다. 일반적으로 3년의 세례 준비자 과정을 거친 이들은 사순절 동안 기도와 묵상, 그리고 금식을 통하여 주님의 고난에 참여한 후, 부활절 새벽 예배에 세례예식에 참여하였다. 이들은 세례를 통하여 자신의 죄를 고백하고, 다시는 죄의 노예가 되지 않을 것을 선언하고 맹세하였다. 하지만, 문제는 이 세례인들이 다시 죄를 범하였을 때 교회가 이를 어떻게 지도하고 무엇을 행해야 하는 것에 대한 지침을 마련하여야 했다. 이들의 죄는 사회와 교회, 그리고 교인들에 대한 죄뿐 아니라, 본질적으로 하나님과의 관계의 깨어짐을 의미하였기에 매우 중요한 부분이었다. 죄인인 상태에 머물러 있을 수 없기에 하나님과의 화해가 필요하였다.

세례를 받은 세례인이 죄를 범하였을 때 그는 성직자에게 그 사실을 알리고 하나님과의 화해의 과정을 시작해야 된다. 그 과정은 크게 3단계로 나뉘었다. 출교, 축복, 그리고 화해이다.[25] 죄를 범한 이가 감독에게 찾아가 자신의 범죄 사실을 고하면, 감독은 예배 중에 회중들에게 그 사실을 공포하며, 죄를 범한 이를 교회로부터 출교한다. 출교를 당한 이는 예배와 성찬의 자리에 온전히 참여할 수 없다. 이들은 자신이 범한 죄를 회개하고 하나님과의 화해를 위해서 경건하고 영적인 삶을 살도록 교회를 통해서 인도받게 된다. 이 기간 동안 이들에게 강력하게 요구되는 것이 바로 고행의 삶이다. 이들은 철저하게 고행을 통해서 참회하며, 하나님 앞에 죄인의 모습으로 그의 자비하심을 구하는 기도를 드리며 삶을 살아야 된다. 이들이 다시 세례인으로서의 삶을 살 준비가 되었다고 판단되었을 경우, 감독은 사순절 기간 동안에 세례를 위해 교육을 받는 세례 준비반과 함께 다시 세례 교육을 받게 한다. 이후 이들은 감독에 의해서 축복을 받게 되는데 많은 경우 이들이 축복을 받는 순서는 감독의 설교 혹은 성찬 이후였다. 이 때 감독은 이들이 고행을 통하여 하나님 앞에 세례인으로서의 세례권이 복권될 수 있을 만큼 신앙적으로 성숙하게 자신을 돌아보았음을 선언하고 그들을 축복한다. 이후 마지막 단계의 회복이 이루어진다. 이 단계를 통해서 그들의 죄는 사함을 받고, 출교

---

25) 안토니오 산탄토니(Antonio Santantoni)는 그의 논문 "Reconciliation in the First Four Centuries"에서 고행을 수행하는 죄를 범한 자들의 4단계에 대해서 설명하고 있다. 이는 이들의 죄의 경중에 따라서 교회가 판단하였던 것으로 보인다. 그 4단계는 *flentes, audientes, substracti* 그리고 *consistentes*이다. 첫 단계인 *flentes*에 해당되는 사람은 참회복(상복)을 뒤집어쓰고 교회 내부 혹은 외부에서 예배를 위해 입당하는 이들에게 자비의 기도를 부탁할 수 있다. 두 번째 단계의 *audientes*에 해당되는 이들은 교회 내부에 들어와서 예배를 드리고 설교 말씀까지는 들을 수 있지만, 성찬의 자리에는 초대 받지 못하고 자리를 떠나야 되었다. 세 번째 단계의 *substracti*에서는 매일 기도회(Daily Office)뿐 아니라 주일 예배에도 참여할 수 있지만, 예배를 드리는 동안 무릎을 꿇고 예배를 드려야 했다. 마지막 단계의 *consistentes*에서는 예배에 참여하여 성찬에 초대는 받지만 빵과 포도주는 받지 못하고 단순한 사제의 축복을 받을 수 있었다. 자세한 내용은 다음을 참고하라. Antonio Santantoni, "Reconciliation in the First Four Centuries" in Anscar J. Chupungco, ed., *Handbook for Liturgical Studies* (Collegeville, Minnesota: the Liturgical Press, 2000), 96-98.

는 풀리고, 정지되었던 그들의 세례권이 회복된다. 단순히 성찬예식에 참여함으로 그들의 회복이 이루어지기도 하고, 성소에 십자가 모양으로 부복을 한 후 사제가 그 위에 기도함으로 회복이 이루어지기도 하였다.26)

초대교회의 이러한 고행의 과정은 결국 그리스도인으로서의 정체성을 공고히 하고자 하는 교회의 자구적인 노력이었다. 이러한 노력의 가장 큰 목적은 세례인으로서의 정체성을 잃어버리지 않으려는 것이었다. 이들은 단순히 구두를 통해 죄를 고백하는 것이 아니라, 삶을 통해서 죄인임을 고백하고, 하나님과의 연합을 위해 강력한 영적인 삶을 살았다. 죄인의 자리에 다시 앉지 않기 위해 애쓰는 이들의 모습을 통해서 현대 그리스도인들은 죄와 밀접하게 살아가고 있는 우리의 모습을 투영해 보며, 삶의 방향성을 재정향(reorientation)할 필요가 있다. 교회는 특별히 사순절 기간에는 스스로 금욕적인 삶을 살도록 하기 위해서 현대적 의미의 고행을 강조할 필요가 있다.

사순절 절기 동안 초대교회에서 행했던 것과 같은 형태로 자신의 죄를 회개하는 고행과 연단을 시행하기에는 여러 가지 어려운 점이 있을 것이다. 하지만, 사순절 기간에 개인과 공동체의 죄와 회개, 그리고 용서에 집중한다면, 개인의 차원에서 할 수 있는 죄인으로서의 고행을 '사순절 규율 준수'를 통해 할 수 있다. '사순절 규율 준수'에 관해서는 재의 수요일 예배에서 보다 구체적으로 다루도록 하겠다.

---

26) James Denney, *The Christian Doctrine of Reconciliation* (New York: George H. Doran Co., 1918), 132.

4. 세례 예비자 교육

사순절 40일의 영적 순례 여정은 세례의 영성과 매우 밀접한 관계를 가지고 있다. 전통적으로 교회는 사순절 기간에 세례를 준비했으며, 부활주일 첫 예배에 세례예식을 베풂으로 세례를 받는 이와 증인으로 참석한 예배자들이 부활하신 그리스도와 함께 부활의 신비와 기쁨을 경험하도록 하였다. 핍박과 박해 속에서도 초대교회의 성도들 수가 날마다 더하여 갔던 것은 초대교회 성도들의 삶에서 부활하신 그리스도와의 연합이 온전히 드러났다는 반증이기도 할 것이다. 초대교회는 새로운 사람들의 증가로 가정에서 모이던 예배처를 확대해야 될 당위성을 느끼게 되었다. 국가의 허락 하에 건물로서의 교회를 세울 수 없었기에 가정교회(duomo ecclesia), 즉 일반 가정집에 모여서 예배를 드리던 예배처마저도 벽을 허물고 방을 확대하여 사용해야 될 만큼 교회를 찾는 이들의 수가 증가되었다.[27]

이들 가정교회에서의 가장 중요한 사역은 세례 사역이었다. 현대교회가 당면한 가장 큰 위기 가운데 하나가 세례 예식을 행하는 빈도수가 갈수록 감소하고 있는 것인 반면에, 초대교회에서는 새로 오는 이들의 수가 많았기에 세례는 매우 중요한 사역이었다. 히폴리투스의 저서『사도전승』의 교회의 질서편에 따르면 예비자들, 즉 새로 교회에 등록한 교인들이 어떠한 과정을 통해서 입교하게 되는지 잘 설명하고 있다. 놀랍게도 이 책에서는 선교적 관점에서 어떻게 전도를 하며, 어떻게 새로운 교인들을 인도할 수 있는지에 대한 내용은 전혀 기록되어 있지 않다.[28]

---

27) James F. White, *Protestant Worship and Church Architecture* (Eugene, Oregon: Wipf and Stock Publishers, 2003), 54.

다만, 찾아오는 이들을 어떻게 교육하였고, 어떠한 과정을 통해서 세례를 베풀었으며, 세례교인들의 의무가 무엇인지에 대해서 기록하고 있다. 이와 같이 교회에 발을 들여 신앙생활을 하기 시작한 이들에게 가장 중요한 것은 바로 진정한 그리스도인으로 인정을 받는 것이었으며, 이는 바로 세례 예식을 포함한 입교의 과정이었다.

이들의 입교 과정이 사순절기와 어떠한 연관성이 있을까? 초대교회에서는 일반적으로 3년의 세례 준비 과정이 있었다. 이 기간 동안 교사들은 세례를 받으려는 지원자들에게 그리스도인이 되고자 하는 동기로부터 시작하여 삶에 관한 세부적인 부분까지 질문한다. 지원자들이 받게 되는 질문들은 매우 구체적이었다. 말씀을 이해할 수 있는 능력의 여부와, 아내가 있는지 또는 노예인지의 여부와 같은 생활에 관한 부분, 만약 노예라면 자신의 주인으로부터 허락을 받은 상황에서 신앙생활을 시작하는지도 물었다. 여기에서 그치는 것이 아니라, 그 노예의 주인에게 그 노예의 이야기의 진위여부도 직접 물어서 확인하는 과정도 거쳤다. 또한 그들의 결혼 상황도 살펴서, 서로가 만족하는 결혼생활이 이뤄지는지도 파악하였으며, 호상 간에 만족하는 결혼생활이 될 수 있도록 가르치는 일도 담당하였다.[29]

이후 이들에게는 3년의 신앙교육이 이뤄졌는데, 사도전승에서는 구체적으로 어떤 내용을 가르쳤는지에 대해서는 구체적으로 언급하지 않는다. 하지만 이들이 "열성적이고 이에 잘 적응하는 사람이면, 기간에 좌우되지 말고 오직 생활에 따라 판단"하라고 가르치고 있다.[30] 이들이

---

28) Josef A. Jungmann, *The Early Liturgy*, 74.
29) 히뽈리뚜스, 『사도전승』, 이형우 역주 (왜관: 분도출판사, 1992), 113.
30) *Ibid*., 119.

그리스도인으로서의 생활을 성실히 하면 세례를 위한 심사가 본격적으로 사순절 기간을 통해서 이뤄졌다. 예비자로 있는 동안 "그들이 성실하게 살았는지, 과부들을 공경했는지, 병자들을 방문했는지, 온갖 종류의 선행을 했는지 (물어볼 것이다). 그들을 인도했던 사람들이 그들 각자에 대해 증언할 것이다."31) 이러한 심사를 다 통과한 후 이들은 말씀을 들을 수 있는 자격을 얻었고 사순절에 그들을 향한 구마의 예식이 행해졌다.

스페인의 수녀 에게리아는 사순절 기간 동안 성지를 방문하였고, 그가 경험한 예배 경험을 생생하게 기록하고 있다. 이 기록에 따르면 세례의 준비는 사순절 기간에 행해졌으며, 세례는 40일간의 충분한 준비 과정을 거친 후에 부활절에 시행되었다.

부활절에 세례를 받을 세례 예비자들을 가르치는 방식에 대해서 언급할 필요가 있겠다.
세례를 받을 이들의 명단은 8주간의 사순절이 시작되기 전에 세례와 교육을 주관하는 장로(presbyter)에게 제출하여야 된다. 신부가 모든 사람들의 이름을 갖게 되면, 8주의 사순절을 시작하는 둘째 날에 대성당의 중앙에 감독석이 마련된다. 감독석 옆으로 장로석이 마련되며, 다른 모든 목회자들은 서있다. 세례를 받고자 하는 이들은 이 감독석 앞으로 나오게 되는데, 남자의 경우는 자신의 아버지와, 여자의 경우는 자신의 어머니와 함께 나온다. 이들이 감독 앞에 서 있는 상태에서 감독은 이들의 이웃인 교인들에게 이들에 대하여 묻는다. "이 사람이 선한 삶을 살고 있습니까?"⋯ 이러한 질문 후에 아무에게도 과실이 드러나지 않으면, 감독은 그들의 이름을 적는다⋯

---

31) *Ibid*., 123.

전통에 따라서 부활절에 세례를 준비하는 사람은 사순절 기간에 금식
을 행하며, 아침에 가장 먼저 행하는 것은 신부에 의한 구마예식이다
… 세례를 받게 되는 남녀는 감독을 중심으로 둘러앉아서 감독의 가르
침을 받게 된다.
감독이 가르치는 주제는 하나님의 법이며, 40일간의 여정 동안 창세기
를 시작으로 성경 전체를 가르친다. 본문이 가지고 있는 문자적인 의미
뿐 아니라 영적인 의미도 풀어서 가르친다. 이후 감독은 부활과 믿음에
관하여 가르친다. 이를 일컬어 교리문답(catechesis)이라고 한다. 5
주간의 가르침 후에 예비자들은 신조를 받게 되는데, 성경을 풀이하듯
이 한 구절 한 구절 설명한다. 신조의 문자적 의미와 영적인 의미를 가
르쳤으며, 이러한 가르침은 사순절 내내 하루 3시간씩 이뤄졌다.[32]

에게리아 수녀의 기록을 통해 알 수 있듯이, 초대교회의 사순절은 세례를 준비함에 최선을 다하였던 모습이다. 철저한 가르침과 배움이 지식의 차원을 넘어서 영적인 차원에까지 달할 수 있도록 노력하였던 모습이다.

비록 일반 주일에도 세례는 행해졌지만, 부활절에는 반드시 세례를 행하였던 초대교회의 세례 예식은 예수 그리스도의 고난과 죽음, 그리고 부활의 여정과 매우 밀접한 신학적 상관성을 가지고 있다. 로마서 6장 4절 이하의 말씀을 통해서 살펴보듯이, 사도바울은 예수 그리스도와 합하여 세례를 받았다는 의미를 그리스도와 함께 죽음을 경험한 후에 그리스도와 같이 부활하심을 경험해야 된다고 가르치고 있다. 결국 세

---

32) Egeria, "Egeria's Travels" in *Documents of Christian Worship* by James F. White (Louisville: Westminster John Knox Press, 1992), 162.

례를 경험함으로 예비자는 하나님의 인치심을 받은 그리스도인이 되며, 이는 곧 세상에서는 죽고 하나님의 영광으로 인하여 새로운 생명을 얻게 된다.33) 이 모든 과정과 일정은 예수 그리스도의 부활을 기념하는 부활절 주일예배에 초점을 맞추고 있다. 오늘의 교회가 그리스도의 부활을 준비하는 사순절기에 교육을 통해서 세례를 착실히 준비하는 것은 교회 전통에 부합하는 목회예식이다.

안타깝게도 현대 개신교의 세례를 보면, 물로 세례를 베푸는 세례식에만 집중하는 모습이다. 비록 세례를 위한 예비자 교육이 있다 하더라도 교리문답이 요식적으로 행해지는 모습이 일반적이다. 하지만, 세례가 신학적으로 예수 그리스도의 부활과 매우 밀접한 상관성이 있기에, 그리스도인이 되는 입교의 과정에 있는 예비자들에게 보다 밀도 높은 세례자 교육이 필요하며, 시기적으로 가장 적절한 때가 바로 사순절 기간에 해당된다. 초대교회와 같이 매일 세 시간씩 예비자들을 대상으로 하는 세례교육은 현실적으로 어렵겠지만, 실제적으로 총 세 시간도 못 되는 형식적 세례교육에는 문제가 있다.

5. 기도를 통한 영적 훈련

그리스도인들이 성경을 읽은 것은 개신교 역사와 그 기간을 같이 한다. 그리스도인들의 기도 역시 그리스도교의 시작부터 있어 왔던 가장 오래된 예식으로 예배를 구성하는 중요한 요소였다. 비록 글을 읽지 못하는 성도라 할지라도 반복을 통해서 외울 것을 요구받아 왔기에, 실제

---

33) 박해정 "감리교인으로서의 세례, 세례 갱신, 그리고 세례인의 삶,"『신학과 세계』통권 79호, 2014년 봄호, 168.

초대교회의 성도들은 기도문들을 외워서 예배하였다. 이러한 전통은 결국 예배 중에 예식서 혹은 기도서에 있는 공동의 기도문을 함께 읽는 기도로 발전되었다. 교회가 오랜 시간 동안 함께 고백했던 기도를 묵상하며 기도하는 것은 분주하게 사는 현대인들에게 매우 시의적절한 영성훈련의 방법이다. 주중에 새벽기도회, 수요기도회, 심야기도회, 또한 속회 등의 모임을 통해서 거룩한 영적 나눔과 기도를 생활화하는 성도들도 있지만, 분주한 현대인들의 보편적인 신앙생활은 한 주에 한 차례 주일예배를 섬기는 모습이다. 기도가 삶의 자리에 깊이 자리하고 있는 그리스도인들은 무관하겠지만, 이와 같이 주일만 섬기는 자들(Church-goer, Sunday Christian)에게는 이와 같은 기도문을 통해 기도를 훈련시킬 수 있으며, 기도의 가장 본질적인 면을 경험케 할 수도 있다.

공동기도문을 읽는 것이 익숙하지 않기에, 그와 같은 기도의 형식을 통해서는 영적 감동을 경험하기 힘들다는 부정적 견해가 있는 것도 사실이다. 하지만, 교회가 오랜 기간 동안 고백했던 기도문을 통한 기도는, 기도에 익숙하지 않은 이들에게는 기도의 모범을 제공하는 역할을 할 수 있다. 이와 같이 역사가 있는 좋은 기도문이나 교회에서 공동의 작업을 통해서 고백한 기도문들은 개인의 삶에서 반복적으로 사용할 수 있으며, 이를 통해서 기도가 주는 유익을 충분히 경험할 수 있다. 더욱이 사순절기 동안에 예수 그리스도를 집중적으로 묵상할 수 있는 기도문을 마련하는 것은 기도에 대한 교육과 함께, 기도를 드릴 수 있도록 돕는 영적 훈련이 될 수 있다.

사순절 동안 정교회가 오랜 기간 동안 드렸던 기도가 있다. 4세기 영성가요 성인이었던 시리아인 성인 에프렘(St. Ephrem)의 대사순절 기도이다. 비록 짧은 기도문이지만, 사순절 동안 그리스도인들이 무엇을 멀리해야 하고 무엇을 가까이해야 되는 가에 대해서 명확하게 고백하고 있다.

> 우리 생명의 주이시며 스승이시여,
> 나태한 마음과 실망, 권력의 욕망과 헛된 말을
> 나에게 주지 마소서.
>
> 그리고 주의 종에게
> 정결과 겸손과 인내와 사랑의 마음을 주소서.
>
> 주님이시며 임금이시여,
> 나로 하여금 내 자신의 잘못을 알게 하시고,
> 내 형제를 판단치 않게 하소서.
> 주는 영원히 영광을 받으시나이다.[34]

우리는 이 짧은 기도를 통해서 사순절에 우리가 무엇을 금해야 되는지 알 수 있다. 기도가 상대적으로 짧기에 한 단어 한 단어를 보다 깊이 묵상할 수 있다. '나태한 마음'으로부터 멀어져야 한다. 이는 곧 게으름이다.[35] 게으름은 모든 죄의 뿌리이다. 창조의 하나님은 우리를 통해서 새로운 영을 불어넣으시며 날마다 우리가 새로워질 것을 요청하신다. 하지만, 게으름은 냉소주의와 패배주의적 삶의 전형적인 모습이다. 사순절이 그리스도의 고난과 수난을 기념하고 체험하는 순례의 기간이긴

---

34) 알렉산더 슈메만, 『대 사순절, 부활절을 향한 여행』, 61.
35) *Ibid*,, 62.

하지만, 이는 패배의 이미지와는 매우 상이한 것이다. 타인을 위한 그리스도의 고난과 수난은 숭고한 그리스도의 사랑의 결정체였지만, 우리의 게으름은 그 사랑에 대한 기만이며 죄이다.

게으름의 결과는 실망이다. 많은 영적 교부들은 이것이 우리의 영혼에 가장 위험하다고 보았다.36) 실망은 기대에 대한 반대의 결과이기에 사람들을 혼란스럽게 하며 자신을 부인하게 만드는 영적 공황 상태이다. 현대인들의 사회적 현실이 각박하고 늘 경쟁구도에 있기에 실망은 일상적인 사회적 현상이 되었다. 신앙이 없는 이들에게 실망은 절망과 두려움으로, 곧 철저한 자기 부인으로 자신을 몰아가게 한다. 결국 이들에게 신은 무의미한 존재이며, 어두움과 악의 세력에게 자신을 내어주게 된다. "실망은 그래서 영혼의 자살이다."37)

권력의 욕망은 어떠한가? 이는 우리 삶의 목적과 목표가 그릇되게 설정되었을 때 나타나는 현상으로, 이는 자신을 드러내려는 욕심과 타인을 무시하려는 오만의 현상이다. 이는 주님께서 보이셨던 겸손과는 상반된 모습의 결과를 낳는다. 결과적으로 우리 삶을 공허하고 무의미하게 만드는 헛된 마음의 병이 된다. 요한복음에서 주님은 "썩을 양식을 위하여 일하지 말고 영생하도록 있는 양식을 위하여 하라"(6:27a)고 가르치고 계시다. 하지만 우리는 여전히 썩을 것을 취하기 위하여 우리의 육욕을 불태우고 있다. 사라질 것을 위해서 우리의 시간을 낭비하지 말라는 주님의 명령은 사순절을 지내는 영적 순례자에게 삶의 방향을 조명하는 말씀이다.

마지막으로 성인 에프렘은 헛된 말을 주지 말라고 주님께 고백하고

---

36) *Ibid*., 63.
37) *Ibid*., 63.

있다. 초대교회의 교부들은 인간이 하나님의 형상을 따라 지음을 받았다는 확증 가운데 하나를 말을 할 수 있는 것으로 생각했다. 왜냐하면 하나님 자신이 스스로를 말씀(요 1:1)으로 계시하셨기 때문이다.38) 우리 모두가 익히 알고 있듯이 말은 사람을 살리기도 하며 죽이기도 하는 진리의 도구이기도 하지만 거짓의 도구이기도 하다. 선한 목적으로 사용하면 무한한 창조의 역사를 기대할 수 있지만, 나태한 마음과 실망, 그리고 권력의 욕망에 가득한 말은 헛된 말이 된다. 성인은 이 기도를 통해서 간절히 주님께 간구한다. 모든 것을 주관하시는 주님께서 이 모든 것들을 내게 주지 마시기를. 하지만, 이는 주님이 주시는 것이 아니다. 주님은 결코 우리에게 위의 것들을 주시지 않으시는 분이다. 이는 우리 스스로가 빠져드는 영역이다. 그럼에도 성인은 그것 마저도 주님에게 간절히 기도하며, 자비를 구하는 기도를 드린다. 우리 스스로가 나태한 마음과 실망, 권력의 욕망과 헛된 말의 유혹에 넘어가지 않도록 자비를 베풀어줄 것을 간절히 기도한다.

이어서 성인 에프렘은 행해야 할 4가지의 덕목을 기도로 드린다. 정결, 인내, 겸손, 그리고 사랑이다. 정결은 나태한 마음에 대한 긍정적 대립 항목으로 이해할 수 있다. 정결을 뜻하는 그리스어 '스프로시니'나 러시아어 '쩰로무드리예'의 정확한 번역은 '통일된 마음'이 되어야 할 것이다.39) 정결은 육체의 깨끗함만을 의미하는 것이 아니라, 정신과 영혼이 주님의 마음에 합한 마음으로 통전적 온전함을 의미한다.

인내는 우리가 실망에 머물러 있게 하지 않는 놀라운 능력이 된다. 그 인내를 우리는 하나님에게서 본다. 하나님은 아직도 우리를 향해 인

---

38) *Ibid.*, 64.
39) *Ibid.*, 65.

내의 마음으로 자비를 베푸신다. 우리가 실망하지 않는 이유는 아직도 우리를 향해 인내하시고 기다리시는 주님이 계시기에 때문이다. 오늘을 사는 현대인들에게 가장 큰 인격적 도전은 바로 인내일 것이다. 쉽게 분노할 수밖에 없는 사회적 구조에 대한 신앙적 도전을 이룰 수 있는 시간이다. 권력의 욕망과 겸손은 상치되는 개념으로 볼 수 있다.

겸손은 자신을 내세우지 않는다. 겸손은 자신을 비우고 그 안에 그리스도를 닮아갈 수 있는 새로운 자아를 형성시킨다. 주님께서도 스스로 겸손하다 하시며 주님을 배우면 우리의 영혼이 안식을 얻을 것이라 가르치시고 있다(마 11:29). 겸손을 통해서 우리의 영혼은 안식을 얻게 되고 하나님에게는 영광이 된다. 그리스도인들에게 겸손은 자신을 드러내는 것이 아니라 하나님의 영광을 나타내는 것이다.

마지막으로 사랑은 이 모든 것들을 행하는 최고의 목표가 될 것이다. 성인 에프렘은 주님의 사랑이 우리를 통해서 행해지기를 기도하고 있다. 입술의 고백만으로의 사랑이 아닌 행함이 있는 사랑을 요구하고 있다. 불트만에 의하면 겸손은 어떤 영적인 상태나 태도가 아니라 사랑의 생활이라 하였다. 우리가 정결하고, 인내하며, 겸손을 행하는 것은 하나님께서 우리에게 베푸신 사랑을 우리의 일상의 삶을 통해 나타내는 사랑의 실천이다. 이와 같이 우리는 한 편의 짧은 기도를 통해서도 사순절의 영적 순례를 행할 수 있다. 기도는 우리의 삶의 변화와 그를 통한 행동을 요구한다. 중언부언의 기도가 아닌, 고백에 의한 행동의 변화를 요구한다. 사순절 동안에는 우리의 일상에서 거룩성이 회복될 수 있도록 우리의 언어와 삶에 그리스도의 이름으로 도전이 필요하다.

6. 교회 돌보기

강림절이 주님의 오심을 기다리는 절기라고 한다면, 사순절은 부활하신 주님의 오심을 기다리는 절기라 할 수 있다. 앞에서 언급하였듯이 마라나타의 두 가지 의미, 즉 '주님 오시옵소서'와 '우리 주님이 오셨다'를 사순절의 개념을 통해서도 찾을 수 있다. 교회는 사순절을 통해서 이미 오신 주님이 부활의 주님으로 오실 때까지, 즉 부활절을 맞이할 때까지 주님을 기다린다. 교회는 우리 삶에 다시 찾아오시는 부활의 주님을 기다리면서 주님을 맞이할 준비를 한다. 더욱이 부활의 시간이 계절로도 봄이기에, 추운 겨울을 보내는 지역에서는 해빙의 시간에 교회를 다시 한 번 돌아보는 시간을 가질 수 있다.

고난주간을 앞두고 교회는 모든 성도들에게 교회를 깨끗이 청소하고 겨울 동안의 묵은 때를 벗겨내는 대청소의 시간을 갖도록 한다. 이미 우리는 손님이 집을 방문할 경우 마땅히 청소해야 됨을 알고 있다. 더욱이 주님이 주님의 몸 된 성전의 주인으로 다시 세움 받으심을 고백하는 부활의 시간을 앞두고 성전을 깨끗하게 하는 것은 매우 유의미하다. 또한 목회적으로도 성도들이 함께 노동을 통하여 교회에 대한 애정과 충성도가 높아지도록 격려할 수 있다.

필자가 속해 있는 교회에서는 2, 3년에 한 차례씩 새봄에 교회 대청소를 한다. 많은 성도들이 노동의 기쁨을 맛보며 우리 신앙의 중심이 되는 교회의 묵은 먼지를 닦아낸다. 비록 육체적으로는 힘이 들지만, 청소에 참여한 성도들의 모습에서 기쁨을 볼 수 있다. 하나님의 집을 위해서 행하는 거룩한 노동이 주는 기쁨일 것이다. 이 노동이 부활의 주님을 기다리며 준비하는 것이 될 때 성도들이 느끼는 사순절의 의미는 더욱 새롭다.

　노동을 통하여 육체적 고난에 참여할 수도 있다. 허리를 숙여서 비질을 하고, 물걸레로 교회의 바닥을 닦고, 진공청소기를 돌리고, 화장실의 오물을 치우면서 육신의 불편을 경험하는 것도 사순절의 영성과 잘 맞을 수 있다. 고대 교회에서 행하였던 고행과 연단에 비하면 일회적이고 짧은 시간이겠지만, 현대교회에 적용할 수 있는 고행의 시간과 공간이 될 수도 있다. 현대인의 많은 교회들이 자신의 몸을 직접 이용해서 교회를 청소하고 돌보는 경우가 많지 않다. 청소는 관리를 전문으로 하는 고용인에게 맡겨진 영역으로 간주한다. 하지만, 교회에 대한 애정을 높이고, 주님의 고난에 참여하는 측면에서의 교회 대청소는 매우 긍정적이다.

　필자의 경험에 의하면, 이와 같은 사순절 대청소는 성도들이 교회에 대한 애정과 관심, 그리고 충성도를 높일 수 있는 순기능이 높은 교회사랑 프로그램이다. 사순절의 영성을 가미하여 성도들의 참여를 독려하면, 성도들은 몸을 움직이고 땀을 흘리며 주님의 몸 된 교회를 함께 세우는 경험을 할 수 있다. 전교인 교회 청소를 목회의 한 프로그램으로 행할 수 있지만, 가능하면 사순절기, 그것도 고난주간을 앞두고 시행할 경우 사순절의 효과를 보다 극대화할 수 있다.

7 장
사순절 예배

교회는 오랜 시간동안 금욕(fast)과 축제(feast)의 두 축을 동시에 지키며 신앙의 균형을 이뤄왔다. 금욕의 시간을 통하여 죽음을 경험하지만, 이 죽음은 끝이 아니라 새로운 시작을 의미하였다. 이는 곧 그리스도의 부활의 기쁨(feast)을 위한 준비의 여정이었다.

I. 재의 수요일(Ash Wednesday)

필자는 90년대 중반에 미국 동부의 한 신학교에서 신학석사 과정을 시작하였다. 한국에 개신교 역사를 시작할 수 있도록 복음을 전해주었던 아펜젤러 목사가 졸업한 학교이며, 연합감리교단 계통의 13개 신학교 가운데 하나였다. 미국의 개신교 신학교 중에는 비교적 감리교 계통의 신학교들이 예전적인 부분을 강조하였는데, 필자가 다니던 신학교도 다양한 예전적 전통의 예배를 드리는 곳이었다. 첫 해를 보내면서 필자가 경험한 가장 인상적인 예배는 재의 수요일(Ash Wednesday) 예배였다. 태어나서 처음 참석하는 예배였다. 예배를 참석하기에 앞서 재를 가지고 무엇인가를 할 것이라는 것 이외에는 아무 것도 짐작할 수 없는 예배였다.

채플 공간에 들어선 나는 예배당에 들어가는 입구에서부터 밝혀둔 많은 초를 볼 수 있었다. 일반적으로 한국 보다는 예배 공간에 상징적인 장식들이 많이 설치되어 있지만, 그날의 예배는 더 많은 장식들이 있었다. 향을 피워서 후각을 자극하였고, 창으로부터 나오는 빛을 가급적 차단하여서 향이 피어오르는 모습을 시각적으로도 느낄 수 있었다. 예배 공간도 평소와는 다른 모습이었다. 회중석이 집례자를 향하도록 배치되어 있던 일반적인 배치에서 큰 변화를 보였다. 집례자의 단은 예배 공간의 중앙에 있었으며, 이 단을 좌우로 회중들이 마주 보며 앉도록 의자를 배치해두었다. 모든 것이 필자에게는 너무나 낯설었으며 어색하였다. 하지만, 무엇보다도 어색하였던 것은 '사순절 규율 준수'와 '성회의 표식'이었다.

사순절 규율 준수의 시간에 집례자는 예배에 참석한 모든 이들에게 무릎을 꿇을 것을 요구하였으며, 사순절 기간 동안 어떻게 지낼 것인지 스스로 결단할 수 있도록 시간을 주었다. 집례자는 작은 그릇을 들고 감사의 기도를 한 후 한 사람씩 중앙으로 나오도록 초청하였다. 집례자는 나온 모든 이들의 앞이마에 축사한 그릇에 담겨 있던 재를 십자가 모양으로 그으며, "너는 재로부터 왔으니 재로 돌아갈 것이라"고 선언하였다. 당시 필자는 사순절의 개념도 정확히 이해하고 있지 못하였기에, 재의 수요일 예배가 주는 의미를 충분히 이해하지 못한 상황에서 예배에 참여하고 있었다. 성서에서 재의 의미가 회개를 위한 하나의 상징적 수단인 것은 알고 있었지만, 예배에서 재가 의미하는 바를 정확히 알지는 못했다. 예배를 마치자마자 나는 이마에 그은 십자가를 바로 지웠지만, 학교를 포함한 시내에는 이마의 잿빛 성호를 남겨둔 채 일상을 살아가는 사람들이 상당수 있었다.

재의 사용은 성서적 의미에서 가지고 왔다. 성경에서 일반적으로 재는 죄인임을 타나내기 위한 상징적 표현이었다. 에스겔 27장 30절의 말씀을 통하여 저자는 "너를 위하여 크게 소리 질러 통곡하고 티끌을 머리에 덮어쓰며 재 가운데에 뒹굴며"라 가르치고 있다. 요나 3장 6절도 "그 일이 니느웨 왕에게 들리매 왕이 보좌에서 일어나 왕복을 벗고 굵은 베옷을 입고 재 위에 앉으니라"라고 기록하며 재의 상징성을 나타내고 있다. 욥도 재 가운데 앉아 있었으며(욥 2:8), 이후 티끌과 재 가운데서 회개함을 고백하고 있다(욥 42:6). 예수님 자신도 상징적으로 재를 사용하고 있다. 마태복음 11장 21절 이하에서 주님은 갈릴리의 고라신과 벳새다인들의 참회하지 않는 모습을 꾸짖고 계시다. "화 있을진저 고라신아 화 있을진저 벳새다야 너희에게 행한 모든 권능을 두로와 시돈에서 행하였더라면 그들이 벌써 베옷을 입고 재에 앉아 회개하였으리라."[1] 결국 재를 사용하는 것은 사순절을 회개로 시작하라는 상징적 선언이었다.

초대교회는 사순절의 시작을 사순절 첫 주일 다음날인 월요일로 정하여 지켰다. 하지만, 이후 주일을 계수하지 않게 되면서 40일의 기간을 맞추기 위해서 시작하는 시점을 수요일로 옮겼으며, 그 명칭을 '재의 수요일', 혹은 '성회 수요일'로 정하게 되었다. 재의 수요일은 재를 사용함으로 스스로 죄인임을 인식하고, 고백하며 사순절의 영적 순례를 시작하는 날이다. 예배 중에 재를 사용하여 참여자들의 이마에 성호를 긋고

---

[1] Adolf Adam, *The Liturgical Year: its history & its meaning after the reform of the liturgy* (New York: Pueblo Publishing Company, 1981), 97.

죄인임을 선포한다. 이 때 사용하는 재는 일반적으로 전년도 종려주일에 사용하였던 종려나무 가지를 한 해 동안 보관하였다가, 이를 태워 올리브기름이나 향유에 섞어서 사용한다.

성회의 표식에 대한 신학적 의미는 성공회 기도서에 잘 나타나 있다. 비록 상징적 제의이지만, 이를 통해서 교회는 무릎을 꿇고 40일 간의 죄인의 삶을 시작하는 하나의 시간적 언약을 맺는다. 참회의 기도를 통해서 회중들은 죄인으로서 참회하며 하나님 앞에서 기도를 드린다.

> 지극히 거룩하시고 자비로우신 하느님, 우리는 주님과 또한 우리 서로에게, 그리고 하늘과 땅에 있는 모든 성인들 앞에서, 자신의 잘못으로 인해서 생각과 말고 행실로 저지른 죄와, 해야 할 의무를 소홀히 한 죄를 고백하나이다.
> 우리는 온 마음과 정신과 힘을 다하여 주님을 사랑하지 않았으며, 자신처럼 이웃을 사랑하지 않았고, 용서받은 것처럼 남을 용서하지 못했나이다.
> 그리스도께서 우리를 섬기셨듯이 우리도 서로 섬기라 하신 명령에 무관심하였고, 그리스도의 뜻에 진실하지 못했으며 주님의 성령을 슬프게 했나이다.
> 주여, 주님께 고백하오니, 우리는 지난 날 불충하고 교만하고 위선적이었으며, 생활 속에서 참을성이 없었고, 자신의 욕망대로 살며 사리사욕을 위해 남을 이용했나이다.
> 우리는 좌절하여 분노하고 남의 행운을 시기했으며, 세상 안락과 평안만을 너무 사랑하였고, 직업과 일상생활에서 정직하지 못했으며, 또한 기도와 예배를 게을리 하고 마음속에 믿음을 세우는 일에 소홀히 했나

이다.

주여, 우리가 회개하오니, 그릇된 판단으로 이웃에 대하여 자비심이 없었고, 편견을 가지고 생각이 다른 이들을 경멸했나이다.

우리가 다른 이들의 궁핍과 고통을 돌보지 않았으며, 불의와 폭력에 무관심하고 주님의 창조물을 훼손하고 낭비하며, 후세대를 배려하지 않았나이다.

주여, 진노하심을 거두시어 우리를 새롭게 하시고, 구원의 역사가 우리 가운데서 이루어져 주님의 영광을 이 세상에 드러나게 하소서.

하느님의 아들 예수 그리스도의 십자가와 수난을 인하여, 우리로 모든 성인들과 함께 부활의 영광과 기쁨에 참여하게 하소서.[2]

결국 재의 상징성을 통해서 예배자들은 단순한 죄의 고백을 넘어서 죽음을 목전에 둔 사람과 같이 엄숙히 자신을 돌아보도록 초대된다. 현대를 사는 우리에게 죽음은 늘 주변에 있다. 소리 없이 찾아오는 죽음이기에 누구도 예견하지 못할 뿐 아니라 거스를 수도 없다. 그럼에도 불구하고 그 죽음의 공포와 두려움을 우리는 애써 외면하며 일상을 살아간다. 마치 죽음이 우리의 인생에서 저 멀리 있는 것으로 여기며, 노년이 되어야 경험하게 될 순간으로 받아들이고 싶어 한다. 오늘도 수없는 죽음이 우리의 주변에 있지만, 우리와는 상관없는 것으로 여기고 싶을 때가 많다. 스투키는 재의 수요일 예배를 통해서 이 시대의 그리스도인들이 무엇을 보고 경험해야 되는가를 강력하게 주장하고 있다. "똑바로 보라. 당신은 죽을 것이며 당신의 육체는 소멸될 것이다. 당신이 이를 막기에는 너무나 보잘 것 없으며, 아무리 이를 부정해봐야 소용없다. 아무리

---

[2] 대한성공회, 『성공회 기도서』 (서울: 대한성공회 출판부, 2005), 116-117.

탁월한 의학적 기술일지라도 당신이 죽는다는 사실 앞에서는 무용지물이며, 사람이 한 번 반드시 죽는다는 사실은 역사적으로 그러하였듯이 너무나 자명하다. 그러하기에 이제 그만 스스로를 속여라."[3] 재의 수요일 예배를 통해서 예배자들은 진중하게 자신의 삶 앞에 놓여 있는 죽음과 삶을 조명하는 시간을 갖게 된다. 창세기 3장 19절의 말씀과 같이 "흙에서 와서 흙으로 돌아갈 인간"의 인생사에 대한 깊은 통찰의 시간을 맞이하게 된다.

제의적인 면에서는 이마에 재를 긋는 '성회의 표식' 순서가 이 예배의 중심에 있다고 볼 수 있지만, 내용적인 면에 있어서는 '사순절 규율 준수'가 성회의 표식보다 중요하다. 이 예배의 중심은 죄를 회개하며 통회하는 마음으로 사순절을 시작하는 결단의 시간이다. 이 시간 예배에 참여하는 자는 사순절 기간 동안 어떻게 기도하며, 금식하고, 그리스도의 고난에 동참 할 것인지에 대한 구체적인 것들을 하나님 앞에서 결단하게 된다. 필자는 재의 수요일의 중요성이 이 순간에 있다고 생각한다.

일반적으로 사순절을 잘 지키는 신앙전통에 있는 교회와 그렇지 않은 교회의 가장 큰 차이점은 부활절을 맞이하는 감격의 수위가 다르다는 것이다. 이는 교회 내부에서도 볼 수 있다. 사순절에 행해지는 교회 프로그램에 참여한 사람과 그렇지 않은 사람이 경험하는 부활 주일 예배의 참여도와 그로 인한 영적 체험의 수위는 많은 차이를 나타낼 것이다. 이러한 맥락에서 재의 수요일 예배는 사순절을 시작함에 있어 그리스도와 함께 하는 영적 순례에 대한 선언적 성격의 예배이고, 이를 통해서 스스로 결단하는 예배이다. '사순절 규율 준수'는 이러한 결단에 대한

---

[3] Laurence Hull Stookey, *Calendar: Christ's Time for the Church* (Nashville, TN: Abingdon Press, 1996), 85.

신앙적 행동으로, 하나님과의 약속이다.

II. 재의 수요일 예식

❧ 재의 수요일 ❧

전주

찬양

예배로 부름

집례자 주 예수 그리스도의 은혜가 여러분과 함께하시기 바랍니다.
회 중 목사님과도 함께하시기 원합니다.
집례자 주님은 자비로우시며 손수 만드신 모든 피조물을 사랑하십니다.
회 중 우리 하나님은 죄 지은 우리를 회개로 인도하십니다.
집례자 오늘 저녁 우리가 하나님 앞에 나아와 모든 죄를 고백하고 회개하며 자기를 부인함으로 성결에 이르는 사순절을 시작합니다.
회 중 우리의 모든 죄를 용서하시는 주님을 찬양합니다.

공동기도

전능하시고 영원하신 하나님, 주님은 손수 만드신 피조물들을 사랑하시고 회개하는 모든 죄인들을 용서하십니다. 우리 안에 뉘우치는 마음을 주셔서 진정으로 죄를 슬퍼하고 연약함을 인정하며 자비하신 하나님께 온전한 용서를 얻게 하옵소서. 십자가와 부활의 주인이신 예수 그리스도의 이름으로 기도합니다. 아멘.

찬양

설교

본 문 욜 2:1-2, 12-17, 시 51:1-17, 고후 5:20b-6:10, 마 6:1-6, 16-21

성회 예식

1) 사순절 성회 예식으로 초대   집례자

사랑하는 그리스도 안의 형제자매 여러분, 초대 그리스도인들은 우리 주님의 고난과 부활의 날들을 위대한 헌신으로 지켰습니다. 그래서 부활을 축하하기 전에 40일간을 영적으로 준비한 것이 교회의 관습이 되었습니다. 이 절기 동안에 믿음으로 개종한 사람들은 거룩한 세례를 받기 위해 준비했습니다. 또한 이 절기에는 심각한 죄에 빠져 믿음 공동체에서 분리된 사람들이 회개와 용서에 의해 화해되고 교회의 생활에 참여하는 일이 회복되기도 했습니다. 이러한 방식으로 모든 교우들은 예수 그리스도의 복음 안에 선포된 자비와 용서를 기억하고, 우리 모두의 믿음을 다시 새롭게 해야 할 필요를 기억했습니다. 따라서 이제 저는 교회의 이름으로 여러분을 초대합니다.

2) 사순절 규율 준수 서약   집례자

이 시간 우리는 거룩한 사순절에 어떻게 참여할 것인지 하나님과 스스로에게 약속하며 결단하는 시간을 갖습니다. 자기를 훈련하고 회개하면서 거룩한 사순절을 지킵시다. 기도와 금식과 자기를 부인하면서 거룩한 사순절을 지킵시다. 하나님의 거룩한 말씀을 읽고 명상하면서 거룩한 사순절을 지킵시다. 올바른 회개를 시작하기 위해서 또한 우리의 죽을 수밖에 없는 본성의 표식으로 이제 다 함께 우리의 창조주요 구세주 앞에 고개 숙입시다. 조용한 기도를 통하여 사순절 기간에 어떻게 행함으로 그리스도의 숭고한 희생에 동참할 것인지 결단합시다.

-침묵기도-

3) 회개기도

집례자 이제 복음의 메시지를 조용히 생각해 봅시다. 우리 모두 고개 숙여 주님 앞에 죄를 고백하고 회개하며 새로운 삶을 시작합시다.

집례자와 회중

하나님 아버지, 우리는 언행심사에서 죄를 범했습니다. 참된 마음으로 용서를 구하며 겸손히 뉘우칩니다. 우리를 모든 불의에서 깨끗케 하여 주옵소서. 우리의 회개 기도를 들으시고, 주님께서 주시는 새로운 생명에 거하도록 복 내려 주옵소서. "우리가 우리에게 죄 지은 자를 사하여 준 것같이 우리 죄를 사하여 주옵소서." 미쁘고 의로우신 예수 그리스도의 이름으로 기도합니다. 아멘.

4) 성회에 대한 감사기도

집례자 여러분, 이제 우리 아버지 하나님께 회개의 표식으로 사용할 이 재들에 복 주시기를 간구합시다.

집례자와 회중

전능하신 하나님, 주께서는 우리를 땅의 재로부터 창조하셨습니다. 죄인들이 멸망하기를 원치 않으시고 그리스도와 함께 영생하기를 원하시는 주님, 이 재에 복 주셔서 우리가 재에 불과한 것을 분명히 보여 주옵소서. 통회하며 자복하는 우리를 불쌍히 여기셔서 이 재와 함께 우리가 죄에 대해 온전히 죽고 오직 주님의 은사를 통해서만 영원한 생명을 얻게 하옵소서. 택하신 백성에게 천국의 인을 치시는 어린 양 예수 그리스도의 이름으로 기도합니다. 아멘.

5) 성회의 표식

(회중은 앞으로 나와 목사님에게 이마에 재로 십자가 표식을 받고 자리에 돌아간다.)

성회 분배자
"당신은 재임을 기억하십시오. 결국 재로 돌아갈 것입니다."
"회개하고 복음을 믿으십시오."

6) 고백과 용서

회 중 세상에 죄인들을 구원하기 위해 오신 그리스도 예수님, 주님의 구원 사역을 우리 가운데 이루어 주옵소서. 그리하여 우리로 주님의 영광을 세상에 나타내게 하옵소서. 우리의 주님이신 아들의 십자가와 고난에 의해 우리를 부활의 기쁨에 인도하여 주옵소서.

집례자 "만일 누가 죄를 범하여도 아버지 앞에서 우리에게 대언자가 있으니 곧 의로우신 예수 그리스도시라. 그는 우리 죄를 위한 화목제물이니 우리만 위할 뿐 아니요 온 세상의 죄를 위하심이라."(요일 2:1b~2) 죄인의 죽음을 원치 않으시고 우리가 죄악에서 돌이켜 살기를 원하시는 전능하시고 자비로우신 하나님께서 당신의 회개를 받으시고 당신의 죄들을 용서하시며 성령에 의해 당신을 새로운 삶으로 회복시키시기를 기원합니다. 아멘.

7) 평화

집례자 이제 화해와 사랑의 표시를 서로 나눕시다. "주님의 평화가 여러분께 함께하기를 바랍니다."

회 중 주님의 평화가 목사님께 함께하기를 바랍니다.
(옆 사람에게) 주님의 평화가 함께하기를 바랍니다.

8) 감사의 기도   집례자

죄인을 불쌍히 여기시는 하나님, 당신의 아들 예수 그리스도를 통해 당신은 당신의 백성과 화해하셨습니다. 기도하고 금식하신 주님의 본을 따라 우리도 기쁜 마음으로 순종하게 하여 주옵소서. 거룩한 사랑 안에서 당신을 예배하고 서로 섬기게 하옵소서. 우리 주 예수 그리스도의 이름으로 기도합니다.

아멘.
파송찬송
축복과 파송

재의 수요일 예배를 처음 시행하는 교회에서는 많은 시행착오를 겪게 될 것이다. 재를 사용하는 것이 익숙하지 않을 뿐 아니라 예배를 위한 재를 구하는 것도 쉽지 않을 것이다. 한국 상황에서 종려나무 가지를 구하는 것도 어렵다. 또한 재로 이마에 그은 십자가의 흔적을 불편해하여 예배 중에 십자가를 지우기 위해 여러 가지의 행동들을 할 수 있다. 필자가 부목사로 섬기던 교회에서 처음 시행하였던 재의 수요일 예배는 교인들에게 적잖은 불편을 주었던 기억이 있다. 하지만, 이듬해 행해진 재의 수요일 예배는 그런대로 그 의미를 찾아가는 성도들의 모습을 볼 수 있었다.

우선, 성회 표식을 위한 재는 향유와 섞어서 사용해야 한다. 재만 사용할 경우 성호를 그어도 그 흔적이 남지 않는다. 소량의 향유에 재를 으깨어서 이마에 성호를 그어주도록 한다. 종려나무 가지를 구하는 것이 어렵기에 재의 수요일을 위한 재를 만드는 것이 쉽지 않다. 공기정화를 위해 판매하는 숯을 갈아서 사용할 경우에는 숯에 있는 화학성분이 피부에 부작용을 줄 수 있다. 오히려 나뭇잎을 태워서 사용하면 검은 색이 충분히 배어 나오는 재를 얻을 수 있다.

III. 사순절의 주일예배

사순절기 동안에는 6번의 주일을 경험하게 된다. 종려주일을 시작으로 지키는 고난주간은 특별한 절기적, 그리고 예전적 의미가 있기에 따로 정리하여 다룬다. 사순절 기간의 주일은 주일 본질의 의미인, 예수 그리스도의 부활의 파스칼 신비에만 집중해서 지키기에는 부담스럽다. 비록 주일이 작은 부활절(a Little Easter)로서의 개념이 있지만, 너무 부활의 의미가 크게 부각되면, 그리스도의 고난에 집중하는 사순절의 의미를 상실 할 수 있다.4) 이러한 이유로 전통적으로 교회는 사순절 기간의 주일에는 '할렐루야'의 사용을 금하였다. 사순절 기간의 주일에는 작은 부활절이라는 개념으로서의 주일과 그리스도의 고난에 참여한다는 사순절의 개념을 얼마나 균형 있게 지키느냐가 관건이다. 오히려 사순절 기간 동안의 주일에는 40일의 사순절기를 잘 지킬 수 있도록 신앙적으로 독려하는 것이 필요하다.

특별히 이 절기 동안은 교회가 전통적으로 행해왔던 세례 교육이 이루어지는 것이 좋다. 많은 교회들이 세례 교육에 목회적 비중을 두지 않고 있다. 3년 동안 이루어졌던 초대교회의 세례 교육에 비하면 현대교회들의 세례 교육은 지나칠 정도로 요식적인 행위로 변하였다. 심지어 교육이 없이도 세례를 베푸는 경우를 봤다. 하지만, 절기적으로 사순절은 그리스도인으로서의 정체성을 공고히 할 수 있는 가장 좋은 시기이기이며 세례예비자들을 교육시키기에 가장 좋은 시기이다. 6번의 주일 동안 교회가 함께 읽고 은혜를 나눌 수 있도록 고안된 교회력에 따른 본

---

4) Hoyt L. Hickman, Don E. Saliers, Laurence Hull Stookey, James F. White, *The New Handbook of the Christian Year*, 120-121.

문 가운데 복음서를 중심으로 그 내용을 살펴본다.

1. 사순절 첫 번째 주일

사순절 첫 번째 주일은 사순 절기 가운데 가장 중요한 주일이다. 성회 수요일을 지키는 교회의 경우는 수요일을 기점으로 사순절을 지키지만, 성회 수요일을 지키지 않는 교회의 경우는 사순절 첫 주일을 기점으로 사순절을 지키게 된다. 비록 성회 수요일을 지키는 교회라고 하여도, 일부의 교인들만이 성회 수요일을 통해서 사순절을 시작한다. 비록 사순절이 성회 수요일 예배를 통해서 이미 시작되었지만, 사순절 첫 번째 주일이 많은 성도들에게는 사순절을 실제적으로 지키는 첫 날이 될 것이다. 첫 주일에는 모든 예배자들이 사순절의 의미를 이해하고, 사순절 절기 동안 어떻게 그리스도의 고난에 동참할 수 있는지에 대한 신앙적 결단을 할 수 있는 시간을 가져야 한다.

교회력에 따른 성경 본문의 말씀은 예수의 40일 광야에서의 금식과 마귀의 유혹에 관한 본문이다.[5] 세례 요한의 세례 이후 주님께서는 성령에 이끌려 광야로 들어갔다. 세례를 통해서 자신이 누구인지를 드러내신 주님은 광야에서의 40일 금식을 통해서 하나님의 백성을 위한 구원사역의 약속을 선언하신다. 40일 금식 이후 주님은 하나님의 아들임에도 인간의 몸에 나타나는 배고픔의 고통을 경험하신다. 그런 주님에게 마귀는 첫 번째 시험을 한다. "네가 만일 하나님의 아들이어든 명하여 이 돌들로 떡덩이가 되게 하라"고 유혹한다. 인간이 느끼는 가장 큰 고통 가운데 하나가 바로 배고픔의 고통이다. 마귀는 주님에게 돌을 떡

---

5) 마태복음 4:1-11, 마가복음 1:9-15, 누가복음 4:1-13.

으로 만들어 하나님의 역사를 기적적으로 이루라는 명령을 하면서 주님의 선택을 기다린다. 배고픔과 기적 사이의 선택적 긴장이 있다. 주님은 신명기 8장 3절을 이용하여 "사람이 떡으로만 사는 것이 아니요 여호와의 입에서 나오는 모든 말씀으로 사는" 진리를 선포함으로 유혹으로부터 승리하셨다.6) 이스라엘 백성이 하나님의 명령에 따라 40년간 광야에서 가나안으로 향하는 신앙적 여정을 감당할 때 하나님께서 그 백성들에게 메추라기와 만나를 통하여 백성의 배고픔을 거두어 가신 것을 선언하고 있다.

두 번째의 시험은 시편의 말씀을 통한 시험이었다. 첫 시험이 메시아의 능력으로 스스로를 배고픔으로부터 자유하게 하라는 유혹이었다면, 두 번째의 유혹은 반대로 하나님의 개입을 요구하는 시험이었다.7) 두 번째 시험에서 사탄은 시편 91편 11-12절에 나온 내용을 기초로 높은 성전 꼭대기에서 뛰어 내릴 것을 요구하였다. 시편의 말씀을 믿는다면 뛰어 내려도 천사들이 손으로 주님을 받들어서 해를 당함이 없을 것이기에 뛰어내려 보라는 유혹이었다. 마귀의 의도는 다분히 악하다. 마귀는 하나님과 예수를 동시에 시험에 빠트리려는 의도를 가지고 있었다. 뛰어 내리지 않는다면 시편의 말씀을 믿지 못하는 결과를 낳게 될 것이고, 뛰어 내려서 해를 입게 된다면 그 또한 말씀에 대한 부정일 뿐 아니라, 그리스도로서의 존재 자체에 대한 큰 시험이 되기 때문이었다. 주님께서는 신명기 6장 16절을 인용하시면서 마귀의 유혹을 물리치셨다.

세 번째의 시험은 천하만국과 그 영광을 예수에게 건네주겠다는 유

---

6) Donald A. Hagner, *Word Biblical Commentary 33a, Matthew 1-13*, general editors David A. Hubbard, Glenn W. Barker (Word Books: Dallas, Texas, 1993), 64.
7) *Ibid.*, 67.

혹이었다. 단, 마귀는 예수에게 엎드려 경배할 것을 명령하고 있다. '엎드려 경배'는 희랍어 '프로그퀴네오'에 해당되는데 이는 예배의 어원이 되는 단어이며, 동방의 박사들이 예수의 탄생을 축하하기 위해 동방의 별을 따라와서 아기 예수에게 엎드려 절하였음을 표현할 때 사용하였던 단어이다. 동방의 박사들이 아기 예수에게 한 절은 왕에 대한 공경의 표시였으며, 그 손에 들려 있던 예물은 왕에 대한 복종의 의미였다. 어린 예수를 보며 왕 중의 왕으로 고백하고 있다. 이러한 예배를 받은 예수에게 동일한 예배를 요구하는 마귀의 모습에서 노골적으로 하나님을 향한 영광을 가로채겠다는 의도가 드러난다. 이러한 유혹에 예수는 단호하게 명령하고 있다. "주 너의 하나님께 경배하고 다만 그를 섬기라."[8]

사순절 첫 주일은 주님의 사역의 시작과 밀접한 관련이 있다. 교회에게 주님의 사역, 구세주로서의 사역의 시작과 맥을 함께 할 수 있는 목회적 프로그램이 무엇일 수 있겠는가? 이 시기에는 그리스도인으로서의 정체성을 갖추기 시작하는 사람들을 위한 프로그램이 공급되는 것이 바람직하다. 이와 같은 이유로 교회는 전통적으로 사순절에 세례교육을 행했다. 사순절기를 시작하는 그 첫 주일에, 다가오는 부활주일에 세례 받을 사람들을 소개하며, 사순절기 동안 세례교인들에게 그리스도인으로서의 정체성을 공고히 할 수 있도록 교회적으로 교육시키며, 신앙적 체험을 할 수 있도록 중보한다. 로마서 6장의 말씀처럼, 세례교육을 받는 이들은 그리스도와 함께 죽으심과 합하여 세례를 받음으로 그와 함께 장사되었지만, 하나님의 영광으로 그리스도와 함께 죽은 자들 가운데서 살아남을 부활주일 세례를 통해서 경험하게 된다.

아직도 우리 주변에는 배고픔으로 고생하는 이웃들이 있는 것이 현

---

8) 신명기 6:13.

실이다. 그럼에도 불구하고 대다수의 현대를 사는 그리스도인들은 배고픔, 더욱이 주님이 40일의 금식을 통해서 경험하신 배고픔과는 거리가 있는 삶을 살고 있다. 주님께서 하나님의 백성들에게 천국의 소망을 선포하고, 구원의 도를 전하기 위해서 감당하셨던 배고픔이 우리에게도 유사한 형태로 유의미하게 경험되어야 한다. 사순절의 기간에는 반드시 배고픔의 경험을 통해서, 우리를 위해서 금식하셨던 그리스도의 마음을 나누는 구별된 시간이 있어야 한다.

2. 사순절 두 번째 주일

사순절 두 번째 주일의 복음서는 예수의 변화산 변모사건9)과 유대교 청년 지도자 니고데모10)에 관한 이야기로 구성되어 있다. 이 두 본문의 내용 모두 변화와 거듭남을 주제로 하고 있다. 변화와 거듭남의 자리는 우리 삶의 자리이다. 삶의 자리에 고난과 아픔이 있지만, 주님처럼 이를 이겨낼 것을 우리에게 알려주고 있다. 때로는 교회가 변화산의 제자들이 경험하였던, 해 같이 빛나며 옷이 빛과 같이 희어졌던 주님의 모습을 강조하며 주님의 영화로움에 머물러 있을 것을 강조하기도 한다. 하지만, 주님이 하나님의 음성에 대한 응답으로 그 산을 내려가서 세상의 고통을 짊어지신 것처럼 사순절 기간에는 우리도 세상으로 나아가야 한다.

사순절 기간에 그리스도인들은 그리스도의 고난에 동참함으로 그와 함께 죽고, 그와 함께 살아남으로 신생을 경험한다. 변화된 자의 삶을

---

9) 마태복음 17:1-9, 마가복음 9:2-9, 누가복음 9:28-36.
10) 요한복음 3:1-17.

살아갈 수 있는 동력을 그리스도의 고난으로부터 이끌어 낼 수 있다. 현대를 사는 자들에게 고난과 아픔은 평생을 함께하는 동반자이다. 아픔과 고난의 자리에 계셨던 주님이 우리에게 그 자리로 더 깊이 내려올 것을 청하신다. 비록 니고데모는 그 자리의 주변에만 맴돌았지만, 그리고 결국 그 자리를 거부했지만, 오늘의 그리스도인들은 그 자리로 내려가야 한다. 사순절은 바로 주님과 함께 그의 고난의 자리에 함께하는 것이다. 변화산에서의 주님의 화려한 모습에 제자들은 놀랐지만 주님은 그 산에 정주할 것을 거부하셨다. 변화산에 머물러 계시지 않으시고 다시 아픔과 고난의 삶의 자리에 내려오신 주님처럼, 우리도 삶의 자리가 고통스러워도 거부하지 말고 당당히 맞서가야 한다. 사순절 기간에는 특별히 우리가 하나님 앞에 약속한 사순절 규율을 믿음으로 지키면서 삶의 아픔과 고통을 고귀한 부활의 신비로 승화시켜야 된다.

3. 사순절 세 번째 주일

요한복음 4장에 기록된 사마리아의 이방여인과 주님의 대화는 예수가 예배의 정신에 대해서 가르친 본문의 말씀이다. 앞의 장에서 사마리아 여인에게 주님이 무엇을 가르치고 싶어 하셨는지를 언급하였다. 주님은 예배가 '영'과 '진리'로 이뤄져야 됨을 가르치셨다. 비록 여인은 이방인 신분으로 인해서 예배를 드릴 자격이 없는 것으로 판단하였지만, 주님은 예배에 참여할 수 있는 자의 자격은 출신과 신분의 문제가 아니라, 성삼위 하나님의 역사하심과 예배자의 삶의 문제인 것을 가르치셨다. 이 본문의 말씀이 사순절 기간에는 어떻게 읽히는가? 주님이 걸어가신 고난의 길을 묵상하는 것과 요한복음 4장의 사마리아 여인을 통한 주님의 가르침을 어떻게 풀어내야 하는가?

　　주님과 사마리아 여인과의 대화 이후에 사마리아 여인의 행동과 주님의 이에 대한 가르침에 관심을 가져야 한다. 사마리아 여인은 물동이를 버려두고 동네로 들어가서 사람들에게 복음을 증거하였다(4:28-29). 사마리아 여인의 이야기를 들은 사람들이 그 동네에서 나와서 주님을 찾아왔다(4:30). 결국 사마리아 여인의 이야기를 들은 사람들은 주님에게 가서 복음을 전해 듣고 믿음이 생겨서 그 여인에게 다시 "그가 참으로 세상의 구주신 줄 앎이라"(4:42)고 고백을 하였다. 사순절을 지내는 믿음의 가족들은 일상의 삶을 통하여 예수를 주님으로 고백하고 그분을 증거하는 삶을 살아야 한다. 우리의 신분과 처지를 뛰어넘는 믿음의 삶이 요청된다. 그 믿음으로 말미암아 우리가 그리스도와 함께 화평을 누릴 수 있는 것이다.

　　우리는 사순절 기간 중에도 소망을 이루기 위해서 부끄럽지 않은 삶을 살아야 한다. 성령의 역사를 통하여 하나님은 우리의 마음에 하나님의 사랑을 허락하시기에 우리가 환난 중에도, 인내를 가지고 연단을 물리칠 수 있다. 한 사람의 그리스도인으로서 주님의 가르침대로 살려고 노력한다면, 그 인생은 성전 앞에서 장사를 함으로 자신의 유익만을 취하고 하나님의 전을 더럽히던 자들과는 구별된 모습이어야 한다(롬 5:1-11).

4. 사순절 네 번째 주일

　　서구의 전통적인 교회에서는 사순절 네 번째 주일을 조금 특별하게 지키는데, '기쁨의 주일'(Laetare Sunday)이라는 표현을 쓰기도 하고

'장미주일'이라고도 한다. 이사야 66장 10-11절 "기뻐하라 예루살렘아 즐거워하여라. 너희가 위로의 젖을 먹고 기뻐 뛰리라"의 첫 단어에서 유래된 것으로 본다. 어찌 보면 사순절의 기간에 잠시 쉬어가는 느낌을 받기도 한다. 교회 예배당 장식도 기쁨의 표현을 위해서 보라색에서 벗어나서 분홍색을 사용한다. 꽃 장식도 화려하게 하며, 특별히 장미를 사용하는 경우가 많다. 예배 공간의 전체적인 분위기는 상대적으로 밝은 분위기이지만, 선포되는 복음의 내용은 여전히 사순절의 영성이 깊이 드러나는 말씀들로 이뤄져 있다.

요한복음 9장에 나타난, 날 때부터 맹인 된 사람과 그가 안식일에 치유 받은 것으로 인하여 바리새인들과 논쟁한 이야기가 다루어지는 주일이다. 특별히 요한복음 3장 16절을 중심으로 주님이 이 땅에 오신 목적에 대해서 가르치는 주일이다. 주님이 이 땅에 빛으로 오셔서(요 3:21), 하나님의 뜻을 하나님 안에서 행하신 분임을 선포한다. 결국 그리스도인들은 그 빛을 따르는 자들로서 빛 된 자의 사명을 하나님이 허락하신 자리에서 감당해야 한다.

특별히 누가복음 15장에 나타난 탕자의 비유가 장미주일의 본문에 해당되는 것은 눈여겨 볼 일이다. 장미주일의 성격이 마치 잃어버렸던 아들을 찾은 잔치집의 분위기와 의미를 함께하는 것으로 볼 수도 있을 것이다. 하지만 누가복음 15장의 탕자의 비유는 사순절의 본질적 의미와 결을 같이 하고 있다. 필자가 앞에서도 언급하였듯이, 사순절은 우리의 삶의 자리(Location)를 발견하고 그 위치가 하나님을 떠난 삶의 자리(Dislocation)인 것을 깨달아 알아서 우리 자신을 하나님께 소환하여 그 자리를 재설정(Relocation)하는 시기이다. 이와 같은 맥락에서 탕자를 통해서 우리의 삶의 정황을 살피고, 그릇된 길에 서 있는 우리의 모습을 발견하고, 하나님께 우리를 소환시키는 것에 스스로 나서는 기간이 되어야 할 것이다. 우리가 하나님께로 돌아가면 하나님께서는 세상에서 죽은 우리가 하나님의 품 안에서 다시 살아났기에 즐거워하고 기뻐하실 것이다.

에베소서 2장 1절에서 10절까지의 말씀은 누가복음 15장의 말씀과 함께 읽어 가기에 매우 적합한 말씀이다. 이 시기가 예수께서 허물과 죄로 죽었던 우리를 살리신 사실(엡 2:1)을 다시 한 번 기억하는 시간이기에 그러하다. 육체의 욕심을 따라 지내며 육체와 마음이 원하는(엡 2:3) 것을 따라 살았던 탕자의 모습이 우리의 모습 속에도 있다. 본질상 진노의 자녀인 우리에게 하나님의 선물을 허락하셔서 우리를 그리스도 안에 있게 하셨다. 이 절기에 죄인인 우리에게 허락하시는 하나님의 풍성한 은혜를 더 깊이 경험할 수 있도록 우리 안에 있는 잘못된 과오와 그릇된 행실을 발견하는 시간을 가져야 한다.

5. 사순절 다섯 번째 주일

다섯 번째 주일은 고난주간이 시작되는 종려주일을 한 주 앞두고 있는 주일로서, 복음서 말씀은 모두 요한복음을 중심으로 이루어져 있다. 요한복음 11장의 나사로의 이야기와 주님이 부활과 생명이심을 선언하신 내용, 12장의 인자가 들려야 되는 부분, 그리고 마리아에 의한 향유의 사건이 그것이다. 이 내용은 모두 주님의 죽음, 장례, 그리고 부활의 사건을 예견하고 있다. 본문의 말씀들을 통해서 주님의 부활을 증거할 수 있고, 부활의 증인된 삶에 대한 강조를 할 수도 있다. 하지만 사순절의 기간에는 가급적 주님의 부활에 대한 증거는 미뤄두는 것이 좋다. 교회는 부활절의 감격을 극대화하기 위해서 사순절 기간에는 주님의 부활을 연상할 수 있는 행동과 언어를 자제해 왔다. 사순절 기간에는 찬양을 포함한 모든 표현에서 '할렐루야'의 사용을 극히 자제하였다. 부활의 새벽에 성도들은 사순절 동안 고백하지 못하였던 '할렐루야'를 외침으로, 주님과 함께 부활에 동참하는 기쁨을 나누었다. 할렐루야를 통해서 사순절 동안에 참여하였던 모든 금식, 고행, 그리고 금욕으로부터도 자유함을 경험하였다.

사순절에 읽는 요한복음 11장에서는 나사로의 사건을 통해서, 즉 그의 죽음과 다시 살아남의 사건을 통해서 하나님의 영광이 나타났음에 초점을 두어야 한다. 나사로를 통해서 주님의 부활을 예견할 수 있지만, 나사로가 부활한 것으로 선언하면 안 된다. 나사로가 예수님의 말씀에 의해서 죽음에서 깨어난 사건과 주님의 부활이 동일한 사건이 될 수 없다. 마르다가 낙담하여 주님 앞에서 마지막 날 부활을 이야기하지만, 주님은 스스로 "나는 부활이요 생명이니 나를 믿는 자는 죽어도 살겠고, 무릇 살아서 나를 믿는 자는 영원히 죽지 아니하리니"(요 11:25, 26)라고 선언하고 있다. 사순절 기간 영적 순례에 참여하는 성도들에게 부활절의 순간까지, 부활이며 생명이 되시는 그리스도를 의지해서 믿음으로 승리할 것을 강조해야 한다.

예수의 발아래 향유를 부은 여인은 사순절의 영성에 가장 부합되는 인물 가운데 한 사람이다. 주님의 죽음과 장례를 미리 준비하는 여인으로 소개되고 있는 이 여인의 행위는 자신의 소유를 기쁨으로 주님께 바치는 모습으로 사순절을 지내는 성도들에게 귀한 모범이 된다. 여인의 이와 같은 행동은 비이성적인 행동으로 보일 수밖에 없다. 하지만, 그녀의 이와 같은 헌신과 사랑의 행동은 주님의 부활을 통해서 온전히 이해될 수 있다. 로마서 8장의 말씀을 통해서 사도바울은 육신의 생각과 영의 생각을 구분하여 가르치고 있다(롬 8:6-11). 육신의 생각은 사망이지만, 영의 생각은 생명과 평안이라 하였다. 이 여인은 행동은 육적인 사고를 가지고 있었던 자들에게는 이해될 수 없었다. 하지만, 영적인 눈을 가지고 있었던 여인은 주님을 통해서 생명을 보았고, 그를 통해서 평안을 경험하였다. 로마서와 더불어 히브리서 5장 5절 이하와 빌립보서 3장 4절 이하의 말씀을 복음서의 말씀과 함께 사용할 수 있으며, 이 구절들을 통하여 고난과 부활의 권능의 상관관계 속에서 말씀을 전할 수 있다.

8 장
고난주간 예배

종려주일로 시작되는 고난주간은 예수께서 이 땅에 오신 목적을 구체적으로 드러내신 한 주간이다. 예수께서 무리들에 의해서 영광의 왕으로 높임을 받고 예루살렘 성에 입성하셨음에도, 빌라도의 법정에서 유죄를 선언 받고 십자가형을 당하셨던 한 주간을 기념하는 주간이다. 일반적으로 한국교회는 이 주간 동안 특별 새벽기도회로 모이거나, 금식을 통해서 그리스도의 고난에 동참한다. 교회는 전통적으로 이 한 주간 동안 예전적으로 매우 풍성한 예배들을 드려왔다. 이 예배들은 예배에 참여하는 회중들이 그리스도의 고난과 죽음을 직접적으로 체험함에 그 목적을 두고 있다.

I. 종려주일(사순절 여섯 번째 주일)

성경은 예수의 예루살렘 입성의 장면을 다음과 같이 전하고 있다. 스가랴 9장 9절의 예언과 같이 예수는 나귀 새끼를 타고 입성을 시작하였다. "무리의 대다수는 그들의 겉옷을 길에 펴고 다른 이들은 나뭇가지를 베어 길에 펴고 앞에서 가고 뒤에서 따르는 무리가 소리 높여 이르되 호산나 다윗의 자손이여 찬송하리로다 주의 이름으로 오시는 이여 가장 높은 곳에서 호산나 하리라"(마 21:8-9). 종려주일에 예수께서 예루살렘 성에 입성하셨고, 이를 기뻐하여 따르는 무리들이 종려나무 가지를 사용하여 호산나를 외친 것에만 집중해서는 안 된다. 종려주일은 물론 예수의 예루살렘 입성을 기념하는 주일이지만, 그 입성이 갖는 의미가 정확히 선언되어야 한다. "예수에게 있어서 종려주일은 지상 사역의 정점에 위치하는 사건 속으로 들어가는 관문에 해당하는 날이었다. 우리도 그와 함께 그 관문을 통과할 때 우리의 영적인 삶은 역사상 가장 거룩한 순간을 향하여 정돈이 되며 인간 존재의 궁극적 의미에 대한 직접적인 경험으로의 몰입을 시작하게 된다."[1]

예수께서 예루살렘에 입성하시는 장면은 모든 복음서에 기록되어 있으며[2] 예수가 이 땅에 오셨을 때 그에게 드려진 고백들과 매우 유사한 표현들이 등장한다. 누가복음의 기자는 시편의 말씀을 인용하여 "찬송하리로다 주의 이름으로 오시는 왕이여 하늘에는 평화요 가장 높은 곳에는 영광이로다"라고 고백하고 있다. 앞에서 언급하였지만, 종려주일에 백성들이 종려나무 가지를 흔들고 예수가 예루살렘 성에 입성하는

---

[1] 로버트 E. 웨버, 이승진 옮김, 『교회력에 따른 예배와 설교』, 162.
[2] 마태복음 21:1-11, 마가복음 11:1-11, 누가복음 19:28-38, 요한복음 12:12-19.

장면에만 너무 많은 관심을 두어서는 안 된다. 비록 이스라엘 백성들은 예수를 향하여 왕, 평화, 호산나, 영광, 찬송과 같은 표현으로 그를 높이지만, 교회는 불과 며칠 후 일어날 대 반전을 염두에 두어야 한다. 종려주일은 사순절 기간 중 가장 화려하고 역동적인 주일로 보낸다. 그 성격을 봐서는 누구도 예수가 죽음을 목전에 두고 있다는 것을 알 수 없을 정도의 분위기이다. 종려주일 예배를 통해서 성경은 예수의 죽음을 앞두고 그가 누구인지를 다시 상기시키며, 이 땅에 예수가 어떤 존재로 왔는지에 대한 정체성을 나타내고 있다.

어느 예배 컨퍼런스에서 경험한 종려주일 예배는 그 시작이 로비에서부터였다.3) 예배자들은 모두 예배당 입구의 로비에서 모였다. 특별히 어린이 합창단이 찬양대로 초대되어 함께 예배하였으며, 종려주일 예배를 위한 찬송곡들이 어린이 합창단 소속의 작곡가에 의해서 마련되었다. 로비에 모여 있는 예배자들의 손에는 종려나무 가지가 들려있었고 입구 한 쪽에는 찬양대가 위치하였다. 예배는 로비에서 시작되었는데 시편 133편으로 어린이 합창단이 전주를 시작하였다. 예배순서는 다음과 같았다.

---

3) 2006년 2월에 연세대학교 루스채플에서 있었던 '연세대학교회 예배와 음악 컨퍼런스'. 컨퍼런스에서는 "재에서 불꽃으로"라는 제목으로 재의 수요일을 시작으로 성령강림절 예배까지 8번의 예배를 3일간 드렸다. 모든 예배 후에는 예배자들이 함께 모여서 그 예배에 대한 자신의 느낌과 질의를 나누는 시간이 마련되었다. 필자는 토론 논찬자로 참석하였다.

🌿 종려주일 예배4) 🌿

*전주　　　　시편 133편(이현철 곡)　　　월드비전어린이합창단
*예배의 부름　　　　　　　　　　　　　　　　　　　　　인도자
*찬양　즐거운 소리를 아는 백성(이현철 곡)　월드비전어린이합창단
*개회 기도
　인도자　주님이 여러분과 함께
　회　중　또한 목사님과도 함께
　인도자　다같이 기도합시다.
　-침묵-
　　　　우리의 참된 희망이 되시는 하나님
　　　　오늘 우리의 구세주요 왕 되신 예수님께 즐거운 환호를 보냅니다.
　　　　우리가 매일 매일 주님께 존귀를 돌려서 새로운 예루살렘의 왕 되심을 송축할 수 있도록 도와주시옵소서.
　　　　그 곳에서 그리스도는, 하나님과 또 성령님과 함께 영원히, 또 영원히 다스립니다. 아멘
*찬양　　　　시편 23편(이현철 곡)　　　　월드비전어린이합창단
*구원문 열기　　시편 118:19-29　　　　　　　　　　　합창단원
*찬송　　　영원한 문아 열려라(찬송가 107장)　　　　　다같이
*예루살렘 입성 선언　　마가복음 11:1-11　　　　　　합창단원
*찬양　　　호산나(이현철 곡)　　　　　　월드비전어린이합창단
*성전 입례　　호산나 호산나(찬송가 132장)　　　　　　다같이
*말씀을 조명하는 기도　　　　　　　　　　　　　　　　인도자
　　　　우리의 구속자가 되시는 하나님,
　　　　우리에게 당신의 아들을 보내셔서, 한 여인에게서 태어나시고 우리를 위하여 십자가에서 죽으셨습니다.

당신의 성령에 의하여, 우리의 살을 말씀으로 밝혀주셔서
오늘 성경 말씀이 읽혀지고 선포될 때에
우리가 온전히 당신의 뜻과 화해하고
온전히 승복하게 하옵소서. 아멘.

찬양　　　　　　주기도(이현철 곡)　　　　월드비전어린이합창단

[성 마가 수난사 선포]
제1막 마가복음 14:1-26
　-침묵-
　찬송　　　　감람산 깊은 밤중에(찬송가 134장)　　　다같이
제2막 마가복음 4:27-52
　침묵
　찬송　　　　골짜기 외로운 길(찬송과 예배 184장)　　다같이
제3막 마가복음 4:53-72
　-침묵-
　찬송　　　　주 가시관 쓰시고(찬송과 예배 184장)　　다같이
제4막 마가복음 15:1-32
　-침묵-
　찬송　　　　오 거룩하신 주님(J.S. Bach)　　　월드비전어린이합창단
제5막 마가복음 15:33-47
　-침묵-
　찬송　　　　주 달려 죽은 십자가(찬송가 147장)　　다같이
　-침묵-

축복과 파송
　집례자　우리 모두를 위하여 부서진 하늘의 떡, 예수 그리스도께서 축복해 주시고, 지켜 주시기를 축원합니다.
　회　중　아멘

> 집례자 　세상 죄를 지고 가는 하나님의 어린양이 우리를 온전케 하시고, 회복해 주시기를 축원합니다.
> 회　중　아멘
> 집례자 　주 하나님께서 우리의 모든 생애와 삶을 평화롭게 주관해 주시기를 축복합니다.
> 회　중　아멘
> 집례자 　이제 사랑으로 세상에 나아가, 모든 일에 있어서 하나님과 이웃을 섬기기시 바랍니다.
> 회　중　아멘
> 집례자 　하나님께 감사드립니다.
> **파송 찬송** 　　　주의 길을 예배하라 　　　월드비전어린이합창단
> **십자가 행진** 　　　　　　　　　　　　　　　　　　　　　　다같이

　인도자와 함께 예배자들은 함께 개회 기도를 하였고, 어린이 합창단이 시편 23편을 찬양하였다. 이어서 구원문 열기 순서가 있었다. 시편 118편 19-29절의 말씀을 합창 단원이 읽었으며, 이어서 예배의 인도자는 나무로 된 예배당의 문을 큰 소리가 나도록 거세게 3차례 쳤다. 이어 "문들아 너희 머리를 들지어다 영원한 문들아 들릴지어다"라고 외쳤다. 동일한 행동을 3차례 하였고, 이어 웅장한 성전의 문은 천천히 열렸다. 예배를 위해 모였던 회중들은 찬송가 107장 '영원한 문아 열려라'를 부르며 입당하였다. 이는 마치 예루살렘 성에 입성하는 예수의 모습을 연상하게 하였다. 예배자들은 찬송과 함께 손에 들려있던 종려나무를 상징하는 인쇄물을 흔들면서 입당하였다.
　각자의 자리에 위치한 예배자들은 마가복음 11장 1절 이하의 말씀

---

4) 2006년 연세대학교 예배와 음악 컨퍼런스 종려주일 예배 순서.

을 읽으므로 예수의 예루살렘 입성을 선포하였다. 이어 어린이 합창단의 특별찬양이 이어졌다. 특별하게도 이 예배를 통해서는 전통적 개념의 설교는 생략되었다. 마가복음 14장과 15장에 기록되어 있는 예수의 수난사를 읽고 이에 대한 응답송을 예배자들과 함께 부르는 것으로 말씀 선포를 대신하였다. 예배는 예수를 무덤에 넣어 두는 15장의 마지막까지 읽고 마지막 찬송 '주 달려 죽은 십자가'를 예배자들이 함께 불렀으며, 예수께서 당한 고난과 죽음을 침묵으로 묵상하며 경험하게 되었다. 예배는 이후 축복과 파송으로 끝났다.

비록 종려주일 예배임에도 예수의 수난사 뿐 아니라, 죽음과 장례까지 다 다루었다. 고난 주간 중에 예수님의 수난사에 대한 경험을 할 수 없는 예배 공동체의 경우는 종려주일에 주님의 수난과 죽음까지 경험하는 예배가 가능 할 것이다. 일주일에 한 차례의 예배를 드리는 회중의 경우, 종려주일 예배를 위와 같이 드리지 않는다면, 주님의 죽음에 관한 묵상 없이 부활주일 예배를 드리게 된다. 하지만, 고난주간 중에 주님의 고난과 죽음을 주제로 예배를 드리는 공동체의 경우는 주님의 수난사를 너무 일찍 경험하게 하는 결과를 낳을 수도 있거나, 유사한 내용을 다시 한 번 성삼일 예배를 통해서 경험하게 될 수도 있겠다.

II. 성삼일 예배(*Triduum*)

고난주간 목요일부터 토요일까지의 3일을 성삼일(*Triduum*)이라 칭한다. 성삼일은 예전적으로 가장 풍성한 예배들이 있다. 그리스도의 고난에 동참하는 40일 간의 긴 신앙의 여정을 마감하는 마지막 삼 일 동안 예수의 고난이 최고조에 달하게 된다. 아울러 교회는 부활절을 준비하는 기간을 삼기도 한다. 복음서의 기록에 따르면 목요일에는 예수께서 제자들과 함께 마지막 만찬을 나누시며 제자들의 발을 씻기셨다. 금요일에는 빌라도의 법정에 서시고 십자가에 못 박혀 죽이라는 무리들의 외침에 십자가를 지고 골고다를 향하였으며, 그곳에서 목숨을 거두셨고, 장사되셨다. 안식 후 첫날 매우 일찍이 해 돋을 때에 그 무덤을 찾은 막달라 마리아와 야고보의 어머니 마리아, 살로메는 빈 무덤을 경험하며, 예수께서 다시 살아나셨음을 전해 듣게 되었다.

1. 성 목요일

공관복음의 기록에 따르면 예수는 자신을 내어주시던 그날 밤에 제자들과 함께 마지막 만찬을 나눴다. 주님은 자신의 몸을 내어주시던 밤에 제자들과 함께 유대인의 식사 예법에 따라서 식사를 하였다. 식사를 하시던 중에 빵을 손에 드시고 하나님께 감사의 기도를 드리신 후에 제자들에게 떼어 주시며 말씀하셨다. "받아서 먹으라 이것은 내 몸이다." 또 잔을 드시고 감사 기도를 하신 후에 제자들에게 주시며 말씀하셨다. "너희가 다 이것을 마시라 이것은 죄 사함을 얻게 하려고 많은 사람을 위하여 흘리는 바 나의 피 곧 언약의 피니라." 이와 같은 이유로 이 날을 '성찬 제정 목요일'이라고 칭하기도 한다.

공관복음과는 달리 요한복음의 기자에 따르면 유월절 전에 예수께서는 자기가 세상을 떠날 것을 아시고 그의 제자들과 함께 저녁을 드셨다. 시간적으로는 공관복음에 비해서 하루 늦은 시간이다. 식사를 하시던 자리에서 일어나서 주님은 겉옷을 벗고 수건을 가져다가 허리에 두르시고 제자들의 발을 씻기셨다. 예수의 행동을 기리며 이 날을 '세족 목요일'이라고 칭하기도 한다. 제자들의 발을 씻어주고 난 후, 주님께서는 그 행동의 목적을 말씀하신다. "내가 너희에게 행한 것 같이 너희도 행하게 하려 하여 본을 보였노라." 또한 주님께서는 "서로 사랑하라 내가 너희를 사랑한 것 같이 너희도 서로 사랑하라"는 새 계명을 주셨다. 이러한 이유로 성 목요일을 예수의 명령을 받은 '언약의 목요일'(Covenant Thursday)이라 칭하기도 한다. 대부분의 영어권에서 사용하는 예배 명칭은 'Maundy Thursday'이다. 많은 학자들은 중세 영어와 고대 불어에서 사용하였던 *mandé*에서 근원을 찾고 있다. 이는 요한복음 13장 34절의 '새 계명을 너희에게 주노라'의 라틴어 원문인 '*Mandatum novum do vobis*'의 *mandatum*에서 Maundy가 왔을 것으로 추측한다.5) 즉, 이 날은 주님이 서로를 사랑하라는 계명을 주신 날로, 주님이 제자들의 발을 씻기신 그의 행동과 말씀, 그리고 제자들을 향한 주님의 마음을 기억하는 것이 목적이다. 이와 같은 가르침에 근거하여 전통적으로 성 목요일에는 세족식, 만찬, 그리고 성찬상 치우기(stripping of the altar)를 시행했는데 그것에 기초해서 크게 세 가지 유형의 예배를 드릴 수 있다.

첫째, 마지막 만찬을 기념하는 성찬예식이 중심이 되는 예배이다. 고난 주간에 참여하는 성찬은 성찬 신학 가운데 예수 그리스도의 희생을 기념하는 의미가 가장 강하게 드러날 수 있다. 마지막 만찬의 자리에서 주님이 제자들에게 자신을 내어주셨던 그 희생의 사랑이 강조되어야 된다. 마지막 만찬을 통해서 보여주신 예수 그리스도의 철저한 희생적 자기 수여에 대한 교회의 경험과 이에 대한 고백적 기도와 결단이 요구되

---

5) Hoyt L. Hickman, Don E. Saliers, Laurence Hull Stookey, James F. White, *The New Handbook of the Christian Year*, 161.

는 시간이다. 또한 사순절을 지내온 교회가 부활절을 맞이하기 전에 마지막으로 사순절의 대미를 장식하는 순간이기도하다. 성금요일은 예수의 죽음에 초점을 맞추기에, 성목요일은 주님 생존의 마지막 사역으로 조명된다. 예수가 행하신 마지막 하나님 나라의 사역은 제자들에게 자신을 내어주는 희생의 자리에 스스로 있는 것이었다. 자신을 내어주시는 희생적 제의를 통해서, 주님께서는 제자들이 하나님의 언약을 기억해 줄 것을 원하셨으며, 이를 기념하여 행할 것을 명령하셨다.

현재 한국교회에서 행하고 있는 성찬의 전체적인 모습은 고난 주간, 특별히 성목요일의 성찬에서 볼 수 있는 모습이 주를 이루고 있다. 철저하게 주님께서 보여주셨던 희생적 사랑과 자기 수여에 무게를 두고 성찬을 진행한다. 성찬의 전체적인 분위기는 예수의 수난에 초점을 맞추고 있으며, 불리는 찬송도 이와 관련된 주제의 찬송들 일색이다. '주 앞에 성찬 받기 위하여'(227장), '아무 흠도 없고'(229장)와 같은 성찬 찬송을 부르며 수찬을 한다. 이러한 찬송들은 주님의 고난과 희생, 그리고 회중의 회개에 무게를 두고 있다. 비록 성찬 찬송은 아니지만, 성찬의 성격에 부합한다고 생각하는 찬송들을 선택하는 경우도 많다. '주 달려 죽은 십자가'(149장)나 '나 같은 죄인 살리신'(305장)이 대표적인 찬송들일 것이다. 고난 주간의 성찬과 이와 같은 찬송은 고난주간 성찬의 의미를 보다 깊이 이해하도록 도움을 줄 수 있다.6)

---

6) 한국교회에서 행해지는 성찬의 전체적인 이해와 분위기는 고난주간의 성찬과 매우 유사하다. 성찬의 신학적 이해는 기본적으로 마지막 만찬과 부활의 의미를 동시에 가지고 있음에도 불구하고, 한국교회는 지나치게 마지막 만찬을 통한 예수의 희생적 제의에만 초점을 맞추고 있다. 이로 말미암아 예수 그리스도의 부활의 신비와 기쁨이 성찬과 매우 밀접하다는 이해의 결핍이 편향된 모습의 성찬관을 가져왔다. 결국 이러한 성찬의 편중된 이해와 경험이 성찬의 다양한 신학적 이해를 경험할 수 없도록 하고 있다. 부활주일에 부활하신 주님을 찬양한 후, 성찬을 하면서 '주 달려 죽은 십자가'를 부르며 부활하신 주님

둘째, 세족예식이다. 이는 요한복음의 전승에 따른 전통이다. 요한복음 13장에 따르면 주님께서는 유월절 전에 자신의 제자들과 함께 만찬을 나누신 후에 식사하시던 자리에서 겉옷을 벗고 수건을 가져다가 허리에 두르시고 제자들의 발을 씻으신 사건을 기록하고 있다.7) 비록 제자들의 발을 씻기신 주님의 행동이 마지막 만찬 이후에 일어난 행동이지만, 마지막 만찬과 세족식을 하나의 예식으로 보지는 않는다. 오히려 세족식 이후에 나오는 주님과 베드로의 대화와 사탄에 의해 행동하는 가롯 유다와의 대화를 통해서 세족식의 목적을 구체적으로 알 수 있다. 그럼에도 고난주간에 행하는 세족식은 마지막 만찬과 함께 행할 수 있는 예식이다. 이 예식을 통해서 주님은 섬김과 사랑의 도를 제자들에게 보여주셨고, 제자들에게 가장 크고 위대한 새 계명을 주셨다. "서로 사랑하라 내가 너희를 사랑한 것 같이 너희도 서로 사랑하라"(요 13: 34). 이러한 주님의 계명에 근거해서 앞에서 설명한바와 같이 성목요일을 주님의 명령을 행하라는 의미를 담아서 Maundy Thursday라 부른다.

의 살과 피를 받는 다고 상상해 보자. 회중들은 한 날에 부활절과 고난주간을 동시에 경험하게 됨으로 매우 혼란스러울 것이다. 이는 성찬 신학에 대한 불완전한 이해가 가져온 한국교회의 안타까운 현실이다.

7) 초대교회의 역사에서 볼 수 있는 세족식은 세례와 밀접한 이해를 가지고 있었다. 세례 예식을 마치고 물에서 나오는 세례자에게 기름을 부어주는(Chrism) 2차 세례와 함께 발을 씻어 주었다. 이를 통해서 죄를 다시 한 번 씻어주고자 하였다. 초대교회의 교황이었던 밀란의 암브로스는 "이미 목욕한 자는 발밖에 씻을 필요가 없느니라 온 몸이 깨끗하니라"(10절)는 주님과 베드로의 대화를 언급하면서 세족식의 당위성을 설명하고 있다. 하지만, 암브로스는 성찬과 연결하여 설명하는 것이 아니라, 세례와 연결하여 설명하고 있다. 세례를 이미 받았고, 이후에 세족을 통해서 "지혜와 이해의 영, 힘과 화해의 영, 경건과 지식의 영, 거룩한 두려움의 영을 성령의 일곱 덕목"이라고 칭하며 이 능력이 세족식을 통해서 역사한다고 가르쳤다. 자세한 것은 아래의 책들을 참고하라. Bryan D. Spinks, *Early and Medieval Rituals and Theologies of Baptism* (Burlington, VT: Ashgate Publishing Company, 2006), 61. Cheslyn Jones, Geoffrey Wainwright, Edward Yarnold SJ and Paul Bradshaw eds., *The Study of Liturgy* (New York: Oxford Universtiy Press, 1992), 138.

한국교회에서 세족식은 교회의 특별한 행사를 통해서 시행하는 것을 볼 수 있다. 수련회 혹은 영성훈련 프로그램에서 세족식을 시행하곤 한다. 하지만 세족식은 예배의 한 예식으로 오랜 역사를 통해서 행해져 왔다. 특별히 개신교 전통에서는 거의 모든 교회 전통에서 이를 시행하고 있다. 서구에서는 대부분의 개신교회뿐 아니라, 제칠일안식일, 재세례파 전통들, 그리고 비록 소수이지만 경건주의 전통의 교회들도 이를 행하고 있다.8) 세족식을 행하는 목적을 성서적 관점에서 이해하고 있다면, 세족식을 행하기에 가장 적합한 시간은 바로 세족 목요일 예배이다. 주님께서 자신을 다 내어주시며, 마지막까지 사랑과 섬김의 도를 보여주셨던 모습을 이 예배를 통해서 회중들이 다시 한 번 경험할 수 있기에 세족목요일 예배는 그 의미가 특별하다. 세족목요일 예배의 순서는 다음과 같이 할 수 있다.

❧ 세족목요일 예배 ❧

(2006년 연세대학교 예배와 음악 컨퍼런스 세족목요일 예배 순서)

전주 　　　　　　　　　　　　　　　　　　　　　　　　오르간
예배로의 초대 　　　　　　　　　　　　　　　　　　　　집례자
　　　예수께서 가라사대 새 계명을 너희에게 주노니 서로 사랑하라.
　　　내가 너희를 사랑한 것같이 너희도 서로 사랑하라(요 13:34).
　　　이 날에 하나님의 어린양 그리스도께서 자기를 치려 하는 자
　　　들에게 자기 몸을 내어 주셨습니다.
　　　이 날에 그리스도께서 제자들을 다락방에 모으셨습니다.
　　　이 날에 그리스도께서 수건을 가져다가 제자들의 발을 씻기

---

8) Peter C. Bower, editor, *The Companion to the Book of Common Worship* (Louisville, Kentuckey; Gevena Press, 2003), 113-114.

심으로 우리가 이웃을 향해 해야 할 일의 모범을 보이셨습니다.
이 날에 그리스도, 곧 우리 하나님께서 이 거룩한 잔치를 베
푸셔서 이 떡을 먹고 이 잔을 마시는 우리로 그의 거룩한 희
생을 선포하게 하시고, 그의 부활에 동참하게 하시며, 마지막
날에 그와 함께 하늘에서 다스리게 하셨습니다.

오늘의 기도 다같이

집례자 다같이 기도합시다.
회 중 모든 사랑의 근원이신 거룩하신 하나님,
주께서 배반당하시던 날에
제자들에게 새 계명을 주시며
스스로 제자들을 사랑하셨듯이 우리도 서로 사랑하라 하셨
습니다.
이 계명을 우리 마음에 새겨 주소서.
모든 사람의 종이 되시고
우리를 위해 생명을 버리시고 죽으신 예수,
성부와 성령과 함께 살아 계시며 다스리시는 주님,
이제와 영원까지 오직 한 분이신 하나님,
예수님처럼 우리에게 이웃을 섬길 수 있는 의지를 주소서.
우리 주 예수님의 이름으로 기도드립니다. 아멘.

찬송, 시편, 또는 영가   예수 예수(찬송과 예배 179장)   다같이
죄의 고백과 용서   집례자

집례자 신앙과 참회로 하나님과 성도 앞에서 우리 죄를 고백합시다.
회 중 우리와 맺으신 언약을 어기신 적이 없는
영원하신 하나님,
하나님의 뜻을 온전히 따르지 못했음을 우리가 고백합니다.
하나님께서는 우리를 위해 헌신하셨으나
우리는 하나님을 위해 헌신하려 하지 않았습니다.
하나님께서는 예수 그리스도 안에서 우리를 끝까지 섬기셨으나

우리는 하나님의 사랑을 거부하고
이웃으로부터 스스로 멀어졌습니다.
우리는 온전히 하나님을 사랑하지 않았고,
하나님 명령대로 이웃을 사랑하지도 않았습니다.
주님의 자비하심으로 우리를 용서하시고 정결케 하소서.
우리를 다시 주님의 상으로 인도하셔서
생명의 떡이시며,
은혜 가운데 자라나는 가지된 우리의 포도나무이신
그리스도와 하나 되게 하소서.

자비송

용서와 사죄의 선언   집례자

복된 소식을 들으십시오!
누가 정죄하리요?
오직 그리스도,
우리를 위해 죽으시고,
우리를 위해 다시 사시고,
우리를 위해 능력으로 다스리시고,
우리를 위해 기도하시는 그리스도이십니다.
누구든지 그리스도 안에 있으면
그는 새로운 피조물입니다.
옛 삶은 지나갔습니다. 새 삶이 시작되었습니다.
이제 여러분의 죄 사함을 받았습니다.
평화를 누리십시오. 아멘. (로마서 8:34, 고린도후서 5:17)

평화의 인사   다같이

집례자 그리스도 안에서 하나님이 우리를 용서하셨으니, 우리도 서로 용서합시다. 우리 주 예수 그리스도의 평화가 여러분과 함께 하시기 바랍니다. 우리와 함께 하심을 믿습니다.
(회중은 말과 행동으로, 평화와 화해의 표시로 서로 평화의 인사를 나눈다.)

찬송	찬송과 예배 356장	다같이
말씀		

말씀 전 기도

하나님, 우리의 마음을 준비시켜 주셔서,
주님의 말씀을 듣게 하옵소서.
오직 주님의 음성만 듣게 하시고,
또한 주님의 뜻에 온전히 순종케 하소서.
우리 주 예수 그리스도의 이름으로 기도합니다.
아멘.

첫 낭독	출애굽기 12:1-14	맡은이
시편 낭독	시편 116:1-2, 12-19	맡은이
둘째 낭독	고린도전서 11:23-26	맡은이
찬송	사랑의 나눔	다같이
복음서 낭독	요한복음 1-17, 31b-35	맡은이
설교		집례자
세족식		
찬송	사랑의 나눔	다같이
신앙고백	니케아 신조	다같이
중보기도		맡은이

세계의 교회를 위하여, 세계와 우리나라를 위하여, 위정자들을 위하여, 지역공동체를 위하여, 어려운 상황에 있는 사람들을 위하여, 특별한 도움이 필요한 사람들을 위하여

감사(성찬)

교단이나 개교회에서 사용하고 있는 성찬예문을 사용하되, 고난주간에 해당되는 기도문들을 사용하여 성찬예식을 행한다.

교회장식 벗기기

집례자 예배공간을 장식하는 모든 것들은 이 시간에 예배실 밖으로 옮깁니다. 이 예식은 겟세마네동산에서 홀로 기도하신 예수님의 외로움을 상징하며 시각적인 변화를 추구하기 위합니

> 　　　　　　　다. 이 시간에 여러분은 침묵의 묵상과 기도하시기를 권합니
> 　　　　　　　다. 이제 순서를 맡으신 분들은 나오셔서 모든 장식과 성구들
> 　　　　　　　을 예배당 밖으로 옮겨주시기 바랍니다.
> **찬송**　　　　　　　356장(찬송과 예배)　　　　　　　다같이
> **위탁의 말씀**　　　　　　　　　　　　　　　　　　　　집례자
> 　　　　　　　평화 가운데 세상으로 나가십시오.
> 　　　　　　　용기를 가지고 선한 것을 붙잡고,
> 　　　　　　　누구에게도 악을 악으로 갚지 말고,
> 　　　　　　　마음이 약한 자들에게 용기를 주고,
> 　　　　　　　연약한 자들의 힘이 되고, 고통 가운데 있는 자들을 도우며,
> 　　　　　　　모든 사람들을 존경하고,
> 　　　　　　　성령이 주시는 능력 가운데
> 　　　　　　　기쁨으로 주님을 사랑하며 섬기십시오.

　　수년 전 필자는 현재 섬기고 있는 감리교신학대학교 채플시간에 마지막 만찬과 세족식이 함께 있는 성목요일 예배를 드릴 수 있도록 기획하였다.9) 비록 성목요일 예배였지만, 학교 채플 시간에 신학생들을 대상으로 드리는 예배였기에 시간과 공간의 한계가 있었다. 이 예배는 성목요일과 성금요일 예배를 조금은 혼합한 형태였지만, 교회에서 고난주간 중에 한 번의 특별예배를 기획한다면 가능한 예배의 형식이 될 것이다. 순서는 다음과 같았다.

---

9) 2009년 4월 감리교신학대학교 목요일 채플 중에 드려진 예배문이다. 본 예배문은 필자가 지도교수로 있는 감리교신학대학교 나눔의 예전학회 학회원과 함께 작업하였으며, 일부 기도문들은 재 작성했거나 수정 및 보완을 하였다.

∽ 감신대에서 행해진 성목요일 예배 ∽

입례찬송　　　　　　오 거룩하신 주님(145장)　　　　　다같이

예배로의 부름

집례자　자비로우신 하나님께서 사랑의 잔치를 준비하셨으니 주님께로 돌아오십시오.

회　중　언제나 주님을 찬양합니다. 주님께 드리는 찬양이 우리의 입술에 계속 있습니다.

집례자　주님의 선하심을 맛보아 아십시오. 하나님을 피난처로 삼은 백성은 복됩니다.

회　중　하나님의 거룩하신 이름을 우리 모두 높이 들어 올립니다.

죄의 고백과 사죄의 기도

집례자　그리스도께서는 비천한 종이 되셔서 그 사랑을 우리에게 보여주셨습니다. 이제 하나님께로 더 가까이 나아와 성령의 도우심을 받아 진실하게 우리의 죄를 고백합시다.

　　　　(잠시 침묵의 기도를 드린 후 다같이 함께 기도한다.)

회　중　지극히 자비로우신 하나님, 그리스도의 몸 된 교회에 속한 저희는 종종 그리스도와 같이 서로 사랑하지를 못했고, 입술로는 주님께 충성을 다짐했지만 주님을 배반하며 부인하거나 떠나갔습니다. 저희 모든 죄를 용서하여 주시기를 간절히 바랍니다. 모든 시험 가운데서 믿음을 신실하게 지켜나갈 수 있도록 성령께서 도와주시옵소서. 우리 주 예수 그리스도의 이름으로 기도합니다. 아멘.

집례자　누가 우리를 정죄할 수 있습니까? 오직 그리스도만이 하실 수 있습니다. 그러나 그리스도께서는 우리를 위해 고난당하시고 죽으신 후 부활하시고 하늘에 오르셔서 계속하여 우리를 위해 중보자로 역사하고 계십니다. 우리 그리스도의 이름으로 여러분이 죄 사함을 받았습니다. 이 복된 소식을 받으십시오.

회 중	예수 그리스도의 이름으로 우리가 죄 사함을 받았습니다. 하나님께 영광과 감사를 드립니다. 아멘.	
찬송	거룩 거룩 거룩 만군의 주여(경배와 찬양 9)	다같이
오늘의 기도		맡은이
첫 번째 성서봉독	출애굽기 12장 1-14절	맡은이
응답송	예수 나를 위하여(찬송가 144장 후렴)	다같이
두 번째 성서봉독	고린도전서 11장 23-26절	맡은이
응답송	주님을 따르리(주찬양선교단 역)	다같이
복음서 봉독	요한복음 13장 1-15, 31-35	맡은이
찬송	예수 예수(찬송과 예배 179장)	맡은이
설교		집례자
침묵기도		다같이
성찬		
찬송	내 주신 되신 주를 참 사랑하고(315장)	다같이

파송의 말씀

집례자 평화를 누리며 주님의 십자가와 부활의 길을 걸어가십시오.
회 중 저희가 주님의 이름으로 보냄을 받습니다.
집례자 우리 죄를 위해 죽으신 예수 그리스도께서 여러분에게 복을 주시고 여러분을 지키시기를 간구합니다.
회 중 아멘.
집례자 우리의 구원을 위해서 부활하신 예수 그리스도께서 여러분에게 빛을 비추어 주시기를 간구합니다.
회 중 아멘.
집례자 예수 그리스도께서 지금부터 영원까지 여러분의 생명과 평화가 되시기를 간구합니다.
회 중 아멘. 하나님께 감사를 드립니다

축도	집례자
후주	

〈그림 5〉 채플 입구에 설치해 놓은 마지막 만찬의 상징들

우선 학생들이 기본적으로 성목요일에 대한 이해가 없었기에, 우리 학회에서는 채플이 있기 두 주 전부터 성목요일을 알리는 현수막을 설치하였다. 성목요일과 세족목요일이 같은 예배로 고난주간 중에 이루어지는 예배임을 알리려 노력하였다. 당일 예배에 참석하는 학생들이 이와 같은 절기에 따른 예배를 일부는 수업을 통해서 경험하였지만, 대다수의 학생들은 처음이었다. 기존의 예배와의 차별을 위해서 학회에서는 예배공간으로 들어가는 입구에서부터 상징물을 설치하였다〈그림 5〉.

성목요일 예배이지만 성금요일의 의미도 함께 담고자 하였다. 세족식과 성찬이 이루어졌던 성목요일을 상징하고자 예배당 입구에 세족을 상징하는 자기로 만든 세숫대야와 물 항아리, 그리고 집에서 구워온 바짝 마른 빵을 놓아두었다. 성금요일을 나타내고자 보랏빛이 감도는 검은색 천을 깔았고, 학생들이 들어가는 입구에서부터 오늘 예배의 차별성을 드러내고자 하였다. 또한 예배당으로 들어오는 두 입구의 양편, 즉 네 면에 오늘 예배가 갖는 의미를 한자어로 표현하였다. 血, 慕 洗, 解.

주님이 제자들에게 나누어 주신 희생의 상징 피(血), 제자들의 발을 씻겨 이웃 사랑의 도를 보여주시며 이와 같이 행하라고 하신 주님의 명

〈그림 6〉 채플 입구의 배너　　　　〈그림 7〉 채플 입구의 배너

령을 따르겠다는 제자들의 사랑(慕), 제자들의 발을 씻으셨던 그 고귀한 물 씻김(洗), 그리고 이 모든 것을 깨달아 알기를 원하는 우리의 소망(解). 고난주간, 특별히 성목요일에 이루어졌던 예수 그리스도의 사역과 그의 마음을 경험하고, 그 마음을 품을 수 있기를 목적하였기에 공간적으로도 그 시작에서부터 차별화의 작업을 하였다.

　예배를 드리는 공간의 가장 큰 한계는 음악 콘서트홀과 같은 구조에 있었다. 전면에는 파이프 오르간이 위치하고 있어서 회중들의 시선을 끌고 있으며, 파이프를 세우기 위한 공간의 전체적인 틀이 마치 하프와 같이 설계되어 있어 음악회를 위한 공간처럼 보였다. 또한 십자가는 미니멀리즘을 추구하지 않는데도 파이프 오르간에 파묻힐 정도로 왜소하여서 성목요일 예배에 사용하기에는 부적합하다 판단하여 나무의 재질이 그대로 노출된 투박하며 거친 십자가를 본 예배에 사용하였다. 채플 전면이 이단 구조로 되어 있어 아랫단에 십자가를 위치시켰고, 십자가에 주님의 피를 상징하는 붉은색이 부분적으로 드러나게 하였다.

　파이프가 위치하고 있는 전면에는 대형 걸개그림을 설치하였다. 예수님이 제자들의 발을 씻기시는 성화로 섬김의 도를 다하는 예수님의 모습을 아름답고 겸손하게 표현한 것이었다〈그림 8, 9〉. 전체적으로 조

〈그림 8〉 채플 전면의 십자가와 성화   〈그림 9〉 채플 회중석 뒤에서 본 모습

    명을 어둡게 하였지만, 전면의 그림은 상대적으로 밝히 드러날 수 있도록 조명을 주었다.

    다양한 주제와 장르에 의한 예배음악들이 있지만, 절기에 회중들이 부를 수 있는 예배음악들은 아직도 많이 부족하다. 성례전에 회중들이 함께 부를 수 있는 회중 찬송과 더불어 절기 찬송도 지극히 제한적이다. 물론 부활절과 성탄절에 부를 수 있는 회중 찬송은 다수이지만, 사순절과 대강절과 같은 절기 찬송은 적다. 특별히 성목요일이라는 구체적인 성격의 예배에 회중들이 함께 부를 수 있는 찬송은 극히 적다. 이러한 어려움으로 인해서 우리 학회에서는 전체적인 예배의 틀이 전통예배의 성격을 가지고 있지만, 회중들이 함께 하는 찬송에서는 CCM을 포함한 복음성가도 선택의 범위 안에 포함시켰다.

    첫 곡은 입례찬송으로 찬송가 145장 '오 거룩하신 주님'을 불렀다. 곡과 가사가 고난주간 찬송으로 가장 적합한 곡이다. 오르간의 웅장한 전주에 맞춰 임사자들이 입장하였으며, 회중들도 기립한 채로 찬송을 불렀다. 다음으로 회중은 예수전도단이 번역한, 어린양 예수를 찬미하는 영광송인 '거룩거룩거룩 만군의 주여'를 불렀다. 성경말씀에 대한 응답송은 구약, 서신서, 복음서에 같은 곡을 사용하였다. '예수 나를 위하여'의 후렴구를 응답송으로 찬양하였으며, 복음서 응답송은 아멘까지 불러서 곡을 종결하였다. 이는 구약, 서신서 그리고 복음서가 각기 따로 읽혀지지만, 하나의 주제를 다루고 있음을 회중들이 경험케 하고자 함이었다.

외부에서 초청되어 온 설교자에게는 12분 이내의 설교를 요청하였다. 그는 설교를 통해서 예수 그리스도의 사랑을 위임 받은 기독교 공동체가 무엇을 행해야 되는지를 분명하게 선포하였다. 설교 후에 회중들의 결단을 요청하는 시간을 두었다. 예배를 준비하면서 한 가지의 고민이 있었는데, 이는 세족식이었다. 현실적으로 전교생을 대상으로 세족식을 행하는 것이 물리적으로 불가능하였지만, 여전히 세족목요일이기에 간접적으로라도 예배자들이 세족식을 경험할 수 있도록 기획하였다. 대안은 소리였다. 설교 이후 실내의 조명을 모두 끄고 미리 준비한 소리를 틀었다. 이 소리를 통하여 회중들은 간접적으로 예수님이 우리의 발을 씻기는 소리를 듣도록 하였다. 학회원들이 직접 물로 씻으며 그 소리를 녹음하였다. 이를 약 20초간 침묵 가운데 틀었으며, 이어서 10여 초 침묵 가운데 회중들이 상상을 통하여 예수님과 만나는 시간을 갖도록 하였다. 절대침묵! 다시 이어진 예수님의 씻김 소리. 이 두 번째의 소리에는 '주님을 따르리'라는 곡의 조용한 전자건반 음을 배경음악으로 넣었으며 자연스럽게 회중들과 함께 결단하는 찬송으로 이어지게 하였다. 새로운 시도였다. 필자의 경우는 전면에 걸린 그림을 바라보면서, 소리로 주님이 나의 곁에 계심을, 나의 발을 씻고 계심을 상상하였으며, 침묵 중에 나의 발을 씻으시는 그분의 사랑을 경험하며 결단하는 시간을 가졌다.

　세족식 이후 성찬을 행하였다. 예문은 기독교대한감리회『새 예배서』성찬 예문 가운데 고난주간의 예문을 사용하였다. 안타까운 부분은 성찬문 선택에서 전문을 사용하지 못하고 약식문을 사용하였다는 것이다. 연이어 있는 수업시간으로 인해서 모든 예배가 55분을 초과할 수 없기에 시간을 단축시키기 위해서 부득불 약식문을 사용하였다. 성찬 집례의 경험이 풍부하였던 설교자의 집례로 이루어진 성찬은 주님의 고난에 동참하기에 충분할 만큼 진지하였고 귀한 경험이었다. 특별히 분병을 도왔던 위원들은 예배 전에 리허설을 통해서 자신들이 언제 어디에서 무엇을 어떻게 해야 되는지를 충분히 숙지하고 있었다. 집례자와 필자가 성찬 순서를 진행할 동안 분병위원들은 단상에 있지 않고 회중석에서 기다리고 있었다. 이어 분병시간에 2인 1조가 일정한 시간 차이를 두고 성찬상으로 나와 주님의 살과 피를 먹고 마신 후 분병을 위해 회중석으로 향했다. 검은 복장을 한 이들의 모습은 대단히 엄숙하였고, 머뭇거림이나 지체함이 없었다. 성찬 집례 방식에 새로운 모습을 보여주는 예가 되었다. 간혹 필자는 분병례를 행할 때 분병 위원들이 성찬상을 가로막아 회중들은 성찬상에서 무슨 일이 일어나고 있는지 모르는 경우를 경험하였다. 주님의 살과 피가 회중들에게 보다 분명하게 보이게 하기 위해서 분병 위원들의 등장을 지연시켰다. 성찬에 참여하기 위해 분병 위원들에게 나온 회중들은 폐제음악 '예수 내 주여'와 복음성가 '주님의 성령'을 함께 부르며 분병에 임하도록 하였다.

　성찬을 마친 온 회중은 함께 일어서서 대부분 알지 못하던 찬송을 함께 불렀다. 한국 찬송가에는 없는 곡이지만, 성목요일 예배의 의미를 잘 드러내는 '예수 예수'를 불렀다. 이는 미연합감리교회의 한인연합교회가 만든 『찬송과 예배』에서 가져왔다. 곡 자체가 조금은 업비트로 밝게 느껴질 수 있지만, 가사의 의미가 좋아서 선택하였다. 쉬운 곡이어서 2절부터는 회중들이 함께 부르는데 어렵지 않았다. 파송의 말씀을 함께 선언하고 집례자의 축도로 예배를 마쳤다. 1시 정각에 시작된 예배는 53분간 진행되었고, 후주를 마친 시각이 1시 55분으로 계획된 시간에 정확히 예배를 끝냈다.

2. 성금요일 예배

기독교 역사에 있어 가장 의미 있는 날이 바로 주님께서 십자가에 달려 목숨을 거두신 성 금요일일 것이다. 성금요일을 영미권에서는 일반적으로 Holy Friday라 칭하지만, Good Friday라고도 부른다. 이날이 어떻게 'good'이라 칭하는 날일 수 있겠는가? 주님이 고난당하시고 십자가에서 죽음을 맞이한 것을 'good'이라 할 수 있는가? 학자들은 'good'이라는 영어 단어에 경건한(pious) 혹은 거룩한(holy)의 뜻이 담겨 있어서 이 표현을 선택했다고 주장한다. 혹자들은 God's Friday가 본 어휘였으나, 이후 변하여 Good Friday가 되었다는 것이다.10) 중요한 것은 성금요일이 그리스도인들에게는 매우 역설적인 날로, 주님을 십자가에 못 박히게 한 슬픔과 그리스도의 구속의 은총으로 인한 기쁨이 공존하는 날이라는 것이다. 이러한 맥락으로 조망하면, 정교회에서 이 날을 Great Friday라 칭하는 것도 매우 설득력이 있다.

---

10) Laurence Hull Stookey, *Calendar*, 96.

성금요일은 성삼일의 가장 정점에 있는 날이다. 열두 제자 중의 하나인 유다가 무장한 무리들과 함께 주님께 와서 그에게 문안의 인사를 한 후 입을 맞추었다. 은 삼십을 받은 유다와 함께 온 무리들이 예수의 손을 잡고 끌고 가려하자 베드로가 그 무리 중 대제사장의 종을 칼로 쳐 그 귀가 떨어져 나가게 했다. 하지만 주님은 선지자들의 글을 이루려 하신다며, 무리들에 의해 끌려가셨다. 이를 목도한 제자들은 예수를 버리고 다 도망하였다. 공의회에 서신 주님은 무흠함에도 불구하고 빌라도 총독에게 넘겨졌다. 빌라도는 예수의 무죄를 알았지만 민란이 날까 두려워 무리들의 요구에 따라 예수의 십자가형이 이뤄지도록 방관하였다.

십자가형은 주님의 가신 고난의 길로부터 시작되었다. 군병들은 주님의 옷을 벗기고 홍포를 입혔으며 가시관을 머리에 씌우고 온갖 육체적 가해와 조롱을 퍼부었다. 골고다 언덕까지 오르신 주님은 그곳에 세워진 십자가에 못 박히셨다. 그의 머리 위에는 '유대인의 왕 예수'라 쓴 죄패가 붙어 있었다. "다 이루었다"를 외치신 주님은 오후 세 시에 목숨을 거두셨다.

성금요일 예배는 주님의 수난사의 절정인 마지막 순간에 대한 회상과 참여를 목적으로 이뤄진다. 전통적으로 교회는 성금요일 예배를 통해서 주님의 고난, 십자가, 그리고 무덤을 간접적으로 경험하도록 하였다. 성금요일 예배가 한국교회에서는 비록 익숙하지 않고 알려져 있지 않지만, 오감을 자극하는 예전적 요소들을 통해서 예배자들은 그리스도의 자기 주심의 사건을 경험할 수 있다. 성금요일 예배는 예수의 죽음을 직접적으로 표현하는 예배이며, 죽음 이후 장사 지낸 부분까지 표현하고 있다. 전통적으로 교회는 성금요일 예배 중에는 찬양을 받을 대상이 부재한 것으로 이해하였다. 이로 인해서 찬양은 가급적 금하였으며, 주님의 수난사를 중심으로 말씀을 묵상하는데 집중하였다. 흑암예배와 십자가 경배예배가 성금요일 예배로 드려지고 있다.

라틴어 테네브레(tenebrae)는 흑암을 의미하는 단어로, 중세 교회에서 고난주간, 특별히 성삼일 기간 동안에 행했던 특별한 예배였다. 이르게는 6세기에서 늦게는 8세기에 시작된 것으로 보이는 이 흑암예배는 로마 예식서에 등장한다. 자정 혹은 새벽 즈음에 모여서 시편, 교창, 그리고 말씀을 읽고 묵상하는 것으로 예배가 구성되었다. 이러한 흑암예배가 12세기에 갈리칸 예전의 요소들을 수용하면서 보다 극적인 연출을 한 것으로 보인다. 촛불을 하나씩 소등하면서 말씀을 읽는 것을 시작하였다. 촛불을 소등하면서 빛으로 이 땅에 오신 주님께서 그 생명을 잃어가는 것을 상징적으로 표현하려고 한 것 같다. 초는 촛대 위에 위치했는데, 촛대는 가운데를 중심으로 양쪽으로 초를 꽂을 수 있게 하였다. 다지촛대(hearse)이지만 삼각대의 구조를 이루고 있는 촛대였다. 이와 같은 촛대는 중세시대 장례식에서 사용하였는데, 시신이 안치되 있는 관 옆에 세워져 있었다.11)

가톨릭에서는 중세에 시작되었던 다지촛대의 전통을 아직도 사용하고 있다. 흑암예배를 드리는 동안 주님의 수난에 관한 성구를 읽고 다지촛대의 촛불을 하나씩 소등하는 것을 반복하는 것이 주된 예식이다. 주님의 수난사와 죽음 이후의 장례의 구절까지 다 읽고 난 후에는 모든 촛불이 소등되어 예배당 내부는 완벽한 흑암을 경험하게 된다. 이를 통해서 무덤에 머물러 있는 주님을 상징하고자 했으며, 예배당 내부는 주님의 무덤을 상징하고자 하였다.

---

11) James Monti, *The Week of Salvation: History and Traditions of Holy Week* (Huntington, Indiana: Our Sunday Visitor Publishing Division, 1993), 79-80.

십자가 경배예배는 제목에서 알 수 있듯이 주님이 지시고 고난당하신 십자가를 바라보면서 주님의 고난을 묵상하는 예배이다. 주님의 수난사 본문을 읽고 기도와 묵상을 한 후, 회중들은 십자가 앞으로 나아와서 그 십자가를 바라보거나 만져보면서 주님의 고난에 참여하는 방식의 예배이다. 가톨릭의 경우는 예배에 참여하는 성도들이 성찬을 받듯이 모두 앞으로 나와서 십자가 앞에 간단히 절을 하고 자신의 자리로 돌아가는 형식을 취하고 있다. 현대에 와서는 시각적 효과를 위해서 십자가 주변에 초를 켜둠으로 성도들이 십자가에 보다 집중할 수 있도록 하고 있다. 필자는 수년 전 성금요일에 흑암예배와 십자가 경배예배를 혼합한 새로운 십자가 경배예배를 기획하여 드렸다. 예배의 순서는 다음과 같았다.12)

---

12) 2008년 3월 사순절 기간에 ancient-future 워십세미나에서 드렸던 예배로, 감신대 예배와 문화 연구소가 주최하였고 성애성구사가 후원하였다. 예배는 성애성구사 내에 있는 가장성애교회에서 행해졌다. 참고자료는 아래와 같다.『기독교대한감리회 새 예배서』(서울: 기독교대한감리회 홍보출판국), 2002;『(기독교대한감리회) 예배서』(서울: 기독교대한감리회), 1992; 나형석,『성찬으로의 초대』(서울: 도서출판 KMC), 2004;『새 찬송가』(서울: 한국찬송가공회), 2007; 2006년도 연세대학교회 예배와 음악 컨퍼런스. Robert E. Webber,『교회력에 따른 예배와 설교』(*Ancient-Future Time; Forming Spirituality through the Christian Year*), 이승진 역 (서울: 기독교문서선교회, 2006). The United Methodist Hymnal. Nashville, Tennessee: The United Methodist Publishing House, 1989.

☙ 십자가 경배예배 ☙

I. 하나님 앞으로 나아옴

전주   연주팀

(어둠 속에서 연주팀이 '오 거룩하신 주님'을 잔잔하게 연주한다.)

십자가 묵상   맡은이

(연주가 진행되는 동안 8개의 처소에 차례대로 불이 들어온다. 그리고 십자가가 입장하여 제자리에 위치한다.)

입례송   '놀라운 그 이름', '보혈을 지나'   다같이

(회중이 일어나 찬양할 때 점화위원, 켄토(Cantor: 선창자), 봉독자, 기도자, 집례자, 설교자 순서로 입장하고 촛불점화를 한다.)

예배로의 부름   집례자

(연주팀의 반주가 잔잔하게 계속 진행되는 동안 집례자가 예배로의 부름을 인도하고, 기도가 마무리되면 '보혈을 지나'의 후렴으로 이어질 때 온 회중이 함께 찬양한다.)

집례자 우리가 마음의 눈을 뜨고 십자가에 높이 달리신 우리 주님을 바라봅시다.

회 중 우리가 마음의 눈을 뜨고 주님의 고난과 슬픔을 바라봅니다.

집례자 우리가 아직 죄인 되었을 때에 그리스도께서 우리를 위하여 죽으심으로 하나님께서 우리에 대한 자기의 사랑을 확증하셨습니다.

회 중 세상 죄를 지고 가는 하나님의 어린 양을 바라봅니다.

집례자 우리 아버지 되신 하나님, 머리 숙여 간구하오니 우리들의 묵상과 간구와 기도를 받아 주시오며, 여기 모인 사람들의 뜻과 생각이 오직 주님을 향하게 하사 영원한 구원을 얻게 하옵소서.

다같이 우리를 사랑하사 그의 피로 우리 죄에서 우리를 해방하시고 그 아버지 하나님을 위하여 우리를 나라와 제사장으로 삼으신 그에게 영광과 능력이 세세토록 있기를 원하노라 죽임을

당하신 어린 양이 능력과 부와 지혜와 힘과 존귀와 영광과 찬송을 받으시기에 합당하도다. 아멘.

찬양　　　　삼위영가 '보혈을 지나,' '거룩 거룩 거룩'　　다같이
오늘의 기도　　　　　　　　　　　　　　　　　　　　맡은이
기도 응답송　　　　　　　　　　　　　　　　　　　　연주팀
(기도 후에 연주팀이 '주여 기도를 들으소서'를 연주한다.)

II. 말씀의 선포

첫 번째 성서봉독　　이사야 52:12-53:12　　　　　　맡은이
시편교창　　　　　　시편 22편　　　　　　　　　　다같이
(회중이 '오 거룩하신 주님'의 앞 소절을 부르면 봉독자가 시편 22편의 말씀을 번갈아 봉독한다. 맨 마지막 말씀봉독 후에는 1절 전체를 회중이 함께 부른다.)

(후렴)

봉독자　내 하나님이여 내 하나님이여 어찌 나를 버리셨나이까
　　　　어찌 나를 멀리하여 돕지 아니하옵시며
　　　　내 신음하는 소리를 듣지 아니하시나이까
　　　　내 하나님이여 내가 낮에도 부르짖고 밤에도 잠잠치 아니하
　　　　오나 응답지 아니하시나이다
　　　　이스라엘의 찬송 중에 거하시는 주여 주는 거룩하시나이다
　　　　우리 열조가 주께 의뢰하였고 의뢰하였으므로 저희를 건지
　　　　셨나이다
　　　　저희가 주께 부르짖어 구원을 얻고
　　　　주께 의뢰하여 수치를 당치 아니하였나이다
회 중　(후렴 반복해서 찬양)
봉독자　오직 주께서 나를 모태에서 나오게 하시고
　　　　내 모친의 젖을 먹을 때에 의지하게 하셨나이다
　　　　내가 날 때부터 주께 맡긴바 되었고
　　　　모태에서 나올 때부터 주는 내 하나님이 되셨사오니

　　　　　　　나를 멀리하지 마옵소서 환난이 가깝고 도울 자 없나이다
　　　　　　　많은 황소가 나를 에워싸며 바산의 힘센 소들이 나를 둘렀으며
　　　　　　　내게 그 입을 벌림이 찢고 부르짖는 사자 같으니이다
　　회 중　(후렴 반복해서 찬양)
　　봉독자　나는 물같이 쏟아졌으며 내 모든 뼈는 어그러졌으며
　　　　　　　내 마음은 촛밀 같아서 내 속에서 녹았으며
　　　　　　　내 힘이 말라 질그릇 조각 같고 내 혀가 잇틀에 붙었나이다
　　　　　　　주께서 또 나를 사망의 진토에 두셨나이다
　　　　　　　개들이 나를 에워쌌으며 악한 무리가 나를 둘러 내 수족을 찔렀나이다
　　　　　　　내가 내 모든 뼈를 셀 수 있나이다 저희가 나를 주목하여 보고
　　　　　　　내 겉옷을 나누며 속옷을 제비 뽑나이다
　　　　　　　여호와여 멀리하지 마옵소서 나의 힘이시여 속히 나를 도우소서
　　회 중　(후렴 반복해서 찬양)
　　봉독자　땅의 모든 끝이 여호와를 기억하고 돌아오며
　　　　　　　열방의 모든 족속이 주의 앞에 경배하리니
　　　　　　　나라는 여호와의 것이요 여호와는 열방의 주재심이로다
　　　　　　　세상의 모든 풍비한 자가 먹고 경배할 것이요
　　　　　　　진토에 내려가는 자 곧 자기 영혼을 살리지 못할 자도
　　　　　　　다 그 앞에 절하리로다
　　　　　　　후손이 그를 봉사할 것이요 대대에 주를 전할 것이며
　　　　　　　와서 그 공의를 장차 날 백성에게 전함이여
　　　　　　　주께서 이를 행하셨다 할 것이로다
　　회 중　("오 거룩하신 주님" 1절 찬양)
두 번째 성서봉독　　　　히브리서 10:16-25　　　　　　　　맡은이
복음서 낭독　　　요한복음 18:28-19:42, 누가복음 23:26-32　　맡은이
〈흑암예배〉
　　　　(회중이 일어나고 연주팀의 반주 중에 복음서 봉독자가 입장한다.
　　　　말씀이 봉독되는 사이 테네브레가 진행된다.

그리스도의 초와 십자가의 불을 남겨둔 채 모든 불이 꺼지면 회중은 잠시 동안의 침묵 중에 묵상기도를 한다.)
  1. 재판 (요한복음 18:28-40)/ 소등/ 후렴
  2. 십자가를 지다 (요한복음 19:1-16)/ 소등/ 후렴
  3. 쓰러지시는 예수님 (요한복음 19:17-22)/ 소등/ 후렴
  4. 구레네 시몬 (누가복음 23:26-32)/ 소등/ 후렴
  5. 슬퍼하는 마리아 (요한복음 19:23-27)/ 소등/ 후렴
  6. 십자가에 못 박히시다 (마가복음 15:33-38)/ 소등/ 후렴
  7. 십자가에서 내리다 (요한복음 19:31-37)/ 소등/ 후렴
  8. 장사를 지내다 (요한복음 19:38-42)/ 소등/ 후렴
  이는 살아계신 하나님의 말씀입니다.
 회 중 아멘
(복음서 낭독자가 퇴장하는 사이 회중은 앉고 어둠 속에서 침묵 가운데 다같이 잠시 기도한다.)

설교   맡은이
설교 후 기도   설교자

III. 십자가 경배와 성찬

십자가 경배   집례자
  십자가를 바라보라!
  온 세상의 구원이 여기에 매달려 있다.
  십자가를 바라보라!
  온 세상의 구원이 여기에 매달려 있다.
  십자가를 바라보라!
  온 세상의 구원이 여기에 매달려 있다.

침묵기도   다같이
신앙고백   사도신경   다같이
찬양   성자의 귀한 몸(1,4절)   다같이
(회중이 찬양을 하는 사이에 성찬기가 분급위원에 의해 들여와서 성찬대

> 에 놓여진다.)
> **성찬**
> (성찬예식은 교회전통에서 사용하는 절기에 따른 예문을 사용한다.)
> **엄숙한 식탁 치우기**   맡은이
> (침묵 중에 지정된 사람이 나와서 성단소에 있는 모든 장식과 물건을 치
> 운다.)
> **후주**   연주팀
> (후주 음악이 나오는 사이에 원하는 이들은 편안하게 기도를 하거나
> 자연스럽게 이동해서 묵상을 하고 예배를 마친다.)

성금요일 예배는 이와 같이 예수 그리스도 수난사의 절정에 해당되기에, 예배가 가지고 있는 극적인 요소, 즉 시각적이며 청각적인 요소들을 적극적으로 활용할 수 있다. 이를 위해서 회중들의 좌석도 일반적으로 교회에서 볼 수 있는 설교대를 중심으로 전방을 볼 수 있는 의자구조에서 서로 마주보고 앉을 수 있는 'ㄷ'자 형식으로 변경하였다. 이 예배에서는 특별히 시각적인 부분을 강조하기 위해서, 낭독되는 본문의 주제에 맞는 그림과 조각품을 설치하였다. 흑암예배는 초를 소등하는 형식으로 하지 않고 대신 조명을 사용하였다. 재판부터 시작해서 장사를 지내는 8개의 장면에 간접 조명을 비추고 해당되는 성경구절을 봉독하고 나면 조도를 점차적으로 낮춘 후 소등하도록 하였다. 회중들은 자신의 자리에서 몸을 약간 돌리면 8개의 그림과 조각품을 보는데 문제가 없도록 하였다. 복음서 말씀이 하나씩 선포될 때마다 회중들은 잠시 동안 그 작품을 묵상하고 주님의 고난에 간접적으로 참여할 수 있도록 하였다. 8개 처소의 조명들이 다 소등된 후에는 예배당 내부의 조도가 매우 낮아졌으며, 십자가 주변에서만 촛불을 볼 수 있게 하였다. 그리하여 회중들은 주님의 고난에 관한 8개의 복음서 내용을 귀로 듣고, 그에 해

〈그림 10〉 네 번째 복음서의 내용에 해당되는 구레네 시몬 (눅 23:26-32).

〈그림 11〉 두 번째 복음서 내용으로, 십자가를 지는 예수님(요 19:1-16)

당되는 내용의 성화와 구조물을 볼 수 있었다. 주님이 십자가에 못 박히시는 장면에 해당되는 그림은 매우 많다. 이 예배에서는 마티아스 그뤼네발트(Matthias Grunewald)가 그린 이젠하임 제단화를 사용하였다.

마치 제단화를 통째로 가져다 놓은 것과 같은 효과를 주기 위해서, 제단의 전면에는 검은 색 천을 활용하여 커다란 십자가 모양의 틀을 설치하였다. 그 위에 이젠하임 제단화에 있는 십자가에 달리신 주님의 부

〈그림 12〉 성찬상과 설교대를 설치하기 전의 앞면 모습

〈그림 13〉 예배 시작되기 전 예배에 대한 설명의 시간

〈그림 14〉 예배 장면

분들을 확대해서 십자가에 붙였다. 뒤에서 비쳐오는 간접 조명의 효과로 회중들은 고통당하시는 주님에게 시선을 집중할 수 있었다.

3. 성토요일 예배

성삼일의 마지막 예배인 성토요일 예배는 실제 토요일에는 드리지 않는다. 성토요일 예배는 자정에 모여서 드리는 밤샘예배(Vigil)의 성격이 일반적이다. 성토요일에 예배가 있다고 하더라도 보통 아침에 모여서 성경을 읽고 기도하는 것으로 이뤄진다. 성토요일에는 다음날 이뤄질 부활절을 준비하는 것에 집중하거나, 자정에 모여서 드리는 밤샘예배나 새벽예배를 준비하는데 집중한다.13)

부활절 전야예배 혹은 부활절 새벽예배는 초대교회에서도 그 흔적을 찾을 수 있다. 에게리아 수녀의 기록에 따르면, 세례와 함께 부활절

---

13) 로버트 E. 웨버, 『교회력에 따른 예배와 설교』, 188.

새벽 예배가 시작됨을 기록하고 있다. 교회 밖에 있는 세례탕에서 세례를 행하고 감독과 세례를 받은 아이들, 그리고 회중들이 대교회(예수기념교회/Anastasis) 앞 로비에 모였다. 회중들은 찬송을 불렀고, 감독은 회중들을 위해서 기도함으로 입당을 위한 순서를 마쳤다. 이후 감독과 회중들은 대교회로 입당함으로 부활절 새벽예배를 시작하였다.14)

4. 부활절 새벽예배

어린 시절 필자는 부활절 새벽이 되면 평소에 입지 않던 흰 소복을 입고 교회로 향하시던 어머니가 매우 이상하게 생각되었다. 어머니 손에 이끌려 나간 부활절 새벽예배에는 어머니처럼 흰색 소복을 입고 계신 분들이 많았다. 한국교회가 어떠한 역사적 배경 속에서 부활절 새벽에 흰색 혹은 검은색 한복을 입게 되었는지에 대한 연구 결과는 찾지 못했다. 비록 당시 부활절 새벽 예배를 드리던 분들이 어떤 이유에서 이와 같이 흰색 소복을 입었는지 알 수는 없지만, 신학적 그리고 역사적 관점에서 볼 때 우리네 어머님들이 입으셨던 흰색 소복과 부활절 새벽은 매우 깊은 상관성이 있다. 이에 대해서는 부활절 예배에서 좀 더 다루도록 하겠다.

성삼일 예배의 절정은 부활절 새벽예배를 통해서 나타난다. 그리스도의 부활 축하는 기독교의 가장 큰 축제의 순간이다. 기독교 신앙의 가장 기본이 되는 부활의 순간을 물리적으로 경험하는 일 년에 한 번 있는 순간이다. 이 부활절 새벽예배는 단순히 주님의 부활만을 축하하고 기

---

14) M. L. McClure and C. L. Feltoe, ed. and trans. *The Pilgrimage of Etheria* (London: Society for Promoting Christian Knowledge, 1919), 78-79. Online version edition.

억하는 시간이 아니라, 하나님의 구속사적 의미를 다시 한 번 기억하고 축하하는 시간이며 공간이 되어야 된다. 이러한 이유로 교회는 전통적으로 부활절 새벽예배의 시작을 하나님의 창조로부터 시작하였다. 하나님이 이 땅을 창조하시고, 인간들의 구속을 위하여서 행하셨던 모든 위대한 일들을 찬양하는 것으로 시작하였다. 부활절 새벽예배는 하나님의 구속사적 역사를 포함하여 크게 4부분으로 구성되어 있었다. 빛의 예전, 말씀의 예전, 물의 예전, 성찬을 통한 부활의 선언으로 되어 있고 예배 순서는 다음과 같다.

∽ 부활절 새벽예배 ∾

(아래에 소개하는 부활절 새벽예배는 2010년 부활절 연합예배에 기초하고 있다. 초대교회 예배에 근거해서 필자를 포함하여 몇 명의 예배학자들이 공동으로 작업하여 만든 예배문이다.)

I. 빛의 예전

전주	반주자
예배의 부름과 기원 요1:1, 4-5	집례자

사랑하는 성도 여러분, 바로 오늘 이 새벽에 우리 주님께서는 죽음에서 생명으로 옮기셨습니다. 우리는 그분의 승리와 부활을 다시 한 번 분명히 보고 기념하기 위하여 여기에 모였습니다. 죽음을 이기시고, 죄의 사슬을 끊으시고, 어둠에서 영원한 빛을 환히 비춰주신 예수 그리스도를 찬양하고 경배합시다.

이 복된 승리의 잔치에 우리를 초청하시는 하나님의 말씀을 들으십시오.

"… 태초에 말씀이 계시니라. 이 말씀이 하나님과 함께 계셨으니, 이 말씀은 곧 하나님이시니라. … 그 안에 생명이 있었으니 이 생명은 사람들의 빛이라. 빛이 어두움에 비춰되 어두움이 깨닫지 못하더라"(요 1:1, 4-5).

기원 　　　　　　　　　　　　　　　　　　　　　　　인도자

할렐루야, 영광을 받으실 하나님! 안식 후 첫날 새벽에 무덤 문을 여시고 예수 그리스도를 다시 살리신 부활의 은총을 찬미합니다. 부활을 확신하는 우리 교회 온 성도들이 잠자는 자들의 첫 열매가 되신 예수 그리스도 안에서 신령한 몸으로 다시 살 것을 믿고 이 예배를 올려드리오니 이 예배를 받아 주옵소서. 부활의 주 예수님의 이름으로 기원합니다. 아멘

찬송　　　　　　164장(예수 부활 했으니)　　　　　　다같이

부활의 빛 점화　　　　　　　　　　　　　　　　　　　맡은이

(강단의 중심에 대형 흰 초를 설치하고, 화동에 의해서 초를 점화한다.)

부활 선포　　　　　　인도자1,2(부목사 혹은 장로에 의해 인도)

인도자1 할렐루야! 예수 그리스도께서 부활하셨습니다.

인도자2 하늘과 땅의 피조물들과 함께 기뻐하며 우리 주님의 부활을 선포합시다.

인도자1 예수 그리스도께서 모든 어둠과 죽음의 권세를 물리치고 승리하셨습니다.

인도자2 그리고 그 부활의 주님께서 우리를 부활의 빛으로 인도하십니다.

인도자1,2 우리 모두 주님의 부활을 기뻐하며 감사함으로 선포합시다.

회　중 할렐루야! 예수 그리스도께서 부활하셨습니다.

삼위영가　　　　　　2장(찬양 성부 성자 성령)　　　　　　다함께

오늘의 기도(연도-Litany)

집례자 하나님 아버지, 예수 그리스도를 죽음에서 일으키사 우리에게 영원한 소망을 주심을 감사드립니다.

회　중 우리를 죄와 사망에서 구원해주신 예수님께 감사와 찬송과 영광을 돌립니다.

집례자 세상의 모든 어둠을 물리치고 빛 가운데로 우리를 인도하신 예수 그리스도를 찬양합니다.

회　중 이제 우리들도 빛 되신 주님을 따라 세상을 밝히는 빛으로

> 살게 하옵소서.
> 집례자 부활하신 예수님의 능력이 오늘 이 자리에 주님의 거룩한 성
>   례에 임하시길 소망합니다.
> 회 중 우리의 세례를 기억하게 하시고, 새 생명의 신비를 회복하게
>   하옵소서.
> 집례자 부활의 주님과 함께 나누는 거룩한 주님의 살과 피를 통해
>   유월절의 신비를 소리 높여 찬양합니다.
> 회 중 오늘의 성찬으로 주님의 부활을 기쁨으로 축하하게 하옵소서.
> 집례자 오늘 새롭게 주님의 백성으로 부활하는 우리의 삶에 기름 부
>   어 강건케 하옵소서.
> 다함께: 할렐루야! 할렐루야!

이 빛의 예전의 시작은 여전히 흑암이다. 흑암의 상태는 주님의 무덤을 상징적으로 나타내기 위함도 있지만, 태초의 혼돈과 흑암을 의미하는 것도 있다. 어둠을 통해서 "그리스도의 빛이 소멸되었다는 신학적 의미"를 담았다.15) 어두움 가운데서 부활의 빛을 점화함으로 그리스도의 부활을 상징적으로 나타낼 뿐 아니라, 하나님의 새 창조의 역사를 의미하기도 한다. 예배로의 부름과 기원은 요한복음 1장의 말씀을 사용하였다. 이를 통해서 하나님께서 세상을 살리는 생명의 빛을 허락하심을 기억하고 감사를 고백하였다.

필자가 참석한 서구의 한 교회의 부활절 새벽예배는 교회 예배당 내부에서 시작되지 않고 교회 앞마당 뜰에서 시작하였다. 이른 봄이기에 추위가 남아있어서 교회 앞마당에 모닥불을 피웠다는 생각이 들었다. 이윽고 성도들이 모닥불 주변으로 어느 정도 모였을 즈음에, 자연스럽

---

15) 로버트 E. 웨버, 『교회력에 따른 예배와 설교』, 190.

게 예배가 시작되었다. 마태복음 26장 69절 이하에 나오는 베드로가 예수님을 세 차례 부인하는 내용으로 상황극이 전개되었다. 두 명의 여인과 한 남성이 베드로에게 나사렛 예수와 함께 있었던 사람이냐는 질문을 하였다. 베드로는 이를 강하게 부인하였으며, 이어서 녹음된 닭이 우는 소리가 들렸다. 낙심하는 베드로를 따라서 회중들은 예배당 안으로 입당하였으며, 로비에서 예배가 계속되었다. 로비에서는 창세기 1장의 내용에 근거한 예전적 춤이 연출되었다. 배우는 춤으로 천지 창조를 연기하였다. 이어 집례자의 기도로 천지를 창조하신 성부 하나님께 감사의 기도를 드리는 것으로 빛의 예배를 시작하였다. 결국 이 빛의 예전은 생명의 주관자 되시는 하나님을 기억하고, 우리에게 있는 생명의 신비를 빛을 통해서 상징적으로 체험하고 고백하는 부분이다.

부활의 빛을 점화하는 순간에는 가급적이면 대형의 흰색 초를 준비하면 좋고, 부활의 의미를 충분히 경험할 수 있는 부활 찬송을 연주하는 것이 좋다. 부활의 선포 또한 새벽을 깨울 수 있는 힘 있는 소리로 인도할 수 있어야 된다. '할렐루야'를 통해서 죽음을 이기고 승리하신 주님의 이름을 영화롭게 높이는 고백이 될 수 있도록 힘 있게 고백해야 한다.

II. 말씀의 예전

찬송	165장(주님께 영광)	다같이
성경봉독		맡은이
찬양		찬양대
말씀선포		설교자
봉헌		다함께

말씀의 예전은 부활의 메시지 선포를 중심으로 이뤄진다. 하지만, 부활주일 예배에서 동일한 메시지가 선포될 수 있다. 가급적이면 부활절 새벽예배에서의 메시지는 고난과 죽음을 당하신 주님의 부활을 선언적으로 선포하도록 한다. 설교의 메시지를 하나님의 창조 섭리에 따른 부활의 신학적 의미에 대해서 간략하게 선포한다면, 성경봉독의 시간을 길게 갖는 것도 유의미하다. 초대교회에서 '시간이 허락되는 한' 성경을 읽었던 전통과 같이 창조의 이야기로부터 부활의 사건까지의 말씀을 읽는 것도 좋다. 새벽을 밝히고 찾아온 이들이라면, 이미 부활의 사건을 잘 알고 있기에 목사의 반복적인 설교보다는 성경을 충분히 읽는 것으로 말씀의 예전을 구성하는 것도 매우 좋다.

> **III. 물의 예전 / 세례 재확증**
>
> **초청의 말씀** 집례자
>
> 사랑하는 성도 여러분, 오늘은 기독교 절기 상 가장 복된 날입니다. 주님의 교회는 역사적으로 이 부활주일에 하나님이 베풀어주신 구원의 은총을 기억하며 감사와 감격의 예배를 드렸습니다. 그래서 교회는 이 거룩한 순간에 예수 그리스도와 함께 죽고, 새 생명을 얻게 되는 세례와 세례의 갱신을 기념하는 것입니다.
> "그러므로 우리가 그의 죽으심과 합하여 세례를 받음으로 그와 함께 장사되었나니 이는 아버지의 영광으로 말미암아 그리스도를 죽은 자 가운데서 살리심과 같이 우리로 또한 새 생명 가운데서 행하게 하려 함이니라"(롬 6:4-5).
> (성경 봉독 후, 집례자는 성수대에 담겨 있는 물을 두 손으로 듬뿍 뜬 후, 회중들이 보고 들을 수 있도록 그릇에 떨어뜨린다.)
> 여러분의 세례를 기억하십시오!
> (물을 떨어뜨리며 회중을 향해 선포한다).

죄의 회개와 믿음의 고백

집례자 역사적으로 교회는 세례언약을 통해서 죄를 회개하며, 믿음을 고백하고, 그리스도에 대한 헌신을 약속하였습니다. 진실하게 하나님과 스스로에게 다짐하는 시간을 갖습니다. 아래의 질문에 대한 대답은 여러분들 마음으로 하시고, 마지막 결단의 순간에 재확증하도록 합니다.

여러분은 이 세상의 모든 악과 그 악의 세력을 거부하겠습니까?

-침묵-

집례자 여러분은 하나님에게서 멀어지게 하는 죄의 욕망들을 버리겠습니까?

-침묵-

집례자 여러분들은 하나님의 뜻과 성경에 어긋나는 것들을 모두 버리기로 결심하겠습니까?

-침묵-

집례자: 여러분은 진정으로 죄를 뉘우치며 예수 그리스도를 구세주로 믿습니까?

-침묵-

집례자 여러분은 예수 그리스도의 은혜와 사랑을 믿으며, 주님만을 영원토록, 영원토록 섬기며 살 것을 약속하십니까?

-침묵-

집례자 여러분은 하나님의 도우심으로 언제나 주님의 거룩하신 뜻과 계명을 준행하겠습니까?

-침묵-

신앙고백	사도신경	다함께
물에 대한 감사		집례자

천지만물을 창조하신 하나님, 거룩한 예식을 행하도록 저희에게 이 물을 주시니 감사합니다. 태초에 하나님의 거룩한 영이 수면 위를 운행하시고, 빛을 창조하셨습니다. 노아의 때에 방주를 통해 물 가운데에서 구원하셨고, 애굽에서 종살이하

> 던 주님의 백성을 홍해의 물을 가르심으로 구원하셨으며, 요단 물을 건너게 하심으로 약속의 땅으로 인도하셨습니다. 하나님께서 보내신 예수님은 물과 성령으로 세례를 받으시고, 또한 제자들을 부르시사 그리스도의 죽으심과 부활에 연합하여 세례 받게 하시고, 모든 나라 백성을 그리스도의 제자로 삼아주셨습니다. 이제 하나님께서 이 물을 성별하여 주옵소서. 성령의 능력이 이 물 위에 임하셔서 세례와 세례를 재확증하는 우리로 하나님의 백성으로 거듭나게 하시고, 부활하신 주님과 함께 영원히 살아가게 하여 주옵소서. 성부와 성자와 성령께 모든 찬양과 영광을 드리옵나이다. 아멘.
>
> **세례예식**　　　　　　　　　　　　　　　　　　　　집례자
> 　(『새 예배서』의 순서에 따라 행한다.)
> **세례의 재확증 예식**　　　　　　　　　　　　　　　집례자
> 　이제 하나님 앞에 자신이 받은 세례를 재확증하기를 원하는 분들은 스스로 성결된 물 앞으로 나아가셔서 여러분이 받은 세례를 기억하십시오. 세례 받았던 그 물을 다시 한 번 여러분의 머리에 바르시고 결단하시길 바랍니다.

　기독교 공동체의 부활 사건과 세례는 매우 밀접한 상관성이 있다. 교회는 전통적으로 부활절에 세례 예식을 행해왔다. 세례 신학의 가장 중심에는 부활이 자리하고 있기 때문에, 교회는 전통적으로 부활절에 세례 예식을 해왔다. 필자가 속해 있는 기독교대한감리회의 예배서인『새 예배서』에서는 다섯 가지로 세례신학을 정리하고 있다. 그 가운데 첫 번째 정의는 "세례는 성도로 하여금 예수 그리스도의 죽으심과 부활에 동참케 하는 것이다"(롬 6:3-11)이다.[16] 예수 그리스도의 죽으심과 부활

---

16) 기독교대한감리회,『새 예배서』, 73.

에 동참하는 것은 그리스도와의 연합을 위한 행위였다. 기독교 영성의 궁극의 목적이 주님을 닮는 것(imitation Dei)이라고 할 때, 그리스도와의 연합은 선결되어야 할 최고의 영역이다. 연합과 하나님의 경험이 없이는 우리가 주님을 닮아갈 수 없다.17) 하지만, 오늘의 한국교회에서 보이고 있는 보편적인 현상 가운데 하나는 교회에서 세례 예식이 점점 사라지고 있다는 사실이다.

세례를 받아야하는 새로운 교인이 현실적으로 사라지고 있는 추세이다. 교회를 찾아오는 이들 가운데 상당수는 이미 다른 교회의 세례인인 경우가 많다. 이는 교회에서 세례 예식을 행하는 빈도수가 없어짐을 의미하고, 성도들은 자연스럽게 세례 예식 자체를 접할 수 있는 기회가 사라지는 것을 의미한다. 세례 예식이 가지고 있는 의미 가운데 하나는 세례를 받은 세례 교인들이 자신의 세례를 기억함에 있다. 이를 위해서 세례탕 혹은 세례반을 회중들이 볼 수 있는 곳에 놓아두기도 한다. 세례 예식 자체가 교회에서 점점 사라지게 됨으로 회중들은 세례에 대한 기억을 되짚을 기회를 상실하게 되고, 스스로 세례인 됨의 의미를 망각하게 된다. 교회는 오랜 시간 동안 성도들이 세례인임을 기억시키고자 많은 노력을 해왔고, 그 가운데 하나의 노력이 바로 세례 재확증 예식이다. 세례의 의미가 가장 명확하게 나타날 수 있는 부활절 새벽에 세례예식과 세례 재확증 예식을 통하여 회중들이 주님의 부활에 믿음으로 동참하도록 인도하는 것은 반드시 회복되어야 할 초대교회의 가르침이다.

세례 재확증 예식은 목회자에 의해서 행해지는 것이 아니라, 스스로

---

17) 안톤 A. 부허, 『영성심리학』, 이은경 옮김 (서울: 동연, 2013), 66. 재인용, 박해정, "감리교인으로서의 세례, 세례갱신, 그리고 세례인의 삶," 『신학과 세계』. 2014년 봄호, 통권 제79호, 168.

세례대 앞으로 나와서 행한다. 이는 성례는 아니기에 안수 받은 목회자에 의해서 집례되어야 하는 예식은 아니다. 세례를 행한 후, 혹은 세례가 없는 경우는 물을 거룩하게 하는 기도와 세례의 재확증을 위한 기도를 드린 후 회중들은 한 사람씩 나와서 세례수에 손을 담가 자신의 머리에 스스로 적시며 잠시 묵상으로 자신이 받은 세례를 기억하는 시간을 갖는다. 비록 세례를 받은 지 오래되어서 기억 속에 없을지라도 그 옛날 자신이 받은 세례를 기억하면서 부활하신 주님과 함께 새로운 생명으로 태어날 것을 믿고 행하는 예식이다. 필자는 미국의 한 교회에서 세례 재확증 예식에 참여한 적이 있다. 서구의 교회에서는 집례자들이 회중석을 돌아다니면서 세례수를 뿌리면서 "당신의 세례를 기억하시오"라고 외친다. 필자도 조용히 기도하는 중에 얼굴에 세례수가 뿌려지는 것을 경험하였다. 필자의 경험은 경건하거나 엄숙한 느낌이라기보다는 놀랐고, 조금은 불편했다. 이러한 필자의 경험에 근거하여서, 그리고 한국인의 정서를 고려하여서 물을 면전에 뿌리는 것 보다는 스스로 나와서 세례수에 손을 담가 자신의 세례를 기억하는 것이 나을 것이라 생각된다.

IV. 성찬의 예전

성찬으로 초대

집례자 그리스도 부활의 기쁜 소식을 듣고, 절망과 사망에서 벗어나 영원한 생명의 대열에 서는 믿음의 성도를 이 거룩한 식탁에 초대합니다. 이전의 죄된 것을 다 떨쳐버리고 기쁨과 소망으로 이 성찬에 참여하시기를 바랍니다.

회　중 영원한 생명의 근원이신 하나님, 감사와 기쁨으로 주님 앞에 나아갑니다.

시작기도

집례자	더욱이 저희를 죄와 사망에서 구원하시고자 몸소 사람의 몸으로 이 땅에 찾아오셔서 저희의 죄와 허물을 그 한 몸에 지시고 고난까지 당하셨습니다.
회 중	이제 그리스도의 부활로 구원을 맛보며 주님의 은총과 사랑을 충만히 체험하고 약속하신 영생을 누릴 소망 속에서 영광의 주님만을 한결같이 기다립니다.
집례자	그러하기에 이 땅 위의 온 백성과 하늘의 거룩한 성도, 또한 천군 천사들과 함께 주님의 이름을 소리 높여 찬양합니다.

성찬 제정사

기념사

성령 임재의 기원

주님의 기도

평화의 인사

분병례

분급

성찬 후 감사기도   다함께

전능하시고 영원하신 하나님, 부활과 구원의 신비 속에 생명의 양식을 채워 주시니 감사합니다. 이제 험한 세상에 나아갈 때에 성령으로 보호하여 주시고, 날마다 승리하는 삶을 누리게 하옵소서. 부활의 첫 열매가 되시는 예수 그리스도의 이름으로 기도합니다. 아멘.

결단   찬송가 161장(할렐루야 우리 예수)   다함께

파송의 말씀   집례자

우리 주님의 부활을 통해 영원한 생명을 누리게 된 성도 여러분, 이제 우리 모두 슬픔과 고통으로 신음하고 있는 이 나라와 세계를 향하여 나아갑시다. 우리 모두 세상을 온전히 밝히는 등불이 되어 하나님께 영광 돌리는 삶을 삽시다.

축도   집례자

송영   찬양대

후주   반주자

앞에서도 언급하였지만, 한국교회에서 부활절과 성찬의 신학적 의미가 서로 상치되는 부분이 있는 것으로 오해할 수 있다. 하지만, 부활절과 성찬은 신학적으로 그 의미가 결을 같이한다. 성찬은 부활하신 예수 그리스도를 기념하는 기독교의 가장 근본이며 중심이 되는 성례로서 유월절의 신비를 그리스도 예수 안에서 경험하는 감사의 시간과 공간이다. 엠마오 도상의 두 제자가 부활하신 주님을 만나는 기쁨의 마음으로, 그리고 부활하신 주님과 함께 아침상을 맞이하는 제자들의 감사와 감격의 마음으로 참여하는 자리가 바로 부활의 성찬자리이다. 부활절 성찬은 할렐루야를 마음껏 외치며 기쁨으로 참여할 수 있는 자리로 마련되어야 된다. 성찬을 통해서 부활의 신비를 맛볼 수 있어야 된다. 성찬을 통해서 영원한 생명의 양식을 먹고 마심에 대한 기쁨의 찬양과 고백이 있어야 한다.

실제 개교회에서 부활절 새벽에 드리는 예배로는 그 순서가 너무 많고 길기에 부적합하게 여겨질 수 있다. 하지만, 이 예배문에 있는 기도문들은 부활절 새벽예배에 회중들과 함께하는 기도로 활용하면 좋겠다. 사순절 기간 동안 교회는 기쁨의 표현들을 자제해 왔다. 할렐루야와 같은 언어는 금했으며, 무릎을 꿇고 예배를 드리는 순서가 많았다. 부활의 새벽에 주님의 부활을 선포하면서 이와 같은 제약들로부터 자유로울 수 있었다. 교회는 "할렐루야"를 외치며, 부활하신 주님을 찬양하였다. 사순절을 온전히 지킨 교회와 그 성도들은 부활절 새벽에 맞이하는 "할렐루야"를 통하여 지난 40일간 지켜왔던 금욕과 사순절 규율로부터 해방을 맞이하게 된다. 이 해방의 경험은 예수 그리스도의 보혈의 공로와 부활의 신비로 맞이하는 구속의 기쁨을 간접적으로 느끼게 해줄 수 있다.

9 장
성령강림절과 그 이후 및 주일예배

큰 틀에서 부활절은 교회력의 기준점이 된다. 부활절을 전후로 예배가 갖는 관심은 예수님의 삶과 그분의 가르침이었다. 부활절을 앞두고는 주로 주님의 삶에 예배의 초점이 있다. 주님이 이 땅에 오심을 기다리는 기간과 평화의 왕으로 오시는 주님을 기쁨으로 맞이하는 시간, 그리고 주님으로서의 자리매김을 위한 하늘의 선포와 메시아로서의 사역들, 고난당하시고 십자가에 달리시는 주님, 사망권세를 물리치시고 부활하시는 예수 그리스도의 모습을 볼 수 있다. 부활 이후의 주님을 통해서는 교회는 부활하신 주님의 가르침에 집중하였다. 그 가르침은 부활 이전의 가르침과 내용적으로 큰 차이가 있지는 않았겠지만, 부활의 증인된 제자들은 다르게 받아들였고, 다른 결과도 나타나게 되었다.

교회는 부활절을 지내고 이후 50일을 부활절기로 지킨다. 이는 부활주일로 시작해서 성령강림주일까지의 기간이다. 이 기간 동안 교회는 전통적으로 '위대한 주님의 날'(Great Lord's Day)이라 칭하며 기쁨의 축제를 행했다. 교회는 부활절 이후로 부활절 제 2주일, 부활절 제 3주일로 명칭하고, 이후 부활절 제 7주일까지의 기간을 보낸다. 부활절 제 7주일은 주님이 승천하신 것을 기념하는 승천주일로 함께 지키고 있다. 7번째 주일을 지낸 후 성령강림절을 맞이하고, 그 이후의 명칭은 성령강림 후 주일들로 지키게 된다. 성령강림 후 마지막 주일, 즉 오늘날 교회들이 잘 지키지는 않지만, 왕국절을 지킨 교회는 다시 새로운 교회력을 시작한다.

부활절 후 둘째 주일부터 넷째 주일까지 교회는 주일 예배를 통해서 예수 그리스도께서 그리스도인들의 삶에서 선한 목자로서, 가르치는 자로서 행하시는 사역에 집중하게 된다. 이후 다섯째 주일부터 마지막 일곱째 주일까지는 교회의 의미를 다시 한 번 깨달을 수 있도록 교회력에 따른 성경 본문이 구성되어 있다. 승천주일을 지내고 성령강림주일을 통해서 교회는 교회의 본질적 의미를 기억할 수 있는 시간을 가질 수 있다.

I. 성령강림주일

사도행전 2장의 기록에 따르면 주님의 부활 이후, 오순절에 한 곳에 모였던 제자들은 성령의 충만함을 받고 각기 다른 방언으로 말하는 성령의 역사를 체험했다. 동시에 각국으로부터 많은 사람들이 예루살렘으로 모여들었고, 베드로의 설교를 통하여 회개의 역사가 일어났으며, 하루에 무려 삼천 명의 사람들이 세례를 받았다. 오순절의 사건은 성령의 역사를 경험한 사건으로, 사람들로 하여금 두려움 속에서도 믿음을 갖게 하였다. 이들의 이러한 믿음은 그들로 하여금 예배 공동체로 모이게 하였고 교회를 시작할 수 있도록 하였다. 비록 이 모임이 가정에서 이루어졌지만, 이들의 모임은 교회(에클레시아)였다. 오순절 사건을 기념하여 교회는 성령강림주일을 지킨다.

성령강림주일은 교회의 사명을 새롭게 하는 주일이라는 것에 관심을 두어야 한다. 예수께서 승천하시기 전에 그를 따르던 제자들에게 하셨던 명령을 다시 한 번 기억해야 된다. 승천하시기 전 40일 동안에 주님께서는 제자들에게 주님의 증인될 것을 명령하셨다. 주님의 증인이 되기 위해서는 먼저 경험되어야 할 것이 있었다. 성령을 선물로 받아야 되었다. 성령을 체험하지 않은 상태에서는 주님의 증인, 즉 하나님 나라의 일(행 1:3)에 관여할 수 없었다. 하나님께서는 이들에게 오순절 사건을 경험할 수 있도록 허락하셔서 제자들이 성령을 체험한 후, 부활하신 주님의 제자로서 그의 증인으로서의 사명을 감당할 수 있게 하셨다. 이들의 증거는 천하 각국의 사람들에게 전해졌다. 성령의 역사를 체험한 증인들은 자신들의 모임을 통해서 교회를 형성하였고, 교회의 사명은 바로 하나님을 전하는 것이었다.

필자가 참석한 성령강림절 예배는 붉은색의 물결이었다. 어느 예배 컨퍼런스에서 경험하였는데, 예배에 참석하는 이들에게 미리 예배를 위해서 자신의 몸에 반드시 붉은색을 지니고 올 것을 부탁하였다. 필자는 붉은색의 타이와 붉은색이 섞여 있는 양말을 신었다. 붉은색 드레스, 붉은색 머리끈, 붉은 운동화, 붉은색의 모자와 목도리까지 다양한 붉은색이 성령강림절 예배에 등장하였다. 회중에게서 뿐만 아니라, 예배 공간에서도 붉은색은 곳곳에 있었다. 예배당 좌측 벽면에는 붉은 톤의 몇 가지 천을 엮어서 큰 상징물을 만들어 게시하였다. 예배당 복도의 붉은색 카펫과 제단이 더 큰 성령 강림의 느낌을 주었다. 예배당이 전체적으로 붉은색이어서 성령 강림의 사건을 예배 전에도 충분히 느낄 수 있었다. 예배의 순서는 다음과 같았다.

❧ 성령강림주일 ❧

(예배는 2006년 2월에 연세대학교 루스채플에서 있었던 "예배& 음악 컨퍼런스, 재에서 불꽃으로"의 성령강림절 예배이다. 예배의 기본적인 틀은 연세대학교 예배학 교수로 있었던 허정갑 박사와 그의 학생들의 수업에서 마련되었고, 미국 연합감리교회의 목사로 있는 류영철 목사의 추가적인 디자인으로 완성되었다.)

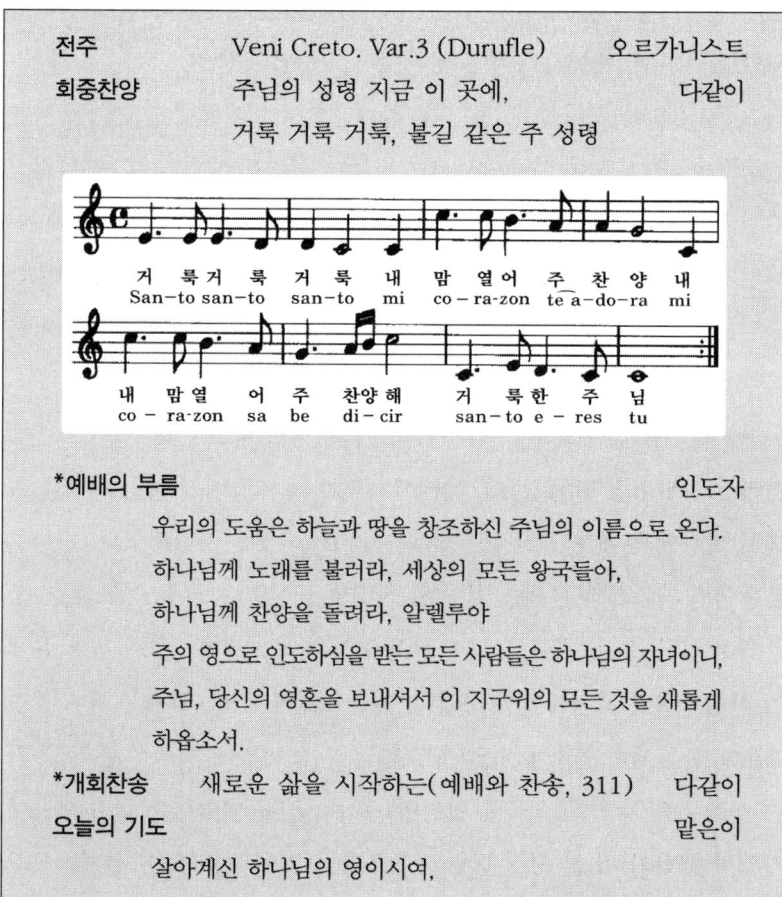

이 성령 강림날 다시금 우리를 방문하여 주시옵소서.
오시옵소서, 성령님.
모든 장벽을 다 부셔 날려 보내는 격동적인 돌풍으로
오시옵소서, 성령님.
우리의 마음을 불태우는 입술과 같은 불로
오시옵소서, 성령님.
바벨탑 같은 언어의 혼돈을 극복하는 새로운 언어로
오시옵소서, 성령님.
모든 민족과 국가들의 국경을 넘어서는 사랑으로
오시옵소서, 성령님.
약한 자를 강하게 하는 위로부터 오는 힘으로
오시옵소서, 성령님.
우리 주 예수 그리스도의 이름으로 기도드립니다.
아멘.

시편 찬송	시편 104:23-35	인도자
***영광송**	Gloria, Gloria	다같이

특별 예배 무용		홀리 웨이브
구약성서 낭독	에스겔 37:1-14	맡은이
신약성서 낭독	사도행전 2:1-21	맡은이
찬양	성령이여 내게 오소서(Wiliam J. Gaither)	찬양대
***복음서 낭독**	요한복음 15:26-27; 16:4b-15	인도자
설교	성령시대의 개막	설교자
찬송	성령이여 오소서	다같이

비록 컨퍼런스에서의 예배라서 다양한 상징과 예배 행위들이 있었지만, 주일에 개교회에서도 충분히 시행할 수 있는 예배구성이었다. 예배의 시작과 함께 회중 찬양이 세 곡 있었다. 찬양의 시간에 찬양대가 찬양대석에서 내려와서 전면의 회중들을 향해 서서 찬양하였다. 두 번째 곡인 '거룩 거룩 거룩'은 원어인 스페인어로도 불러서 성령강림절의 언어사건을 간접적으로 경험할 수 있었다. 마지막 3번째 곡의 마지막 절을 부르면서 찬양대원들은 찬양대석으로 이동하였다.

특별한 순서는 "홀리 웨이브"에 의한 무용이었다. 붉은색 복장을 한 무용수들의 선 굵은 무용은 보는 이들로 하여금 성령의 강한 역사를 생각할 수 있는 시간을 주었다. 설교 순서 뒤에 있었던 찬양과 침묵은 하나님의 말씀을 곱씹어 볼 수 있는 의미 있는 시간이었다. 설교자는 차분하면서도 분명하게 성령의 시대가 바로 그 자리에서 새롭게 시작되어야 함을 선포하였고, 이는 침묵의 기도를 통해서 나의 고백이 될 수 있었다. 작은 움직임도 느낄 수 있을 정도의 절대 침묵 속에서 예배자들은 기도하였다.

II. 성령강림 후 주일들/ 평주일

성령강림 후 1주일, 성령강림 후 2주일, 이어서 3주일로 계속 계수되는 이 절기를 영어로는 Ordinary Season, 즉 보통의, 평범한, 일상의 혹은 평주일 절기라는 용어로 표현한다. 이 기간은 1년의 반을 차지하는 기간이다. 간혹 교회는 이 기간을 무료하게 생각할 수 있다. 상대적으로 성탄절을 중심으로 있는 강림절과 부활절을 중심으로 있는 사순절에 비해서 평범한 주일로 생각될 수 있다.[1] 하지만, 성령 강림 후 주일들은 큰 축일들을 잘 지낼 수 있도록 예수 그리스도의 가르침에 집중하면서 영적으로 재충전하는 데 목적을 두고 있다.

이 기간에 교회는 주일 예배를 통해서 성도의 영적 성숙과 양육을 위한 시간을 마련할 수 있다. 비록 교회력에 따른 성서본문들이 제공되지만, 이 기간에는 조금은 자유롭게 예수 그리스도의 가르침을 통해서

---

[1] Laurence Hull Stookey, *Calendar*, 133-135.

성도들의 영적 성숙을 도모함에 목적을 두고 예배할 수 있겠다.

평주일이 다소 긴 관계로 회중들은 절기예배에 비해서 예배가 단조롭다고 느낄 수 있다. 하지만 회중들이 주일 예배에 대한 깊은 이해를 갖는다면, 반복되는 예배 속에서 하나님의 자기 수여 사건으로의 예배를 경험할 수 있다. 1970년대 이후에 접어들면서 서구 교회들은 이 평주일에 대한 이해를 새롭게 하기 시작했다. 이 기간 동안에 매주일에 부활의 기쁨을 경험할 수 있도록 주일 예배에 대한 의미를 새롭게 하였다. 주일 예배 순서가 갖는 의미와 성례전이 함께 하는 예배에 대한 이해의 확대가 예배를 보다 풍요롭게 하기 시작하였다.

III. 주일예배

미국을 중심으로 한 서구의 교회들은 20세기 중후반에 들면서 예배를 새롭게 개혁하고 변화시키기 위해 다양한 시도들을 하였다. 전쟁을 경험한 서구의 사회는 사회, 경제, 그리고 문화적으로도 대단한 변화를 경험하며 근대화의 큰 흐름을 보였다. 근대화의 물결 속에서 교회와 예배도 다양한 변화를 경험하였다.

특별히 예배와 관련해서는 세계교회협의회(World Council of Church, WCC)와 가톨릭이라는 거대한 두 기구의 역할이 매우 지대하였다. 이러한 예배 개혁은 큰 틀에서 두 가지의 목표를 가지고 있었다. 첫째는 초대교회 예배 정신의 복원이었고, 둘째는 회중의 능동적 참여였다.[2] 이러한 방향성이 교회일치 운동 차원에서 큰 결실을 보게 되었

---

2) Thomas H. Schattauer, "Liturgical Studies: Disciplines, Perspectives, Teaching,"

으며, 이는 이후 BEM(Baptism, Eucharist, and Ministry) 문서의 출판을 가져왔다. 이러한 영향으로 인해서 오늘날 한국 개신교 교단들에서 출판된 예배서들에 근거한 주일예배의 순서를 비교해 보면 대동소이함을 발견할 수 있으며, 더욱이 예배의 지향점이 매우 유사함을 알 수 있다. 김순환은 심지어 "개신교와 가톨릭도 예배의 형식, 곧 구조나 요소, 순서 등에 있어서 서로 상당한 공통적 특징"을 보이고 있다고 지적하고 있다.[3]

개신교 예배의 변화는 가톨릭의 개혁을 위한 제2차 가톨릭 공의회의 영향이 컸다. 19세기의 가톨릭교회 미사는 로만 예식의 복고를 위해 노력을 하던 시기였다. 이를 위해서 그레고리안 찬트가 발전하였고, 신갈리칸(neo-Gallican) 예식이 소개되면서 학자들에 의해서 발전된 예식의 모양을 가졌다. 하지만, 20세기에 들어서면서 예식은 변화를 가져오기 시작하였다. 20세기 가톨릭교회는 에클레시아로서의 교회에 대한 이해가 확장되기 시작하면서, 회중들이 예배에 적극적으로 참여할 수 있는 방법에 대하여 관심을 가졌다. 더불어 기독교 예배의 사회적, 영적 영향력에 관해서 신학적으로 보다 깊은 관심을 갖기 시작하였다. 이러한 변화는 요한 23세 교황에 의해서 소집된 제21차 세계 공의회를 통해서 구체적으로 문서화되어 나타났다. 1962년 교황 요한 23세는 제2차 바티칸 공의회를 소집하였고 3년간 4분야의 헌장을 선언하였는데 그 가운데 거룩한 공의회 *Sacrosanctum Concilium*(『거룩한 전례에 관한 헌장』[4])을 통하여 미사의 개혁을 시작하였다.[5]

---

in *International Journal of Practical Theology*, 2007, Vol. 11 Issue 1, 124-125.
3) 김순환,『예배학 총론』(서울: 대한기독교서회, 2012), 144.
4) 제2차 바티칸 공의회의 결과물 가운데 예배에 관한 직접적인 언급은『거룩한 전례에 관한 헌장』에 수록되어 있다. 서론과 부록을 포함하여 총 9개의 영역으로 구성되어 있다. 구성

교회를 구성하는 성도들의 예배가 사제들에 의한, 사제들을 위한 미사가 아니라 회중들이 온전히 참여하는 초대교회 예배 정신을 회복하기 위한 이들의 노력이 예배에 있어서 큰 변화를 가져왔다. 라틴어 미사로부터 모국어 미사가 허락되었고, 집례하는 사제와 회중들이 서로 마주보며 미사를 드릴 수 있게 되었다. 이는 성찬에 많은 변화를 가져오게 되었다. 벽에 붙어 있던 성찬상은 벽에서 분리 되었고, 사제는 회중들을 바라보며 성찬례를 집전하게 되었다. 가톨릭교회는 이와 같은 변화를 통하여 『거룩한 전례에 관한 헌장』이 목적하는 회중들의 '능동적 참여'가 가능해졌다.

서구의 개신교회도 예전복고운동(liturgical movement)의 영향으로 교회력에 대한 인식이 새로워졌으며, 초대교회 예배가 가지고 있었던 '말씀과 성찬'의 이중구조를 주일예배에 적용하기 시작하였다. 교단

은 아래와 같다. 1장은 거룩한 전례의 쇄신과 증진을 위한 일반적인 원칙이다. 1장에서는 거룩한 전례의 중요성과 전례에 능동적으로 참여하기 위한 방안, 그리고 전례를 쇄신하기 위한 방안들이 매우 구체적으로 열거되어 있다. 또한 전례 교수를 양육해야 되는 당위성과 전례 교육의 중요성을 강조하고 있다. 심지어 시청각 매체를 통해서도 거룩한 예식이 잘 중계될 수 있어야 된다고 가르친다. 2장은 성체성사의 지성한 신비이다. 이 장을 통해서는 미사에서 사용하는 라틴어와 모국어가 알맞게 자리해야 됨을 가르친다. 더욱이 강론의 중요성도 강조하고 있다. 3장은 성사와 준성사를 구분하고 있다. 성사에 관해서 부분적인 개정이 이뤄졌다. 4장은 성무일도이다. 기도와 말씀을 읽는 것에 대해서 구체적으로 다시 가르치고 있다. 특별히 시편과 찬미가에 대해서 개정하였다. 5장은 전례주년이다. 이는 교회력에 해당된다. 파스칼의 신비 체험을 강조하기 위해서 사순절을 강화하였다. 참회의 요소들을 보다 적극적으로 유입할 것을 가르치고 있다. 6장은 성음악이다. 신자들이 능동적으로 참여할 수 있도록 전례의 형식을 갖추었다. 마지막으로 7장에서는 성미술과 성당 기물에 대해서 가르치고 있다. 성미술은 하나님의 무한한 아름다움을 지향하기 때문에 적극적으로 수용할 것을 결정하였다. 미술 양식의 자유를 허락하였고, 성직자들에게 성미술을 교육할 것을 결정하였다. 『거룩한 전례에 관한 헌장』 전문은 가톨릭 공식 웹사이트를 통해서 볼 수 있다. http://info.catholic.or.kr/council

5) Peter E. Fink, S. J., *The New Dictionary of Sacramental Worship* (Collegeville, Minnesota: The Liturgical Press, 1990), 1082-1083.

rance(입례), Proclamation and Response(말씀과 응답), Thanksgiving(감사), 그리고 Sending Forth(파송)이다. 이와 같은 4성 구조는 한국의 개신교 주일 예배에도 영향을 주었고, 매우 유사한 형태의 주일예배 순서를 갖추게 되었다.

IV. 한국 개신교 주일예배 순서

한국 개신교단들은 21세기에 들어서면서 각 교단의 예배서를 출판하였다. 교단의 예배서에 각 교단마다의 특색이 없는 것은 아니지만, 그 특색이 크게 두드러지지는 않는다.6) 그 내용과 형식이 큰 틀에서 매우 유사하였다. 기본적으로 개신교 전통의 예배에서 볼 수 있는 4성 구조의 틀을 가지고 있다.7) 이는 앞에서 언급한 제2차 바티칸 공의회, 세계교회협의회 산하 신앙과 직제위원회의 리마문서, 그리고 북미대륙을 중

---

6) 기독교대한감리회는 2002년에 총회의 인준을 통하여『새 예배서』를 출판하였다. 이는 용어의 변경과 새로운 찬송가에 따른 변경을 위해서 개정판을 2011년에 출판하였다. 기독교대한감리회,『새 예배서』(서울: 도서출판 KMC, 2002). 한국기독교장로회에서는『희년 예배서』를 2003년에 출판하였다. 한국기독교장로회,『희년 예배서』(서울: 한국기독교장로회 출판사, 2003). 기독교대한성결교회에서는 1996년에 출판된『새 예식서』를 발전시켜서 2004년에『예배와 예식서』를 출판하였다. 기독교대한성결교회『예배와 예식서』(서울: 기독교대한성결교회 출판부, 2004). 대한예수교장로회(통합)는『표준예식서』를 발전시켜서 2008년에『예배예식서』를 출판하였다. 대한예수교장로회,『대한예수교장로회 예배-예식서 표준개정판』(서울: 한국장로교출판사, 2008).
7) 기독교대한감리회에서는 '하나님 앞으로 나아옴,' '말씀의 선포,' '감사와 응답(성찬),' 그리고 '세상으로 나아감'으로 이뤄져 있다. 한국기독교장로회 예배는 '모임', '말씀', '성찬', 그리고 '보냄'의 구조를 가지고 있다. 기독교대한성결교 예배는 '모임의 예전', '말씀의 예전,' '성만찬의 예전,' 그리고 '파송의 예전'으로 구성되어 있다. 대한예수교장로회(통합)『예배-예식서』에서는 다른 교단들처럼 4성 구조의 제목을 달아서 구분하지는 않지만, 주일 예배의 순서 자체는 다른 교단들의 것과 큰 차이를 보이지 않는다.

심으로 한 예전복고운동 등의 영향으로 보인다. 더욱이 90년대 후반 이후 북미대륙에서 예배학공부를 마치고 한국으로 돌아온 다수의 예배학자들이 유사한 학문적 성향을 가진 것도 이유가 될 것이다. 이곳에서는 필자가 속해 있는 기독교대한감리회『새 예배서』의 예배 순서에 기초해서 예배 순서가 갖는 신학적 의미를 살펴보겠다. 예배의 순서는 다음과 같다.8)

❧ 주일예배 ❧

I. 하나님 앞으로 나아옴
*전주
*입례송
*예배로 부름과 기원
*경배찬송
*죄의 고백
*자비송
*용서의 말씀
*교독
*삼위영가
오늘의 기도
주님의 기도
기도 응답송

II. 말씀의 선포
*성경봉독_ 구약성경, 서신서, 복음서
찬양

---

8) 기독교대한감리회,『새 예배서』개정판 (서울: 도서출판 KMC, 2011), 41-42.

설교 전 기도
설교

III. 감사와 응답
합심기도
신앙고백_ 사도신경
찬송
평화의 인사
*봉헌
봉헌 및 목회기도
봉헌응답송

IV. 세상으로 나아감
교회소식
*찬송
*파송의 말씀
*축도
*축복송

1. 하나님 앞으로 나아옴

첫 번째 순서에 해당되는 '하나님 앞으로 나아옴'은 예배자의 마음을 열기 위한 시간이다. 예배자는 그 마음을 열어 성삼위 하나님께 온전한 영적 예배를 드리기 위해서 기도, 고백, 그리고 찬양으로 하나님을 예찬한다. 전주를 연주하는 시간은 예배의 전체적인 분위기를 위해서 있는 것이 아니다. 정장복은 "하나님을 찬양한다는 기본 원칙만 지킨다면 자유롭게 곡을 선택할 수 있다"고 하였다.[9] 더불어 반주자는 교회력을 고려한 음악을 선택해야 된다. 전주와 후주는 예배의 처음과 마지막이다. 전주는 예배를 시작하기 위해서 있는 순서가 아니라, 예배의 순서임을 인식해야 된다.

입례송은 회중들이 『찬송가』를 통해서 찬양한다. 일반적으로 『찬송가』 분류에서 경배(8-17장), 찬양(18-41장), 주일(42-48장)이 이에 해당된다. 입례송은 회중이 모두 일어서서 찬양한다. 입례송을 부르며 입당하는 방식은 다양하다. 집례자를 포함하여 예배 순서를 맡은 모든 이들이 도열하여 함께 찬송하며 입당할 수 있다. 찬양대원들이 함께 입례하는 방식도 있다. 또한 절기에 따라 촛불을 점화하는 경우 촛불 점화자가 선두에 서서 입장할 수도 있다.

예배로의 부름과 기원은 두 가지의 기능이 함께 있다. 하나님의 백성들을 예배의 자리로 부르는 기능과 예배를 가능하게 하는 하나님의 임재를 기원하는 것이 그것이다. 우리가 예배로 모여 있을 때에 이미 하나님은 그곳에 현존하시지만, 하나님만이 그의 백성들을 예배의 자리로 초대하기에 예배 인도자가 회중들을 예배의 자리로 초대하는 것으로 인식되면 안 된다. 집례자는 자신의 언어로 회중을 초대하는 것이 아니라, 초대자인 하나님의 말씀을 인용하여서 예배로의 부름을 해야 한다. "즉, 하나님의 명령에 따라 예배를 드리는 분위기를 형성하는 순서가 예배로의 부름이다."10) 기원은 두 가지 부분에서 주의를 기울여야 한다. 첫째, 인간의 요청에 따라서 하나님이 임재하는 것으로 기원하면 안 된다. 둘째, 하나님이 기도를 드리기 전에는 계시지 않는 상태인 것으로 기원하면 안 된다. 기원은 이미 현존하신 하나님께서 성령의 역사를 통해 예배

---

9) 정장복 외, 『예배학 사전』 (서울: 예배와 설교 아카데미, 2000), 617.
10) 대한예수교장로회(통합) 『예배-예식서』, 28.

가운데 하나님의 영광을 드러낼 것을 염원해야 된다.

경배찬송은 하나님의 이름을 영화롭게 하기 위한 찬송이다. 예배의 자리에 우리들을 친히 불러주신 하나님의 은혜에 감사하면서 부르는 찬양으로, 모든 회중들은 자리에서 일어서서 찬양한다. 많은 경우 예배찬송을 부른다. 입례송과 경배찬송을 동일한 기능으로 사용하는 경우도 많으며, 택일하여서 사용할 수도 있다.

죄의 고백, 자비송, 그리고 용서의 말씀은 하나의 묶음으로 이뤄져 있다. 죄의 고백은 회중이 공동으로 드리는 기도로서, '회개의 기도'다.[11] 하나님 앞에서 그의 이름의 영화로움을 위해서 드리는 예배는 반드시 정결한 예배가 되어야 한다. 죄의 용서함이 없이 우리는 하나님 앞에 예배할 수 없다. 죄의 고백은 공동의 기도문을 사용할 수도 있고, 통성기도를 드릴 수도 있다. 침묵 기도도 다른 하나의 방식이 될 수 있다.[12] 자비송은 자비를 구하는 찬양이다. 일반적으로 단순한 운율로 주님의 자비를 구하는 내용을 반복하는 구조를 가지고 있다. 용서의 말씀은 자신의 죄를 고백하며 예배하기를 원하는 성도들에게 죄를 사하여 주는 하나님의 말씀의 시간이다. 용서의 말씀은 하나님만이 하실 수 있기에, 성경의 본문을 통하여 선언해야 된다.

교독 혹은 성시교독은 구약시대부터 행해졌던 하나님을 예찬하는 행위로서 시편을 찬양하는 것이었다. 오늘날 교독문은 예배 인도자와 회중들이 교독하는 것으로 행해지고 있지만, 서구의 다수 교회들은 그

---

11) 기독교대한감리회, 『새 예배서』, 30.
12) 기독교대한감리회『새 예배서』에서는 죄의 고백에 대한 역사적 발전 과정을 간단히 기술하고 있다. "초대교회 때부터 예배의 중요한 순서로 받아들여졌다. 이처럼 '죄의 고백'은 그리스도교 예배의 원형으로 8세기경까지는 땅에 엎드려 묵묵히 속죄의 표현을 해 왔으나, 9세기경부터는 죄의 고백으로 바뀌었으며, 종교개혁자들도 이 전통을 개신교회 예배의 중요한 순서로 계승하였다." 기독교대한감리회, 『새 예배서』, 30.

레고리안 찬트(Gregorian Chants) 형식, 혹은 단순한 교창 형식으로 행하고 있다. 16세기 루터를 기점으로 다수의 종교개혁가들과 개신교 지도자들에 의해 찬송이 발전되는 과정에서 시편송이 외면되었다. 하지만, 초대교회 예배에 대한 관심이 중심이었던 다양한 예배 회복 운동의 결실로 이와 같은 시편 교독이 자리하게 되었다.13)

삼위영가, 혹은 영광송은 성부, 성자, 성령 하나님의 이름을 소리 높여 찬양하는 것이다. 영광송은 이미 초대교회에서 그 근거를 찾을 수 있다. 1세기 말에서 2세기 초에 기록된 것으로 보이는『디다케』와 3세기에 기록된『사도전승』과 같은 초대교회 문헌들에서도 이와 같은 형식의 찬양이 등장한다. 다음과 같은 구절이 여러 곳에서 반복적으로 고백되고 있다. "성부와 성자와 성령께 영광과 권세가 당신 교회 안에서 세세에 있으소서. 아멘."14) 교회 전통에 따라서 일어서서 십자가를 보며 찬양하기도 한다.

이어서 일반적으로 '대표기도'로 불리는 기도의 시간이 있다. 교단에 따라서, 오늘의 기도, 목회기도, 혹은 예배기도라 불린다. '대표기도'라는 표현은 기도자가 회중을 대표해서 드리는 기도라는 의미로 붙여진 표현일 것이다. 하지만, "기도 인도자는 그와 함께 머리를 숙인 다른 사람들과 분리될 수 없고 하나님 앞에서는 대표성이 인정될 수 없다."15) 이러한 이유로 '대표기도'라는 표현은 예배에 사용하기에는 부적절한 용어다. 오늘날 성도들의 다양한 삶의 현장 속에서도 예배자들은 이 기도를 통해서 하나님께 찬양과 감사, 회개와 간구를 한다. 교회 전통에

---

13) 정장복 외,『예배학 사전』, 605.
14) 히뽈리뚜스,『사도전승』, 이형우 역주, 97.
15) 기독교대한감리회,『새 예배서』, 31.

따라서 목회자에 의한 목회 기도가 드려지기도 한다. 성찬이 없는 경우에는 이어서 주님의 기도를 한다. 이는 우리가 드리는 기도를 주님이 우리에게 가르쳐 주신 기도를 통해서 완성한다는 의미를 담고 있다. 찬양대는 기도 응답송을 통해서 우리의 기도에 대한 응답과 기원을 한다.

2. 말씀의 선포

성경봉독은 설교를 위한 본문을 단순히 읽는 시간이 아니고 하나님께서 회중들에게 말씀을 직접 들려주시는 시간이다. 필자가 앞에서 언급하였지만, 예배에서 성경봉독은 하나님의 말씀을 직접 들을 수 있는 매우 중요한 시간이다. 성경봉독의 순서를 맡은 사람은 성경봉독의 중요성을 숙지하고 참여해야 된다. 오늘날 대부분의 개신교 전통 예배서에서는 구약, 서신서, 그리고 복음서를 봉독하는 것을 모범으로 제시하고 있다. 일부에서는 시편의 말씀을 추가하고 있다. 이는 교회의 전통에 근거를 두고 있는 것이지만, 교회의 상황에 따라서 선택적으로 읽을 수도 있다.

찬양은 찬양대의 찬양이 일반적이다. 이는 들려주신 말씀에 대한 감사의 응답과 선포될 말씀 앞에 열린 마음으로 임할 수 있도록 돕는 역할을 한다. 예배의 통일성을 위해서 찬양대의 찬양은 성경 본문과 설교의 주제와 동일한 주제의 곡을 선택할 수 있도록 해야 된다. 설교 전 기도는 조명의 기도(prayer of illumination)로서, 말씀을 듣기 전에 성령께서 임재하셔서 듣는 이들의 마음을 열어 달라는 청원의 기도다. 이후 선포되는 설교는 봉독된 하나님의 말씀에 근거한 설교자의 선언적 행위다. "회중은 설교 가운데 나타난 설교자의 인간적인 요소를 스스로 배제하고 하나님이 그 설교 속에서 자신에게 주시는 메시지의 경청과 함께 결단을 내리는 것이 필요하다."16)

3. 감사와 응답

합심기도는 선포된 말씀을 통해서 받은 은혜에 대한 결단의 기도다. 이것은 "성령의 역사하심을 통해 뿌려진 말씀의 씨앗이 잘 자라나서 믿음의 결실을 맺게 해 달라는 기도이다."17) 회중들에게는 선포된 하나님의 말씀을 통해서 받은 은혜를 자신의 언어로 고백할 수 있는 시간이 반드시 제공되어야 한다. 하지만 회중들의 합심 기도 없이 설교자가 '설교 후 기도'를 하는 경우도 있다.

신앙고백은 회중들의 고백으로서 자신의 신앙을 확증하는 시간이다. 일반적으로 사도신경이나 니케아 신조를 통해서 신앙을 고백한다. 사도신경을 통한 신앙고백은 로마 가톨릭교회와 대다수의 개신교 전통의 교회에서 볼 수 있다. 특별히 영국 성공회와 그 영향으로 시작된 웨슬리 전통의 교회에서는 설교 후에 할 것을 모범으로 제안하고 있다. 일부 개혁교회 전통에서는 설교 전에 신앙고백의 시간을 갖기도 한다. 기독교대한감리회에서는 경우에 따라서 '기독교대한감리회 신앙고백'을 사용하기도 한다.

찬송은 감사와 응답의 찬송이다. 성경봉독과 찬양대의 찬양, 설교와 이에 따른 신앙의 고백을 통해서 경험한 하나님의 놀라운 은혜에 대한 감사의 찬양 시간이다.

---

16) 대한예수교장로회(통합)『예배-예식서』(33.
17) 기독교대한감리회,『새 예배서』, 33.

봉헌은 예배자에 의해 행해지는 하나님의 은혜에 대한 응답의 시간이다. 이는 단순히 돈을 바치는 제의적 행동이 아니다. 봉헌은 하나님이 인간들에게 허락하신 삶에 대한 감사의 응답으로, 스스로 자신을 내어주신 그리스도의 희생적 사랑에 대한 응답이다. 준비한 예물인 헌금을 통하여 우리에게 베풀어주신 것의 일부를 다시 하나님께 드린다. 봉헌은 두 가지의 방식으로 할 수 있다. 첫 번째는 예배 전에 미리 헌금함에 봉헌한 후 성전으로 들어가는 방식이다. 두 번째의 방식은 예배 중에 봉헌의 시간을 갖고, 헌금위원이 봉헌하는 헌금을 거두는 방식이다.

초대교회의 전통에 따르면, 봉헌은 성찬과 매우 밀접한 관계가 있었다. 말씀의 예전이 끝나고 성찬이 시작되면, 봉헌의 시간이 뒤따랐다. 봉헌(Offertory)은 부제가 성찬에 사용되는 빵과 포도주, 물, 꿀과 우유, 당일 성도들이 가져온 헌금과 헌물들을 가지고 입당하는 순서를 칭하는 표현이었다. 비록 『사도전승』에서는 짧게 "봉사자들은 그에게 예물을 가져올 것이다"[18]라고 언급하고 있지만, 이는 큰 의미를 가지고 있다. 봉헌 시간을 통해서 성도들의 응답으로서의 예식이 새롭게 시작됨을 의미하였다. 들여온 성물들을 위한 감독의 기도로 새로운 예식이 시작되었다. 봉헌 예식도 구별된 자들만이 할 수 있었다. 비록 4세기를 지나면서 평신도들에 의해서 봉헌이 이뤄졌지만, 그 이전까지는 집사(deacon)에 의해서 봉헌의 시간이 준비되었고, 진행되었다. 죄인이 거룩한 하나님을 향한 희생의 제물을 만지는 것이 결코 허락될 수 없었다.[19] 과부는 사제로 서품을 받을 수 없는 자였기에 배제되었다.[20]

---

18) 히뽈리뚜스, 『사도전승』, 이형우 역주, 83.
19) Gregory Dix, *The Shape of Liturgy*, 117-120.
20) 히뽈리뚜스, 『사도전승』, 이형우 역주, 107.

봉헌과 목회기도는 분리하여 할 수도 있다. 일부 개신교단에서는 오늘의 기도와 목회 기도를 함께 드리고 있다. 집례자는 드려진 물질에 대해서뿐 아니라, 봉헌자들의 기도의 제목들도 함께 기도해야 한다. 더불어 목회의 기도로 이어지면 기도의 내용이 풍부해질 수 있다. 회중들이 가지고 있는 삶의 정황들에 대한 목회적 돌봄과 치유의 기도 그리고 지역 사회와 나라, 하나님 나라를 위한 기도를 한다. 기독교대한감리회에서는 이 기도의 시간에 집례자가 십자가를 향해 서서 기도하기도 한다. 기도에 이어서 찬양대의 봉헌 응답송이 있다.

4. 세상으로 나아감

교회소식은 많은 일들을 경험하고 사는 현대 그리스도인들에게는 매우 중요한 순서이다. 예배의 역사 속에서 교회소식은 예배 중에는 없는 순서였지만, 목회적 측면에서 이 시간은 성도들의 개인사와 가정사를 나눌 수 있는 중요한 시간이다. 이 시간을 통해서 성도의 교제가 이루어질 수 있도록 한다. 이후 회중들은 모두 자리에서 일어나서 찬송을 한다. 마지막에 부르는 찬송은 선포된 말씀의 주제와 부합되는 내용의 찬송이어야 한다. 회중들은 마지막 찬송을 통해서 하나님의 사람으로 세상에서 무엇을 감당해야 되는지에 대한 결단의 시간을 갖게 된다.

파송의 말씀은 세상에서 예배자로서의 사명을 감당할 것을 성도들에게 권면하는 말씀이다. 교회의 전통에 따라서 분부의 말씀 혹은 보내는 말씀이라고 칭하기도 한다. 비록 예배서에는 있지만, 실제 파송의 말씀을 집례자와 회중이 건네고 응답하는 형식을 취하는 교회는 많지 않다. 그럼에도 불구하고 그 기능은 매우 중요하다. 하나님의 증인된 자로서 예배를 통해서 받은 은혜를 삶의 자리에서 증거할 것을 결단하는 시간이다. 예배는 단순히 주일에 예배당에서 이뤄지는 종교행위가 아니다. 각자의 삶에서 예배자로 살아야 한다. 설교자는 설교의 핵심 주제를 한두 문장으로 요약하여, 회중들이 결단하며 응답할 수 있도록 하는 것이 좋다.

축도는 예배를 마치고 나가는 회중들을 향하여 하나님의 복을 비는 것으로, 축복이라고도 한다. 제사장의 고유 권한이었던 축복권(아론의 축복, 민 6:24-26)과 사도들의 축복권(고후 13:13)이 일반적으로 많이 사용된다. 이와 같이 제사장과 사도권의 계승 차원으로 축도를 이해하므로 안수를 받은 목회자들에 의해서만 행해질 수 있다. 이어서 찬양대는 축복송을 부르며, 반주자는 후주로 예배를 닫는다. 후주가 연주되는 동안에 집례자를 포함하여 예배의 순서를 담당했던 임사자들은 퇴장한다.

한국 대부분의 개신교 주일 예배는 이와 같이 크게 네 부분으로 구성되어 있다. 한국 개신교 초기 주일 예배의 모습과 비교하면 예전적으로 매우 풍성해졌다. 19세기 후반에서 20세기 초반의 집회 형식의 예배, 즉 찬송이 순서의 사이에 있었던 Hymn Sandwich 예배의 모습에서 많은 변화를 가져왔다. 이와 같이 발전된 주일 예배의 모습 속에서, 각 교단의 예배서에 따르면, 성례는 매우 중요한 위치를 차지하고 있다.

V. 주일예배와 세례

세례는 그리스도인의 정체성을 분명히 하는 가장 기본이 되는 신학적 이해이다. 이는 예배 중에 행하는 세례예식을 통해서 공히 선포된다.

세례는 기독교의 시작과 함께 있었다. 주님도 하나님으로부터 부여 받은 천국 사역을 감당하기 전에 세례를 통해서 자신이 누구인지를 세상에 드러내셨다. 또한 예수는 다시 살아나신 후 제자들에게 '아버지와 아들과 성령의 이름으로 세례를 베풀 것'(마 28:19)을 명령하셨다. 성경과 더불어 기독교 공동체의 초기 예배에 관한 기록이 있는 문서들에서도 세례에 관한 기록은 쉽게 찾을 수 있다. 빌립은 에디오피아 여왕 간다게의 국고를 맡은 관리인에게 세례를 베풀었는데(행 8:26-40) 이는 예배 중에 행한 예식은 아니었다. 교회에서는 주일에 세례를 행하였다.

『디다케』를 포함한 많은 고대의 문헌들은 세례에 관해서 비교적 구체적으로 가르치고 있다. 저스틴의 『제1변증론』, 히폴리투스의 『사도전승』, 터툴리안의 『세례』(De Baptismo), 리옹의 이레니우스의 『이단에 대항하여』 그리고 클레멘트의 『교사』와 같은 저서들을 통해서 세례의 신학적 중요성과 교회론적 근거를 잘 제시하고 있다.21) 고대문헌 『사도전승』은 세례에 관해서 구체적으로 언급하고 있다. 히폴리투스는 세례를 받는 이들의 자세를 상세히 열거하고 있다. 또한 교회의 가르침을 삶에서 잘 실천하고 있는지를 감시할 것을 명령하고 있다. 모든 심의를 통과한 세례 예비자들에게 안식일 준비의 날인 토요일에 감독의 뜻에 따라 함께 모여서 구마 예식이 먼저 베풀어졌다. 이후 주일에는 감독이 기도로 세례 예식을 시작하였다.22) 세례 예식 이후에 모든 참여자들은 주님의 만찬의 자리에 함께 하였다. 세례가 주일 예배 공동체를 통해서 이루어져야 되는 당위성은 세례를 통해서 입교의 순서가 있기 때문이었다.

---

21) Aidan Kavanagh, *The Shape of Baptism: The rite of Christian Initiation* (New York: Pueblo Pub. Co., 1978), 35-54.
22) 히뽈리투스, 『사도전승』, 123-125.

교회는 새로운 교회의 일원을 기쁨으로 맞이하였다. 입교를 통해서 온전한 교회의 지체가 된 성도는 그리스도의 살과 피를 나누는 성찬에 참여함으로 공동체의 일원이 되었다. 주일에 공 예배를 통해서 세례를 행하는 것은 오랜 기간 지속적으로 이뤄져왔다. 하지만 말씀 중심의 개신교 예배에서는 상대적으로 성례에 관한 이해가 부족하였기에 세례를 그리스도인이 되기 위한 일련의 과정으로 이해하기 보다는 세례식을 행하는 것에만 관심을 두었다고 볼 수 있다.

오늘날 교회 현장에서 실시되는 세례와 관련된 목회를 살펴보면, 초대교회의 세례와는 비교할 수 없을 정도로 간소화된 것을 볼 수 있다. 초대교회에서는 3년의 예비자 교육 기간을 통해서 그리스도인이 되기에 충분히 준비가 되었는지 살폈다. 또한 교육을 통해서 신앙을 공고히 하는데 집중하였다. 하지만 현대의 교회에서 볼 수 있는 세례와 관련된 일련의 과정은 지극히 형식적으로 심지어는 '해치우는' 모습으로도 보일만큼 속성으로 진행된다.[23] 이와 같은 오늘의 목회 현실 속에서 주일의 세례에 대한 이해를 온전히 자리매김 하는 노력이 필요하겠다. 특별히 세례는 교회일치운동 노력의 일환으로, 그리스도의 이름으로 모이는 전 세계의 교회가 행하는 공통의 예식이기에 교회가 간과해서는 안 되는 중요한 가르침이다.

교회 전통에 따라서 세례에 대한 신학적 이해와 예전이 큰 차이가 있음에도 불구하고, 제2차 바티칸 공의회의 영향과 세계교회협의회(WCC)의 리마문서의 영향으로 오늘날 교회는 상당한 합의를 이룬 세례신학과 세례예문을 사용하게 되었다. 특별히 WCC 산하의 신앙과 직제위원회(the Committee of Faith and Order) 주도로 이루어진 세례(Baptism), 성찬

---

[23] 박해정, "감리교인으로서의 세례, 세례 갱신, 그리고 세례인의 삶," 167

(Eucharist), 그리고 목회(Ministry)에 관한 신학적 합의문인 BEM 문서는 1927년 로잔대회 이후 지속적으로 있었던 종교 간의 대화가 만들어 낸 유의미한 합의문이다.24) 이러한 노력과 합의문은 성례에 관한 보편적 이해를 확장시켰고, 다름의 차이를 인정하고 부분적으로 수용하는 역할을 감당하였다. 특별히 주일 예배와 관련해서는 세례 예식을 공 예배에 행할 것을 합의하였다. "일반적으로 세례는 공 예배(public worship) 시간에 행해져야 된다. 이를 통해서 회중들은 자신의 세례를 기억하고, 세례 받은 사람들을 자신들의 신앙 공동체로 환영하며, 기독교 신앙의 성숙을 위해 결단하게 된다. 성례는 초대교회의 전통과 같이 부활절, 성령강림절, 주현절과 같은 축일에 행하는 것이 적절하다."25) 이러한 노력의 결과 현재 한국 개신교회에도 세례에 관한 보편적인 신학적 이해를 가지고 있다.

비록 임종과 같은 특별한 경우가 있을 수는 있지만, 대부분의 한국 개신교회 예식서에서도 세례는 주일예배에 행하는 것으로 지침을 삼고 있다. 개 교회의 처지와 형편에 따라 주중에 소수의 사람들과 함께 하는 세례는 세례의 정신에 부합되지 못하는 목회 예전이다. 세례는 개인화 할 수 있는 예식이 아니다. 세례는 반드시 가능한 많은 성도들이 모여 함께 예배드리는 시간과 공간에서 행해져야만 된다. 세례를 받는 수세자는 이 사건을 통해서 온전한 주일예배 공동체의 일원이 됨을 경험해야 되며, 교회는 세례 받는 이가 교회의 일원이 된 것을 선언해야만 한

---

24) Karen B. Westerfield Tucker, "The Ecumenical Legacy of the Second Vatican Council: Reflections of an Accidental Ecumenist," in *Journal of Ecumenical Studies*, 48:2, Spring, 2013, 155.
25) World Council of Churches, *Baptism, Eucharist and Ministry, Faith and Order Paper No. 111*, Geneva, 1982, 6-7.

다. 주일 예배에 행하는 세례 예식의 순서는 성찬이 있는 주일의 경우 설교와 성찬 사이에 행할 것을 요구하고 있다. 성찬이 없는 주일 예배의 경우 세례는 설교 후에 행하는 것이 좋겠다. 이는 말씀을 듣고, 그 말씀에 대한 믿음의 응답의 행위로 세례를 이해하였기 때문이다.

VI. 주일예배와 성찬

한국개신교회는 선교 역사 초기부터 성찬에 대한 이해가 부족하였다. 비록 일부 선교사들이 성례에 관심을 갖고 성찬의 중요성을 한국교회에 가르치려는 노력도 하였지만, 여전히 한국교회의 성찬에 대한 이해도는 매우 낮았다. 이로 인해서 주일 예배에 매주, 혹은 매월과 같은 정기적인 성찬을 시행하기에는 어려움이 있었다. 비록 성찬이 은총의 수단이지만, 초기 한국 개신교는 성찬을 통해서는 은혜를 경험하기 어려웠다. 오히려 조상제사와 성찬의 유사성으로 인해서 초기 교인들은 혼돈을 경험하기도 하였다.26) 성찬보다는 찬양, 기도, 특별히 설교를 통한 은혜 체험이 강하였고, 집회 형식의 예배를 통하여 하나님의 은혜를 경험하게 되었다.

---

26) 필자는 소논문 "한국 초기 감리교회의 성만찬 이해: 1885-1935"를 통해서 초기 감리교회가 성찬을 어떻게 이해하고 시행하였는지에 대해서 설명하였다. 이는 감리교뿐 아니라 장로교회의 이해와도 매우 유사하였다. 성찬은 '집례자의 수적 부족,' '개신교에서 금지한 조상 제사와의 혼돈,' '교회 지도자들의 신학적 이해 부족,' '서양 선교사들의 일방적 교육으로 인한 성도들의 이해 부족,' '집회 중심 예배가 은혜의 수단으로 정착' 그리고 '높은 문맹률'과 같은 요인으로 인해서 성찬이 주일 예배에 정기적으로 행해지는 예식이 될 수 없었다. 보다 자세한 내용은 박해정, "한국 초기 감리교회의 성만찬 이해: 1885-1935," 『신학과 실천』. 2006년 2월, 제 12호, 135-174 참고할 것.

더욱이 1903년 이후 시작되어 한반도 전역으로 번졌던 회개운동은 한국 기독교가 자생적으로 성장할 수 있는 동력을 마련하는 발판을 제공하였다. 서양의 선교사들이 전해주며 가르쳐 주었던 회개에서 중생, 중생에서 성결에 이르는 기독교의 본질적 체험을 집회를 통해서 경험하게 되면서 기독교인 됨의 의미를 깨닫게 되었다.27) 자기 체험적 경험을 중요시하였던 집회 중심의 예배와 교회의 성장이 만나게 됨으로, 한국교회는 자연스럽게 설교가 중심이 되는 비예전적 예배가 주일 예배의 가장 큰 틀을 형성하게 되었다. 이러한 주일예배의 유형은 1980년대까지 주류를 이루었다. 하지만 앞에서도 열거한 바와 같이 서구교회의 예전에 대한 새로운 이해로 인해서 한국교회도 영향을 받게 되었고, 교단별로 출판한 예배서는 예배에 대한 새로운 지평을 열기 시작하였다.

개신교 예배의 지침이 되는 교단별 예배서에서는 초대교회 예배를 예배의 원형으로 제시하고 있다. 초대교회 예배를 근거로 설교와 성찬이 중심이 되는 이중구조의 예배를 소개하고 있다. 하지만, 성찬이 있는 주일 예배만을 제시하고 있지는 않다. 모든 예배서에서는 성찬이 있는 주일 예배문과 성찬이 배제된 주일 예배문을 동시에 수록함으로 교회에게 선택권을 주고 있다. 그럼에도 불구하고 이와 같은 예배서를 통해서 주일 예배와 성찬의 상관성을 명시적으로라도 제시하고 있는 것은 고무적이다. 또한 필자의 경험과 관찰에 따르면 과거에 비해서 주일 예배 중에 성찬을 행하는 빈도수와 성찬에 대한 이해가 매우 포괄적으로 변해가는 것을 볼 수 있으며, 이는 하나님의 은혜의 수단으로 성찬을 경험할 수 있게 된다.

비록 한국교회 성도들에게 성찬이 주님의 죽으심을 기념하기 위한

---

27) 이덕주, 『한국 토착교회 형성사 연구』 (서울: 한국기독교역사연구소, 2000), 165.

제의로 이해되는 성향이 강하지만, 여전히 성찬은 성도들에게 은혜의 수단으로 경험되고 있다. 김문철은 20여 개 교회의 200여 명의 성도들을 대상으로 성찬에 대한 이해도를 조사하였다. 성찬 참여자들 가운데 4%의 성도만이 성찬을 통해서 아무런 감정의 변화가 없다고 답하고 있으며, 대다수의 성도들은 성찬을 통해서 하나님의 은혜를 경험하고, 그리스도인으로서의 삶에 대한 책임감을 더 느낀다고 답하고 있다. 또한 85%가 성찬의 교육을 통해서 이전에 비해 성찬에 대한 이해와 교회에 대한 이해가 증가했다고 답하였다.[28] 주일 예배에 행하는 성찬은 하나님께 대한 감사(Eucharist, Thanksgiving to God), 그리스도의 희생(Sacrifice of Christ), 그리스도를 기념(Anamnesis, Memorial of Christ), 성령의 임재(Epiclesis, Invocation of the Spirit), 그리스도인들의 친교(Koinonia, Communion of the Christian), 은총의 수단(Means of Grace), 그리고 하나님 나라의 잔치(Meal of Kingdom)의 통전적 개념으로 이해되고 경험되어야 한다.[29] 성도들이 하나의 개념으로 치우쳐서 성찬을 이해하는 것이 아니라, 성찬의 종합적이며 포괄적인 의미가 다 경험될 수 있도록 교회는 노력해야 된다. 주일에 시행되는 성찬은 어떻게 행하는 것이 바람직할까? 감리교를 창시한 존 웨슬리는 자신의 설교 '성찬을 지속적으로 시행해야 할 의무'(The Duty of Constant Communion)를 통해서 모든 예배에서 성찬이 시행되어야 되는 것을 강조하고 있지만, 한국교회 현실 속에서 그것이 그리 쉬운 것은 아니다. 그럼에도 불구하고

---

[28] 비록 200명의 표본조사로 개신교 성도들의 성찬이해를 삼기에는 오차가 많을 수 있고, 질문지에도 조사자의 의도가 다분히 드러나기에 정확한 통계자료로서의 가치는 떨어지지만, 그럼에도 다양한 교회의 성도들의 성찬이해의 결과는 없기에 위 논문의 수치를 살핀다. 김문철,『성만찬 해석과 참여자의 성만찬 수용 연구』, 연세대학교 연합신학대학원 박사학위 논문, 2006, 119-121.
[29] 기독교대한감리회,『새 예배서』, 138-140.

성찬이 공 예배를 통해서, 특별히 가장 많은 회중들이 모여서 예배하는 주일 예배에서 시행되어야 하기에, 그 시행을 위한 몇 가지의 제언을 하고자 한다.

첫째, 전통적인 성찬에도 변화를 줄 수 있다. 목회자는 주일에 행하는 성찬에 변화를 주는 것에 두려워 할 이유가 없다. 기본적으로 성찬은 예문에 기초하여 시행한다. 교단에서 제공하는 예문이 있지만, 예문의 기본적 틀을 가지고 다양한 성찬을 시도할 수 있다. 대다수의 예배서에서는 절기에 맞는 성찬 기도문을 제공하고 있다. 이는 예배에 맞는 성찬 기도문을 수정할 수 있다는 가능성을 열어 놓았다고 해석할 수 있다. 절기 혹은 그날 예배의 주제에 부합하는 성찬 기도문을 준비하여서 성도들과 함께 기도할 수 있도록 준비하면, 하나의 주제로 통일된 예배를 경험할 수 있다.

이러한 변화는 다양한 음악적 시도를 통해서도 가능하다. 주님의 희생을 강조하는 찬송 중심의 성찬으로부터의 변화가 필요하다. 비록 찬송가에 성찬 찬송이 있지만, 이는 회중들이 성찬을 시작할 때 부르는 것으로 활용된다. 찬송가뿐 아니라 성찬의 성격에 부합되는 CCM을 적극적으로 활용할 필요도 있다. 더욱이 수찬을 행할 때는 성찬의 성격에 맞는 배경음악 또한 고려해야 된다. 삼성창과 영광송은 집례자와 회중 간의 교독으로 이루어지는 경우가 많다. 이 또한 음악적인 것을 활용하여 할 수 있다.

둘째, 상징적 요소들을 활용할 수 있다. 성찬은 그 자체가 예수 그리스도를 나타내는 숭고한 상징이다. 그 상징의 효과를 극대화하기 위해서 절기에 맞는 상징들을 활용할 수 있다. 강림절기와 사순절기, 그리고 성탄절과 부활절에 행하는 성찬에는 그 주일의 의미를 담은 상징물들을 게시할 수 있다. 절기 초를 사용하는 것이 가장 일반적인 예가 될 것이다. 절기에 맞게 십자가에도 변화를 줄 수 있다. 십자가 위에 절기에 맞는 색의 천을 걸어주는 것도 좋은 상징이 될 수 있다. 이는 예수 그리스도를 시각적으로 드러내 줄 수 있다. 직접적으로 절기에 맞는 성화를 교회의 전면에 게시하는 것도 좋다. 사순절기 동안에 그리스도의 수난에 관한 성화를 게시하는 것도 필자의 경험에 의하면 사순절의 메시지를 전하는데 매우 효과적이었다.

셋째, 수찬의 방식을 새롭게 할 수 있다. 많은 경우 성찬을 분병 하는 목회자나 수찬을 하는 회중들은 서로 주고받기에 바쁜 성찬을 행한다. 시간에 쫓기는 부분도 있겠지만, 그 상황이 어색해서 그런 것도 있을 것이다. 하지만, 분병과 수찬의 시간은 주님의 살과 피를 목회자와 성도들이 함께 나누는 매우 중요한 시간이며 목양의 시간이 될 수 있다. 아주 짧은 한마디, 즉 "주님의 살입니다" 그리고 "주님의 피입니다"를 나누는 동안은 비록 상징이기는 하지만, 회중들이 직접적으로 주님의 현존을 경험하는 시간이 될 수 있다. 이를 집례하는 목회자가 형식적으로 분병하는 것은 좋지 못한 방식이다. 집례자와 수찬자가 반드시 서로의 눈을 맞추고, 수찬하는 사람의 이름을 불러주며 분병례를 행하는 성찬은 부활의 주님을 새롭게 경험하도록 인도할 수 있다.

성찬과 치유의 예식을 함께 하는 것도 매우 유익하다. 안디옥의 교부인 이레니우스는 에베소인들에게 보낸 편지 중 성찬에 대한 기록에서 성찬의 빵을 "영생의 약(파르마콘 아타나시아스)이며, 죽음을 물리치는 치료제"로 소개하고 있다. 또한 이를 통해서 지속적으로 예수 그리스도와의 연합의 삶을 이어갈 수 있다고 가르치고 있다."[30] 교회는 성찬의

---

30) James F. White, *Documents of Christian Worship*, 184.

능력을 믿었기에, 병으로 예배에 출석하지 못하는 사람에게도 성찬에 참여할 수 있도록 사람을 지정하여 성찬의 빵을 가져다주도록 하였다.31) 중세와 같이 성도들에게 신비감을 주는 마술적인 접근이 아니라, 성찬을 통해서 하나님의 은혜를 체험한 성도들이 도유와 함께 행하는 치유예식을 병행하는 것도 가능하다. 성찬을 받은 성도들 가운데 치유의 기도를 받고 싶은 성도들은 성찬상 옆에 마련된 기도처에서 집례자에게 성유를 사용한 기도를 받을 수 있다.

넷째, 교회의 공동체성을 공고히 할 수 있다. 오늘날 행해지는 성찬은 집례자와 회중의 교독이 중심이 되어 있다. 이와 같은 구조로 성찬을 이해하면, 성찬의 본질적 기능 가운데 하나인 성도의 교제를 소홀히 다룰 수 있다. 좌우의 사람들과 "주님의 평안을 빕니다"로 평화의 인사를 한다면, 좌우의 교인만을 성도로 인식하게 되는 결과를 가져올 수 있다. 필자는 미국 유학시절 경험한 성찬에서 평화의 인사 시간에 온 예배자들이 충분한 시간을 가지고 돌아다니며 평화의 인사로 포옹하는 모습을 경험하였다. 평화의 인사를 나누며 포옹을 하는 예배자들의 얼굴에는 환한 미소가 가득했다. 한국적 상황에서의 평화의 인사는 어떠한가? "주님의 평화가 여러분과 함께"라는 집례자의 인사말에 무표정하게 읽어 내리는 "또한 목사님과 함께하시기를 바랍니다"라는 응답은 회중간의 평화의 인사도 형식적으로 만들기에 충분한 상황이다. 교회의 여건과 상황이 허락된다면, 평화의 인사 시간에 모든 성도들이 다 자리에서 일어나서 주변을 돌아다니면서 충분히 평화의 인사를 나눌 수 있어야 된다. 이때 중요한 것은 집례자가 집례자의 자리에서 회중의 자리로 이동해야 한다는 것이다. 집례자가 또한 회중들과 평화의 인사를 나눌 수

---

31) 히뽈리투스, 『사도전승』, 147.

있어야 한다. 이와 같이 성도의 교제가 온전히 이루어지면, 그 다음 있는 분급의 자리에서는 기쁨으로 주님의 살과 피를 나눌 수 있을 것이다.

감리교 창시자 웨슬리가 성찬을 해야 되는 이유는 예수님의 직접 명령이기 때문이라고 지적하였듯이, 한국교회는 반드시 성찬을 시행해야 한다.[32] 주님이 명령하신 것처럼 "이를 행하여"에 주목할 필요가 있다. 한국교회는 "나를 기념하여 이를 행하라"고 번역하였지만, 영어성경에서는 Do this(이를 행하여)를 강조하고 있다. 성찬은 행하여야 한다. 성찬을 행하는 것이 비록 힘들고 시간도 많이 걸리고, 형식적으로 다가올 수도 있고 준비에 번거로울 수 있지만, 그럼에도 불구하고 주님 오시는 그 날까지 교회는 반드시 성찬을 행하여서 주님을 기념해야 된다.

---

32) 한국웨슬리학회 편, 『웨슬리 설교전집 6』 (서울: 대한기독교서회, 2006), 343.

10장
교회력과 현대 예배

I. 서구교회의 현대 예배 양상

현대 예배에 대한 담론은 90년대 중후반에 들어서면서 예배학계의 가장 큰 화두가 되었다. 현대 예배의 형식이 과연 예배로서의 정의에 부합되느냐의 문제로 시작해서, 소비자 중심, 혹은 인간 중심의 집회로 간주하면서 하나님께 영광을 드리는 예배의 가장 근본이 결여됨을 지적하였다. 하지만 현대 예배의 가장 큰 영역인 찬양이 기성교회의 예배 안으로 자연스럽게 자리함으로 이러한 논의는 무색해지게 되었다. 한국에서는 현대 예배가, 미주에서 시작된 윌로우 크릭 교회(Willow Creek Community Church)나 새들백 교회(Saddleback Valley Community Church)의 구도자 예배와는 다른 형식으로 시도되었다. 현대 예배에 대한 예배 신학자들 사이에서의 신학적 담론은 21세기가 시작될 즈음까지 계속되었다.[1]

미국을 중심으로 하는 서양의 예배 공동체에서 다양한 형태의 현대 예배들이 시대적 대안예배로 등장하기 시작하였다. 구도자 예배를 20세기 현대 예배의 새로운 시작의 분기점으로 삼는다면, 이후 서구의 교회들은 멀티미디어와 CCM(Contemporary Christian Music) 찬양이 중심이 되는 다양한 예배를 시도하였다. 이와 같은 예배들의 특징은 기성 교인들을 목표로 삼는 것이 아니라, 이전에 교회를 경험한 사람들 중에 여러 가지의 이유로 예배에 불참하는 이들을 대상으로 한 것이었다. 앤디 랭포드(Andy Langford)는 "구도자 예배의 목적은 교인 명부에 새로운 교인을 추가하는 것이 아니라, 믿지 않는 사람이 예수와 감격적인 관계를 갖도록 예수를 소개하는 것이다"라고 기술한다. 랭포드는 이와 같은 예배를 찾는 이들의 특징들을 전통적인 예전적 예배에 대한 이해도가 매우 낮으며, 자신을 드러내는 것에 대해 부담스러워하고, 편안하게 오고가기를 원하는 익명성을 보장받기 원하는 모습들로 그리고 있다.[2]

구도자 예배를 찾는 이들의 모습에 대한 응답으로 볼 수 있겠지만, 예배를 인도하는 목회자들의 모습에서도 기성 교회의 예배 인도자들과는 매우 다른 모습을 볼 수 있다. 전통예배의 상징들이 많이 배제된 것과 같이 기성 교회 목회자들에게서 볼 수 있는 전통적 상징들이 없다. 가운

---

1) 일부 예배학자들과 현장의 목회자들은 다양한 신학적 견해를 통해서 집회형식의 열린예배, 찬양과 경배 예배, 그리고 현대 예배에 대해서 부정적 입장을 견지하였다. 이로 인해서 90년대 말부터 2000년대 초에는 이에 대한 다양한 견해의 글들이 나왔다. 2000년대 초반의 글까지는 현대 예배에 대한 부정적인 입장의 글들이 다수 있었지만, 이후는 오히려 현대 예배에 대한 긍정적인 면들이 오히려 많이 나왔다. 현대 예배에 대한 이해는 아래의 글들을 참고할 수 있다. 조영엽 "왜 열린예배는 잘못되었는가?"『교회와 이단』, 2004년 6월, 통권 116호. 김세광, "열린예배의 올바른 자리매김을 향하여,"『월간 목회』, 2000년 5월, 통권 285. 차명호 "예배 신학의 기초와 현대 예배,"『신학과 실천』, 2002년 제5호. 김병삼, "열린예배 논쟁,"『기독교사상』, 1999년 11월, 통권 491호. 양정식, "현대 예배의 올바른 이해와 접근,"『신학과 실천』, 2010년 9월 제 24호.
2) 앤디 랑포드,『예배를 확 바꿔라』, 전병식 옮김 (서울: KMC, 2005), 54.

과 같은 성의는 없고, 영대도 없으며, 심지어 양복이 아닌 청바지와 티셔츠를 입고 있는 목회자의 모습을 발견하는 것은 그리 어려운 일이 아니다. 예배를 드리러 오는 이들의 모습과 예배를 인도하는 목회자의 전체적인 스타일이 매우 유사하다. 찬양은 가사를 제외하면 당시 가장 유행하는 세속의 음악 장르와 매우 유사하다. 다양한 장르의 대중 음악류의 곡들이 예배음악으로 활용되며, 전자음향을 이용한 악기들이 주를 이룬다. 실제 이들 예배는 일정한 주제로 기획된 예배로 드린다. 짧게는 4주에서 길게는 12주 정도의 일정한 주제를 정해서 모든 예배의 구성을 한 주제에 맞춰서 드린다. 이러한 상황에서 예전적 예배의 요소들이 차지할 수 있는 자리는 거의 없다. 지극히 비예전적이며, 교회력과는 거의 무관한 예배를 드리는 공동체들이다. 하지만, 이러한 현대 예배의 모습들은 90년대를 거치면서 조금씩 변화를 가져오기 시작하였다.

미국의 예배학자이며 복음주의 신학자로 알려진 로버트 웨버는 1990년대 미국 예배학의 큰 지류였던 역사적 방법론과 조직신학적 방법론의 예배학이 아닌 복음주의적 관점에서의 예배학을 주장하였던 학자였다. 이러한 그의 신학방법론은 당시 미국 예배학계에서는 큰 관심을 끌지 못했지만, 사망 이후 오히려 그의 신학은 재조명되고 있다. 그의 예배 신학의 방법론은 그가 설립한 연구소를 통해서 구체적으로 교회 현장에 적용되고 있다. 복음주의적 예배학을 근거로 1998년 The Robert Webber Institute for Worship Studies(IWS)가 설립되었다.[3] 웨버는 전통적인 예배의 큰 틀을 가지고 있으면서도 현대적인 요소들을 가미하여서 예배의 변화를 가져오고자 하였고, 무엇보다도 예전적인 요

---

[3] IWS는 예배학을 전문적으로 가르치는 신학교로써 예배학 석사와 예배학 박사 프로그램을 제공하고 있다. 보다 자세한 내용은 홈페이지를 참고하기 바란다. http://iws.edu.

소들을 통하여 역동적 예배를 드릴 수 있다고 강조하였다. 또한 오늘의 교회들이 초대교회의 예배 정신을 회복하는 것이 가장 시급하다고 이해하였다. 그는 고대교회(Ancient Church)라는 개념을 통하여 초대교회 예배 정신을 강조하였다. 주님의 부활을 경험한 초대교회의 예배와 같이 회중들이 적극적으로 참여함으로 역동성이 넘치는 예배의 부활을 강조하였다. 이와 동시에 현대적인 문화의 영역도 예배를 형성하는데 중요한 영역으로 인식하였다. 웨버는 초대교회의 예배 정신과 미래를 향한다는 현대적 문화의 영역을 아우르는 개념으로 고대미래 예배(Ancient-Future Worship)를 시작하였다.

로버트 웨버는 네 가지 중점적 영역을 통해서 고대미래 예배를 설명하고 있다. 첫째, 예전의 중요성을 강조하는 것이다. 예배의 핵심에 설교와 더불어 성찬과 세례를 두었다. 예배의 주제들은 교회력에 따른 것으로, 그리스도의 삶과 가르침을 중심으로 하였다. 둘째, 문화와 밀접한 상관성이 있는(Culturally Relevant) 예배를 드린다. 웨버는 현대의 문화적인 부분들을 예배 안으로 적극적으로 수용하였다. 비록 전통적이며 교회력을 강조하고, 예전적인 예배이지만, 젊은이들의 문화적인 요소들을 적극적으로 수용하였다. 이를 위해서 찬송가 중심의 예배 구성을 탈피하여서 CCM과 다양한 악기로 구성된 음악적인 부분에 변화를 주었다. 셋째, 회중들의 적극적 참여의 시간과 공간을 마련한 예배이다. 예배자가 회중으로 무리 가운데 피동적으로 앉아만 있는 것이 아니라, 적극적으로 예배에 참여하여 함께 예배를 만들어 가는 것을 중요시하였다. 예배자들이 예배를 기획하고 준비하는 과정에서부터 참여하며, 예배 중에도 회중들이 직접적으로 참여할 수 있도록 하는 예배이다. 성찬은 회중들이 직접 참여하는 가장 대표적인 영역이다. 마지막으로, 통전적(Holistic) 예배를 지향한다. 이는 오감을 모두 활용한 예배로 이해할 수 있다. 또한 회중이 수동적으로 예배 중에 머물러 있는 것이 아니라, 다양한 형식으로 참여할 수 있다. 침묵, 찬양, 움직임, 안수, 기름부음, 무릎 꿇음 등의 다양한 형식으로 구성되어 있다. 웨버의 고대-미래 예배는 이머징이라는 새로운 형태의 예배 시도가 일어날 수 있는 좋은 신학적 토대를 마련했다고 볼 수 있다.4)

II. 이머징 예배를 통한 교회력의 적용

일반적으로 교회력에 의한 예배는 현대 예배와는 결을 같이 할 수 없을 것으로 생각할 수 있다. 하지만 이는 형식에 관한 것으로 교회력에 따른 현대 예배도 충분히 가능하다. 오히려 오늘날 현대 예배를 드리는 공동체들 가운데 초대교회의 예배 정신을 구현하려는 모임들이 많기에, 오히려 절기에 따라서 예배의 주제를 설정하는 교회력을 적극적으로 수용할 수 있다. 실제 서구의 교회들에서는 철저하게 교회력을 따르는 현대 예배 공동체들이 늘어나고 있다. 이머징 예배(Emerging Worship)를 드리는 공동체들에게서 더욱 그러한 모습을 찾기 쉽다.

이머징 예배는 짧은 기간에 너무나 다양한 형식으로 진화하여서 그 외형적인 부분을 통해서 이머징 예배로서의 진위를 구분하는 것은 매우 어렵다. 전형적인 특징은 있지만, 교회가 처한 사회적, 경제적, 그리고 문화적 배경에 응답의 형식으로 이루어졌기에 정형화된 이머징 예배를 이야기하는 것은 매우 어려운 일이다. 최동규는 다음의 두 가지 이유를

---

4) 박해정, "젊은이 예배를 위한 제언," 『신학과 세계』 2013년 여름호, 통권 제77호. 100-102.

들어서 이를 설명한다. 첫째, 그 교회들이 출현한 역사가 얼마 되지 않았을 뿐만 아니라 아직도 계속 발전하고 있기 때문이다. 21세기의 시작과 함께 시작된 이머징은 아직 한 세대를 지나지 않은 신생 예배 공동체이기에 그 흐름과 진행 과정을 더 지켜봐야 한다. 둘째, 표현 방식이 다양하기 때문이다. 다양성 자체는 이머징 교회들이 주장하는 가치관 가운데 하나이기도 하다. 그들은 통일된 방식을 거부하며, 고정된 틀에 자신들의 가치와 사상을 집어넣거나 정형화시키는 것에 대단히 거북스러워 한다.5) 그럼에도 불구하고 이머징 예배는 포스트모던 시대와 가장 긴밀하게 호흡하는 예배라고 할 수 있다. 특별히 이머징은 이전에 웨버에 의해서 소개된 고대-미래교회가 지향하였던 초대교회와 미래 세대를 위한 문화적인 부분에 대해서 민감하게 반응하고 있기에 필자는 교회력이라는 전통적 이해도 충분히 적용이 가능하다고 생각한다.

이머징 예배 공동체의 가장 대표적인 교회 공동체 가운데 하나인 빈티지 페이스 교회(Vintage Faith Church)의 창시자 댄 킴볼은 자신의 저서 『하나님께서 영광 받으시는 고귀한 예배(Emerging Worship)』를 통해서 자신이 시작한 이머징 교회를 구체적으로 소개하고 있다. 130년 역사의 산타크루즈 바이블 교회에서 젊은이 사역을 감당하던 댄 킴볼 목사는 모 교회인 산타크루즈 바이블 교회의 지원으로 젊은이들을 위한 새로운 목회를 시작하게 되었다. 산타크루즈 바이블 교회의 젊은이 사역 부서인 "그레이스랜드(Graceland)" 소속의 175명의 성도들과 함께 새로운 예배 공동체를 시작하였고, 그 이름을 빈티지 페이스 교회라고 명명하였다.6)

---

5) 최동규, "이머징 교회와 그것의 한국적 전개 가능성에 대한 비판적 고찰,"『신학과 실천』 제32호 (서울: 한국실천신학회, 2012), 77-78.

교회의 이름인 '빈티지'(Vintage)를 통해서 알 수 있듯이, 이 교회는 고대의 것에 대한 가치를 중요시하였다. 이는 초대교회의 가르침에 대한 관심이었다. 유재원은 빈티지의 개념에 대해서 다음과 같이 해석하고 있다.

> 빈티지의 특징을 설명하기 위해서는 두 가지가 전제되어야 하는데, 그것은 역사와 독창성이다. 먼저 빈티지는 '새것'이어서는 안 된다. 오래된 것이어야 하며, 그 속에 역사성이 부여될 때 그 가치는 더욱 커진다. 그래서 오래되면 오래될수록 더 많은 가치가 부여되는 것이다. 아무리 오래된 골동품이라고 해도 내면의 진정한 독창성이 없으면 빈티지의 아름다움을 끌어낼 수 없다. 그러므로 빈티지의 가치는 오래된 것들 속에서 독창성, 희소성의 가치를 발견해 내는 데 있다.7)

댄 킴볼은 자신의 청년 사역을 통해 단순히 젊은 세대의 문화를 쫓아 가는 것에 목회의 주안점을 두지 않고, 오히려 역으로 고대교회의 가르침에 관심을 갖고 초대교회에서 행하였던 말씀, 찬양, 그리고 예전적인 부분에 목회적 중점을 두었다.

킴볼은 가능한 많은 회중들이 유기적으로 예배에 참여할 수 있는 시간과 공간을 마련하였다. 실제 예배 중에도 회중들이 자유롭게 움직이며 성령의 요청에 응답할 수 있도록 하였고, 찬양, 기도, 그리고 침묵 등은 예배 중에 빈번하게 이뤄졌다. 젊은이들의 문화적 현상에 관심을 갖

---

6) 산타 크루즈 바이블 교회의 역사에 나와 있음.
    홈페이지 참고. www.santacruzbible.org.
7) 유재원, "한국형 이머징 예배의 가능성 모색," 48회 한국실천신학회 정기학술대회 자료집, 2013년 6월 1일 개최, 220.

고 최신의 CCM을 적극적으로 활용하였을 뿐 아니라, 예술적인 부분을 예배에 적극적으로 수용하였다. 예배 중에 시를 쓰기도 하고, 기도문을 작성하기도 하였으며, 음악을 만들기도 하고, 또한 그림을 통해서 자신의 신앙을 표현하기도 하였다. 그 무엇보다도 중요한 것은 예수 그리스도를 중심으로 하는 교회력에 대한 관심이었다. 예전의 가치를 다시 한 번 강조하면서, 고대의 규율과 기독교의 절기들을 강조하였다. 이들은 강림절기와 사순절기를 지키며, 절기에 따른 특별한 예배를 기획하여 드렸다. 8)

동영상을 통해서 경험한 그들의 예배는 시대와 시간을 아우르고 있었다. 초대교회에서 볼 수 있는 예배의 역동성을 현대 문화의 가장 주변(edge)에 있는 젊은이들을 통해서 볼 수 있었다. 한국교회의 젊은이들의 모습은 상대적으로 너무나 모범적으로 보였다. 문신은 보편적이었으며, 동성애자로 보이는 이들까지 다양한 인종의 젊은이들이 예배하는 모습이었다. 이들 예배의 가장 중심에는 성찬이 자리하고 있었다. 비예전적인 형식의 성찬 예식이었지만, 그들의 예식은 분명 은혜의 수단이요 통로였다. 참여하는 자들의 모습에는 신비로우신 부활의 주님을 만나는 구원받은 자의 모습이 있었다. 이들은 모두 당당히 집례자 앞으로 나아가 기쁨으로 참여하였다. 킴볼은 다음과 같이 빈티지 교회의 성찬에 대해서 언급한다.

종교개혁 이전에 성찬식은 예배의 중심이었다. 오늘날 많은 현대 교회에서 성찬식이 너무 흔한 상식적인 것이 되어버려서 아름다움을 잃어

---

8) 댄 킴볼, 『하나님께서 영광 받으시는 고귀한 예배』, 주승중 옮김 (서울: 이레서원, 2004), 122-132.

버렸다 … 떠오르는 신세대들 가운데는 주의 만찬이 다시 한 번 더 예배의 중심이 되는 것을 열망하고 있다. 성찬식은 사람들이 마음을 가라앉히고, 묵상하며, 기도하고, 죄를 고백하며, 그리고 감사의 말을 표현하는 시간으로 예배모임의 중요한 부분이다.9)

많은 이머징 교회들이 고대교회들이 가지고 있었던 전례에 대한 회복을 강조하고 있다. 풀러신학교 교수였던 레이 앤드슨의 정의가 이머징이 가지고 있는 고대교회에 대한 이해를 잘 설명하고 있다. "포스트모던 세계에서 1세기 교회의 존재와 선교를 현대적으로 표현한 것"을 이머징으로 정의하고 있다.10) 초대교회의 예배가 이머징 세대들에게는 회중의 직접적 참여를 볼 수 있는 모범적 교회였다. 회중들이 예배에 직접 참여하여 경험하기 가장 적합한 것이 성찬이었으므로 이머징 교회의 예배에서는 매우 높은 빈도수의 성찬예식을 볼 수 있다. 비록 전통적인 방식의 예전을 통한 성찬은 아니지만, 젊은이들의 성향에 적합한 비형식적인 성찬을 통해서 성찬이 가지고 있는 본질적 의미와 목적은 잘 전달되고 있다. 오히려 이와 같은 비형식적인 성찬예식을 통해서 집례자는 회중들과 더 깊이 있게 하나님의 은혜를 나눌 수도 있다. 심지어 성찬을 행하는 중에 집례자와 성찬에 참여하는 성도는 눈인사 뿐 아니라, 간단한 대화를 나누는 모습을 보기도 한다.

---

9) Ibid., 135.
10) 최동규, 79.

III. 강림절 이머징 예배

필자가 지도교수로 있는 학회에서 기획한 현대 예배를 소개한다. 현대 예배의 형식을 가지고 강림절 예배를 드렸다. 교회력에 따른 본문에 따라서 세례요한을 중심으로 예배를 구성하였다. 주제는 "Babtist Worship"이라 하였으며, 세례요한을 의미하는 '세례장'(baptist)과 세속의 권력을 의미하는 '밥'(Bab)을 다루기 위해서 의도적으로 영어와 우리말을 조합하여 사용하였다. 예배의 장소를 기존의 교회 혹은 예배당을 사용하지 않고, 감리교신학대학교 본관 건물의 지하 통로를 선택하였다. 이번 예배 형식과 구성의 주제를 편안하게 소파에 둘러앉아서 드리는 예배로 삼았기에, 회중석의 배치를 위해서 열린 공간의 확보가 먼저 필요하였다. 필자와 학회원들은 논의를 통하여 일상의 공간이 예배 공간으로 충분히 사용될 수 있다는 가능성을 보이고 싶은 생각에 로비 공간을 의도적으로 선택하였다.

예배 공간은 넓은 통로였다. 최소한 한쪽 공간은 찬양팀을 위한 스크린을 설치해야 했다. 찬양팀이 서는 공간을 한 쪽 통로의 끝으로 삼았다. 양쪽으로 열린 공간은 흰색 천을 위에서 아래로 내리는 버티칼 형식을 사용해서 막았다. 조명은 전체적으로 어두웠다. 천장의 직접 조명은 거의 소등하였고, 일부 직접 조명에는 한지를 붙여서 조도를 떨어뜨렸다. 학교 주변에 있는 스탠드를 구해서 곳곳에 설치하였고, 초를 이용하여서 조도를 맞췄다. 주보를 볼 수 있을 정도로 실내의 밝기를 맞췄다. 소파와 편안한 의자, 그리고 테이블을 설치하였고, 테이블 위에는 초를 밝혔다. 12월의 지하 공간인데다 난방이 없어서 소파에는 덮을 수 있도록 무릎 담요를 비치하였다. 예배를 시작할 즈음은 냉기가 있었지만, 예배 중에는 사람들의 온기로 인해서 냉기는 면할 수 있었다. 예배 순서는 다음과 같았다.

```
          ~ 강림절 이머징 예배 ~

찬양                                          다같이
  주님 이 곳에, 크신 내 주님, 주 신실하심 놀라워, 온전케 되리
성경봉독          마가복음 1:1-5              설교자
말씀             우선순위(Priority)           설교자
성찬식                                        집례자
애찬                                          맡은이
찬양                 소원                      다같이
축도                                          맡은이
```

예배의 순서는 매우 단순하였으며, 그 구성 요소도 단순화하였다. 예배는 크게 찬양, 말씀, 성찬과 애찬, 그리고 파송으로 구성되었다. 우선 찬양으로 예배를 열었다. 대형교회에서 찬양사역을 담당하였던 목사가 기타를 맡고 3명의 보컬리스트가 매우 낮은 단 위에서 찬양을 인도하였다. 키보드, 드럼, 베이스, 그리고 기타로 구성된 악기 팀이 편성되었다. 4곡의 찬양 곡을 선택하였다. 비록 강림절 예배였지만, 찬양은 강림절의 느낌보다는 주님에게 초점을 둔 곡을 선택하였다. 4곡의 찬양 후에 찬양 인도자의 인도에 따라서 회중들은 통성으로 기도하였다. 이어 설교자가 등장하여서 성경본문을 읽는 것으로 설교를 시작하였다.

기존 교회에서 볼 수 있는 설교대를 대신하여 보면대와 360도 회전이 가능한 스툴의자가 설교자의 위치에 놓였다. 설교자는 회전의자에 앉아서 설교하였다. 회중들이 설교자를 중심으로 원을 이루고 편안한

〈그림 15〉 설교자가 설교하는 모습

소파에 앉아서 예배를 드리는 공간 구조였다.11)

설교자는 제사장의 가정에서 태어난 세례 요한이 세상의 우선순위에 가치를 두지 않고, 하나님의 일에 우선순위를 두었음을 말하며, 예배자들에게 밥의 논리를 따르는 세상의 기준을 넘어서서 주님의 오심을 외쳤던 세례요한의 모습처럼 주님에게 삶의 우선순위를 둘 것을 권면하였다. 강림의 메시지를 통해서 세례요한의 외침이 우리 삶에 구체적으

---

11) 미국의 Solomon's Porch 교회의 예배 모습에서 예배 공간의 아이디어를 가져왔다. 이 교회는 가정과 같이 편안한 교회와 예배를 지향한다. 함께 먹고 함께 살아가기 위한 가정교회 사역을 감당하는 교회로 잘 알려져 있다. 예배 공간도 기성교회에서 볼 수 없는 파격적인 모습이다. 기존 교회의 예배 공간을 그대로 사용하지만, 장의자와 강대상을 없애고, 소파와 식탁을 설치하여서 예배자들이 가정의 소파에 앉아서 예배를 드리도록 한다. 설교자는 예배자들 가운데 회전의자에 앉아서 설교를 한다. 설교는 설교자에 의한 일방적인 말씀의 선포가 아니라, 회중들과 대화하는 형식으로 설교를 진행하며, 때로는 회중들의 간증과 자신이 생각하는 바에 대한 깊은 성찰을 함께 나누기도 한다. 지속적으로 회중들과 눈을 맞추며 설교하기 위해서 설교자는 계속 의자를 돌리면서 설교한다. 모든 테이블에는 성찬을 할 수 있는 빵과 포도주가 있으며, 모든 예배에서 예배자들이 자유로운 분위기에서 성찬을 애찬과 같이 행한다. 고린도전서 11장에 나와 있는 성찬의 모습처럼 모여서 함께 식사처럼 나누며 성찬을 하는 모습은 매우 특별하다. 세대간 구분 없이 자녀들과 부모들이 함께 예배를 드리는 모습도 매우 특별하다. 보다 자세한 것은 교회의 홈페이지를 통해서 알 수 있다. www.solomonsporch.com.

로 구현되기 위해서는 지금 보다 더욱 주님을 바라보고, 의지하고, 믿는 신앙인의 모습이 될 것을 촉구하였다. 이를 결단하는 의미로 성찬의 자리로 자연스럽게 초대하였다. 성찬은 '주님 이곳에'를 부르며 시작하였다. 매우 단순한 곡이다.

주님 이곳에 주님 이곳에
우리와 함께 함께 하시네
나의 몸과 맘 경배 드리네
주님 이곳에 계시네

예배자들은 모두 눈을 감고 반복적으로 이 찬송을 부르며 식탁에 주님이 함께 계심을 믿고 찬양하며 기도하였다. 집례자는 시작기도와 삼성창을 한 후 평화의 인사를 나누었다. 평화의 인사는 단순히 "주님의 평화를 빕니다"라는 말로 하지 않았다. 예배에 참석한 모든 회중들은 자리에서 일어나서 자유롭게 돌아다니며 모든 사람들과 평화의 인사를 나누었다. 서로 포옹하는 이들도 있었고, 반갑게 서로의 안부를 물어보는 이들도 있었다. 평화의 인사를 충분히 한 후, 집례자는 성찬제정사를 하였다. 예문을 보지 않고 회중들을 바라보며 마지막 만찬에서 주님의 제자들에게 하시는 것처럼 전하였다. 분병의 시간에 집례자들은 회중석을 다니며 주님의 살과 피를 나눠주며 하나님의 사랑을 전했다. 빵을 분병하는 집례자는 빵을 떼어 주며 참여자들과 눈을 맞추고 일일이 그들의 이름을 불러주며 주님의 살을 나눴다. 집례자가 회중의 이름을 모르는 경우에는 그 자리에서 이름을 물어본 후 그의 이름을 다시 불러서 분병하였다. 성찬 분병의 모습은 매우 편안하였고 자연스러웠다. 현대 예배의 특징이 가장 잘 나타나는 장면이 바로 성찬의 자리였다. 집례자는 청바지 차림이었으며, 가운과 영대도 걸치지 않은 상태였다. 성찬을 분병하는 집례자와 참여하는 회중들에게서 경직된 모습은 전혀 찾을 수 없었고 성찬의 분위기는 매우 평화롭고 은혜로웠다. 어떤 이들은 웃으며 기쁨으로 성찬을 맞이하였고, 어떤 이들은 눈물을 흘리며 성찬의 자리를 지켰다.

마지막 성찬 후 회중들은 모두 자리에서 일어나서 함께 감사기도를 드렸다.

마라나타!
참 소망이 되시는 하나님,
이 어두운 세상에 빛으로 오신 그리스도의 은총에 의지하며,
거룩하신 성령의 권능을 힘입어
언제 어디서나 이웃에게 소금과 빛된 삶을 살게 하옵소서.
입술로만 주님을 사랑하지 않게 하시고,
이웃을 향한 위선적 자비를 베풀지 말게 하시고,
삶으로 주님의 사랑을 행하는 참된 세례인이 되게 하옵소서.
우리 삶의 우선순위를 주님께 두게 하셔서, 이 땅에서 경건한 삶 살게 하옵소서.
우리의 참 소망 되시는 예수 그리스도의 이름으로 기도합니다.
아멘.

이어서 애찬의 자리가 시작되었다. 모든 조명은 불을 밝혔다. 애찬을 담당하는 목사는 예배자들에게 준비된 식탁의 음식들을 자유롭게 가져

다 먹을 것을 청하였다. 회중들은 식탁에 준비된 음식을 들고 다시 자리로 와서 서로 대화를 나누며 음식을 들었다. 저녁 식사 시간이었기에 예배자들은 우선 허기를 달래는 모습이었다. 잠시 후 애찬을 담당한 목사는 몇 가지의 이야기들을 토크쇼와 같은 형식으로 진행하였다.

애찬의 시간에 진행을 담당한 목사는 우선 예배의 주제에 관한 자신의 생각과 이해를 잠시 나눴다. 설교의 주제가 자신에게는 어떤 의미인지를 나누었고, 이어서 회중들에게 어떻게 느꼈는지에 대해서 물었다. 예배에 참석한 회중들이 교회에서 전도사 혹은 목사로 사역을 하는 사람들이었기에 비교적 이야기에 적극적으로 임하는 편이었다. 자신들의 상황에 따른 예배에 대한 생각을 짧게 말하는 시간이었지만, 설교와 성찬에서의 은혜를 한 번 더 자신의 언어와 생각으로 정리할 수 있는 시간이었다. 이어 파송을 위한 찬송으로 CCM 찬양곡인 '소원'을 함께 불렀고 연이은 축도로 예배를 마쳤다.

예배는 크게 찬양, 말씀, 성찬, 그리고 파송으로 4성 구조를 이루고 있었다. 예배의 모든 구성 요소가 현대적이었으며, 기성 교회 예배에서는 볼 수 없는 것들이었다. 그럼에도 불구하고 예배는 회중들이 적극적

〈그림 16〉 애찬 인도자에 의한 나눔의 시간

으로 참여할 수 있는 유기적 예배였으며, 오감을 자극하는 예배였다. 예배에 참석하였던 회중들의 후기를 접할 기회가 있었다. 후기 가운데 다수의 의견은 회중들이 직접 예배에 참여할 수 있는 부분에 대하여 긍정적인 반응을 보였다. 회중으로서 수동적으로 임하는 것이 아니라, 적극적으로 참여할 수 있는 부분이 이 예배의 가장 긍정적인 부분이었다.

필자가 속해 있는 기독교대한감리회에서는 현대 예배 지침에 대한 교단적 차원의 논의가 없다. 교단의 총회인준 예식서인 『새 예배서』에는 아직까지 현대 예배에 대한 지침이 마련되어 있지 않다. 하지만, 미국의 연합감리교회(United Methodist Church)는 제자국(Discipleship Ministries)을 통하여 다양한 종류의 예배문을 제공하고 있다. 교회력을 중심으로 전통적인 예배문과 현대적인 예배문을 제공하고 있다.12) 제자국에서 예배를 책임지고 있는 테일러 벌튼 에드워즈(Taylor Burton-Edwards)와의 개인적인 대화를 통해서 몇 가지의 사실을 알 수 있었다. 제자국에서는 무료로 매주 예배와 관련된 전체의 자료들을 제공한다. 예배 음악과 교회력에 따른 설교의 보충자료도 제공한다. 예배 자료는 과거의 자료까지 누구나 볼 수 있으며 다운로드하여 사용할 수 있고 실제 상당수의 목회자와 평신도 사역자들이 사이트를 이용 중이다. 더욱이 현장의 목회자들과 평신도 지도자들과의 지속적인 피드백으로 제공된 예문이 실제 예배에서 어떤 결과를 가져오는지에 대한 후기를 받고 있다. 이와 같은 후기들을 통해서 더욱 발전된 예배문과 예배 지침을 마련하고 있다. 이 사이트에서 제공하고 있는 현대 예배 형식의 재의 수요일 예배를 소개한다. 예배의 순서는 다음과 같다.13)

---

12) 자료들은 미연합감리교회 제자국 홈페이지에서 확인할 수 있다.
http://www.umcdiscipleship.org/resources/

❧ 현대 예배 형식의 재의 수요일 예배 ❧

1. 예배공간은 전체적으로 어두워야 되며, 촛불로만 밝혀둔다. 프로젝트 사용을 위한 스크린을 설치한다.
2. 예배 안내자가 예배당 입구에서 예배자들이 침묵으로 입당할 수 있도록 안내판을 들고 안내한다.
3. 입당하는 회중들이 스크린을 볼 수 있도록 큰 글자로 다음의 단어들을 반복적으로 나오게 한다.
4. 반복적으로 스크린에 나오는 단어들: 준비, 화해, 회개, 자비, 도덕, 자신을 앎, 기도, 금식, 자신을 부인함, 말씀을 읽음, 들음, 침묵, 먼지, 재, 무릎 꿇음.
5. 예배가 시작되기 2-3분 전에 '오소서(The Faith We Sing[14], 2232)'를 연주하기 시작한다. 찬양을 인도하는 인도자는 허밍으로 찬양을 인도하다가 회중들과 함께 찬양을 하며 예배가 시작될 수 있도록 한다. 회중들은 무릎을 꿇고 1절만 찬양한다.
6. 악기로 연주가 부드럽게 연주되는 중에 성경봉독을 한다.
7. 성경봉독/ 요엘 2:1-2, 12-17.
   회중들이 성경 봉독자의 성경본문을 집중해서 들을 수 있도록 하기 위해서 성경본문을 스크린에 띄우지 않는다.
8. 성경본문을 다 읽고 난 후 회중들은 여전히 무릎을 꿇고 '오소서' 2절을 찬양한다.
9. 연주는 계속된다.

---

13) http://www.umcdiscipleship.org/resources/contemporary-service-for-ash-wednesday.
14) 미연합감리교회에서 출판한 찬송가인 *The United Methodist Hymnal*과 함께 연합감리교회에서 출판한 찬송가이다. *The United Methodist Hymnal*이 전통적인 찬송가들을 중심으로 편성되었다면, *The Faith We Sing*은 상대적으로 현대적인 곡들이 다수 실려 있으며, 다민족들의 찬양들이 있다. '오소서'는 한국예술종합학교 총장을 역임한 이건영이 작사 작곡한 곡으로 한국의 정서가 잘 나타나는 곡으로 이미 서양의 많은 교회에서도 널리 부르는 찬양이다. 특별히 주님의 오심을 기다리는 강림의 절기에 많이 애창되는 곡이다.

10. 성경봉독/ 고린도후서 5:20b-6:10.
    성경봉독은 이전과 동일하게 스크린에 본문을 띄우지 않고 진행한다. 성경봉독이 끝난 후 회중들은 일어서서 함께 찬양을 시작한다.
11. '오소서' 3절로 찬양한다.
    회중들이 찬양하는 중에 목사, 혹은 평신도 가운데 담당자가 성경을 들고 입장을 한다.
12. 복음서 봉독/ 마태복음 6:1-6, 16-21.
    복음서가 낭독될 동안 회중들은 여전히 서 있으며, 악기는 '오소서'를 조용히 연주한다.
13. '오소서' 4절을 두 번 반복해서 찬양한다. 집례자는 회중들이 '이루게 하소서'를 부르는 부분에서 재가 들어 있는 그릇을 들고 회중들 앞으로 나온다.
14. 성회의 표식/ 찬양이 끝나면 집례자는 회중들에게 앞으로 나와서 재를 받을 것을 초대하는 동작을 취한다. 이때 집례자와 참여하는 자는 여유를 가지고 참여할 수 있도록 서두르지 않는다. 참여하는 성도들이 충분히 재를 앞이마에 긋는 동안 그 의미를 경험할 수 있도록 시간을 두며 진행한다. 무릎을 꿇고 받을 수도 있고, 서서 받을 수도 있다. 한 집례자가 35-50명에게 집례할 수 있도록 하며, 한 사람당 10초의 시간을 사용할 것으로 계산하면 된다.
15. 회중들이 재를 받는 동안 찬양대의 솔로를 준비한다. 'How Can We Forgive(2169)' *The Faith We Sing*. 후렴부는 회중들과 함께 부를 수도 있다.
16. 찬양/ 'Sunday's Palms Are Wednesday's Ashes (2138)' *The Faith We Sing*
17. 죄 용서와 평화
    집례자 예수 그리스도 안에서 여러분들은 용서받았습니다.
    회 중 예수 그리스도 안에서 우리 모두가 평화를 받았습니다.
18. 평화의 인사/ 'Come and Fill Our Hearts with Your Peace

(2157) *The Faith We Sing*을 회중들이 부르면서 그리스도의 평안을 나눈다. 스크린에는 '평화'라는 단어를 쏘아 비춘다. 평화를 뜻하는 단어를 다양한 언어로 함께 비춘다. Peace, Shalom, Eirene, Salaam, Shanth, Ruh, Paix, Pax 등등.

19. 성찬예식/ 'Come and Fill Our Hearts with Your Peace'를 부르면서 성찬을 시작한다.
20. 중보의 기도/ 위의 찬송이 악기팀에 의해 조용히 연주되는 동안 집례자, 혹은 평신도 인도자는 중보의 기도 제목들을 일정한 간격을 두고 하나씩 말한다.
21. 중보기도제목
    서로를 위한 중보, 고통, 우리사회가 가지고 있는 공동의 염려들, 세계의 지도자들, 정의, 평화, 지구, 전 세계의 교회, 성도의 교제
22. 회중들은 모두 서서 기도할 수 있고, 손을 들고 기도할 수도 있으며, 사도의 축복 모습(오란스)으로 기도할 수도 있다.
23. 중보의 찬양
    'Lord, Let Your Kingdom Come(2201)' *The Faith We Sing*
24. 감사의 기도
25. 분병례
26. 파송
    평신도 인도자
    　　　하나님께서 우리를 용서하시고, 우리를 먹이심으로,
    　　　남은 우리의 날들을 위하여 우리를 힘 있게 하셨습니다.
    　　　예수님께서 우리를 이끌어 주시고,
    　　　우리에게 그를 따를 수 있는 믿음을 발견하게 하십니다.
    　　　성령께서 우리를 광야로 이끄실 수 있으며,
    　　　우리 인생의 쭉정이를 태워버릴 수 있으시고,
    　　　모든 것을 볼 수 있도록 우리의 마음을 정결케 하실 수 있으시며, 또한 우리에게 복을 주실 것입니다.
    집례자
    　　　하나님의 복이, 아버지와 아들과 성령이,

> 자비와 주권과 불이
> 우리와 항상 함께 하시길 바라나이다.
> 회 중 아멘
> 27. 찬양
> 'The Spirit Sends Us Forth to Serve(2241)' *The Faith We Sing*

연합감리교회에서 제공하는 재의 수요일 예문은 전통적인 예배에서도 충분히 시행할 수 있는 예문이다. 현대적인 악기와 음악들을 현대적인 감각에 맞게 편곡해서 부른다면, 전통 예배에서 경험할 수 없는 다른 재의 수요일 예식을 경험할 수 있다. 특별히 예배를 시작하는 순간부터 직접 조명보다는 간접 조명을 사용하면 조도가 매우 낮기 때문에 참여하는 회중들이 다른 마음가짐으로 예배를 시작할 수 있는 여건이 마련될 수 있다. 설교 없이 성경봉독과 반복되는 찬양, 재의 의식과 성찬으로 예배가 진행된다. 설교가 없는 예배에 익숙하지 않은 한국교회에서는 쉽게 받아들이기 어려울 것이다. 하지만, 성경말씀과 눈으로 보고 몸으로 받아들이는 복음인 성찬으로도 예배는 충분할 수 있다는 것을 경험할 수 있는 기회가 될 것이다.

앞에서도 살펴봤지만, 현대적인 예배의 틀을 통해서도 충분히 교회력에 따른 중심의 주제들로 예배를 드릴 수 있다. 교회력이라는 주제는 전통 예배에서만 지킬 수 있는 주제가 아니다. 이는 젊은이들이 중심이 되는 현대 예배에서도 충분히 적용할 수 있다. 오히려 현대적인 형식의 예전적 요소들을 적용함으로 기존의 전통예배에서 볼 수 없고, 경험할 수 없는 예전적 시도들이 젊은이들에게 새로운 경험으로 다가올 수 있다.

〈부록〉
교회력에 따른 성서 일과

교회력에 따른 성서 일과

현재 2016년은 C해.

*A해: 2017, 2020, 2023, 2026, 2029
 B해: 2018, 2021, 2024, 2027, 2030
 C해: 2019, 2022, 2025, 2028, 2031

절기	해	첫 번째 성서봉독	시편교독	두 번째 성서봉독	복음서 봉독
강림절 1주	A	이사야 2:1-5	시편 122편	로마서 13:11-14	마태복음 24:36-44
	B	이사야 63:16-64:8	시편 80:1-7, 17-19	고린도전서 1:3-9	마가복음 13:24-37
	C	예레미야 33:14-16	시편 25:1-10	데살로니가전서 3:9-13	누가복음 21:25-36
강림절 2주	A	이사야 11:1-10	시편 72:1-7, 18-19	로마서 15:4-13	마태복음 24:36-44
	B	이사야 40:1-11	시편 85:1-2, 8-13	베드로후서 3:8-15a	마가복음 1:1-8
	C	말라기 3:1-4	누가복음 1:68-79	빌립보서 1:3-11	누가복음 3:1-6
강림절 3주	A	이사야 35:1-10	시편 146:5-10	야고보서 5:7-10	마태복음 11:2-11
	B	이사야 61:1-4, 8-11	누가복음 1:46b-55	데살로니가전서 5:16-24	요한복음 1:6-8, 19-28
	C	스바냐 3:14-20	이사야 12:2-6	빌립보서 4:4-9	누가복음 3:1-6
강림절 4주	A	이사야 7:10-16	시편 24편	로마서 1:1-7	마태복음 1:18-25
	B	사무엘하 7:1-16	시편 89:1-4, 19-24	로마서 16:25-27	누가복음 1:26-38
	C	미가 5:2-5a	시편 80:1-7	히브리서 10:5-10	누가복음 1:39-55

성탄 전야 예배	A	이사야 9:2-7 (모든 해 공통)	시편 96편 (모든 해 공통)	디도서 2:11-14 (모든 해 공통)	누가복음 2:1-10 (모든 해 공통)
	B				
	C				
성탄절	A	이사야 52:7-10 (모든 해 공통)	시편 98편 (모든 해 공통)	히브리서 1:1-12 (모든 해 공통)	요한복음 1:1-14 (모든 해 공통)
	B				
	C				
성탄절 후 1주	A	이사야 64:7-9	시편 11편 또는 148편 (모든 해 공통)	히브리서 2:10-18	마태복음 2:13-23
	B	이사야 61:10-62:3		갈라디아서 4:4-7	누가복음 2:22-40
	C	사무엘상 2:18-20 또는 전도서 3:3-7, 14-17		골로새서 3:12-17	누가복음 2:41-52
성탄절 후 2주	A	예레미야 31:7-14 또는 전도서 24:1-4, 12-16 (모든 해 공통)	시편 147:12-20 (모든 해 공통)	에베소서 1:3-6, 15-18 (모든 해 공통)	요한복음 1:1-18 (모든 해 공통)
	B				
	C				
주현절	A	이사야 60:1-6 (모든 해 공통)	시편 72:1-14 (모든 해 공통)	에베소서 3:1-12 (모든 해 공통)	마태복음 2:1-12 (모든 해 공통)
	B				
	C				
주현절 후 1주	A	이사야 42:1-9	시편 29:1-11 (모든 해 공통)	사도행전 10:34-43	마태복음 3:13-17
	B	창세기 1:1-5		사도행전 19:1-7	마가복음 1:4-11
	C	이사야 43:1-7		사도행전 8:14-17	누가복음 3:15-17, 21-22
주현절 후 2주	A	이사야 49:1-7	시편 40:1-11	고린도전서 1:1-9	요한복음 1:29-42
	B	사무엘상 3:1-10(11-20)	시편 139:1-6, 13-18	고린도전서 6:12-20	요한복음 1:43-51
	C	이사야 62:1-5	시편 36:5-10	고린도전서 12:1-11	요한복음 2:1-11

절기	해	첫 번째 성서봉독	시편교독	두 번째 성서봉독	복음서 봉독
주현절 후 3주	A	이사야 9:1-4	시편 27:1-6	고린도전서 1:101-7	마태복음 4:12-23
	B	요나 3:1-5, 10	시편 62:5-12	고린도전서 7:29-35	마가복음 1:14-20
	C	느헤미야 8:1-10	시편 19:1-14	고린도전서 12:12-31	누가복음 4:14-21
주현절 후 4주	A	미가 6:1-8	시편 15:1-5	고린도전서 1:18-31	마태복음 5:1-12
	B	신명기 18:15-20	시편 111:1-10	고린도전서 8:1-13	마가복음 1:21-28
	C	예레미야 1:4-10	시편 71:1-6	고린도전서 13:1-13	누가복음 4:21-30
주현절 후 5주	A	이사야 58:1-9	시편 112:1-10	고린도전서 2:1-12	마태복음 5:13-20
	B	이사야 41:21-31	시편 147:1-11	고린도전서 9:16-23	마가복음 1:29-39
	C	이사야 6:1-8	시편 138:1-8	고린도전서 15:1-11	누가복음 5:1-11
주현절 후 6주	A	신명기 30:15-20	시편 119:1-8	고린도전서 3:1-9	마태복음 5:21-37
	B	열왕기하 5:1-14	시편 30:1-12	고린도전서 9:24-27	마가복음 1:40-45
	C	예레미야 17:5-10	시편 1:1-6	고린도전서 15:12-20	누가복음 6:17-26
주현절 후 7주	A	레위기 19:1-2, 9-18	시편 119:33-40	고린도전서 3:10-11, 16-23	마태복음 5:38-48
	B	이사야 43:18-25	시편 41:1-13	고린도후서 1:18-22	마가복음 2:1-12
	C	창세기 45:3-11, 15	시편 37:1-11	고린도전서 15:35-38, 42-50	누가복음 6:27-38
주현절 후 8주	A	이사야 49:1-17	시편 131:1-3 또는 62:5-12	고린도전서 4:1-5	마태복음 6:24-34
	B	호세아 2:14-20	시편 103:1-13	고린도후서 3:1-6	마가복음 2:13-22
	C	이사야 55:10-13	시편 92:1-4, 12-15	고린도전서 15:51-58	누가복음 6:39-49

변화 주일	A	출애굽기 24:12-18	시편 99:1-9	베드로후서 1:16-21	마태복음 17:1-9
	B	열왕기하 2:1-12	시편 50:1-6	고린도후서 4:3-6	마가복음 9:2-9
	C	출애굽기 34:29-35	시편 99:1-9	고린도후서 3:12-4:2	누가복음 9:28-36
사순절 첫날 (재의 수요일)	A	요엘 2:1-2, 12-17 (모든 해 공통)	시편 103:8-14 (모든 해 공통)	고린도후서 5:20-6:10 (모든 해 공통)	마태복음 6:1-6., 16-21 (모든 해 공통)
	B				
	C				
사순절 1주	A	창세기 2:15-17, 3:1-7	시편 32:1-11	로마서 5:12-19	마태복음 4:1-11
	B	창세기 9:8-17	시편 25:1-10	베드로전서 3:18-22	마가복음 1:9-15
	C	신명기 26:1-11	시편 91:1-2, 9-16	로마서 10:8-13	누가복음 4:1-13
사순절 2주	A	창세기 12:1-4	시편 121:1-8	로마서 4:1-5, 13-17	요한복음 3:1-17
	B	창세기 17:1-7, 15-16	시편 22:23-31	로마서 4:13-25	마가복음 8:31-38
	C	창세기 15:1-12, 17-18	시편 27:1-14	빌립보서 3:17-4:1	누가복음 13:31-35
사순절 3주	A	출애굽기 17:1-7	시편 95:1-11	로마서 5:1-11	요한복음 4:5-42
	B	출애굽기 20:1-7	시편 19:1-14	고린도전서 1:18-25	요한복음 2:13-22
	C	이사야 55:1-9	시편 63:1-8	고린도전서 10:1-13	누가복음 13:1-9
사순절 4주	A	사무엘상 16:1-13	시편 23:1-6	에베소서 5:8-14	요한복음 9:1-41
	B	민수기 21:4-9	시편 107:1-3, 17-22	에베소서 2:1-10	요한복음 3:14-21
	C	여호수아 5:9-12	시편 32:1-11	고린도후서 5:16-21	누가복음 15:1-3, 11-32

절기	해	첫 번째 성서봉독	시편교독	두 번째 성서봉독	복음서 봉독
사순절 5주	A	에스겔 37:1-4	시편 130:1-8	로마서 8:6-11	요한복음 11:1-45
	B	예레미야 31:31-34	시편 51:1-12	히브리서 5:5-10	요한복음 12:20-33
	C	이사야 43:16-21	시편 126:1-6	빌립보서 3:4-14	요한복음 12:1-8
고난/ 종려 주일	A	이사야 50:4-9 (모든 해 공통)	시편 31:1-16 (모든 해 공통)5	빌립보서 2:5-11 (모든 해 공통)	마태복음 26:14-27:66
	B				마가복음 14:1-15:47
	C				누가복음 22:14-23:46
고난 주간 월요일	A	이사야 42:1-9 (모든 해 공통)	시편 36:5-10 (모든 해 공통)	히브리서 9:11-15 (모든 해 공통)	요한복음 12:1-11 (모든 해 공통)
	B				
	C				
고난 주간 화요일	A	이사야 49:1-7 (모든 해 공통)	시편 71:1-14 (모든 해 공통)	고린도전서 1:18-31 (모든 해 공통)	요한복음 12:20-36 (모든 해 공통)
	B				
	C				
고난 주간 수요일	A	이사야 50:4-9 (모든 해 공통)	시편 70:1-5 (모든 해 공통)	히브리서 12:1-3 (모든 해 공통)	요한복음 13:21-30 (모든 해 공통)
	B				
	C				
고난 주간 세족 목요일	A	출애굽기 12:1-14 (모든 해 공통)	시편 116:12-19 (모든 해 공통)	고린도전서 11:23-26 (모든 해 공통)	요한복음 13:1-15, 31-35 (모든 해 공통)
	B				
	C				
고난 주간 성 금요일	A	이사야 52:13-53:12 (모든 해 공통)	시편 22:1-18 (모든 해 공통)	히브리서 10:16-25 (모든 해 공통)	요한복음 18:1-19:42 (모든 해 공통)
	B				
	C				

부록_ 교회력에 따른 성서 일과 | 327

고난 주간 성 토요일	A B C	욥기 14:1-14 (모든 해 공통)	시편 130 또는 31:1-5 (모든 해 공통)	베드로전서 4:1-8 (모든 해 공통)	마태복음 27:57-66 또는 요한복음 19:38-42 (모든 해 공통)
부활절 철야 예배	A		시편 118:14-29 (모든 해 공통)	로마서 6:3-11 (모든 해 공통)	마태복음 28:1-10
	B				마가복음 16:1-8
	C				누가복음 24:1-12
부활절	A	사도행전 10:34-43 (모든 해 공통)	시편 118:14-24 (모든 해 공통)	골로새서 3:1-4	요한복음 20:1-18 또는 마태복음 28:1-10
	B			고린도전서 15:1-11	요한복음 20:1-18 또는 마가복음 16:1-8
	C			고린도전서 15:19-26	요한복음 20:1-18 또는 누가복음 24:1-12
부활절 2주	A	사도행전 2:22-32	시편 16:1-11	베드로전서 1:3-9	요한복음 20:19-31 (모든 해 공통)
	B	사도행전 4:32-35	시편 133:1-3	요한1서 3:1-7	
	C	사도행전 5:27-32	시편 150:1-6	요한계시록 1:4-8	
부활절 3주	A	사도행전 2:36-41	시편 116:1-4. 12-19	베드로전서 1:17-23	누가복음 24:13-35
	B	사도행전 3:12-19	시편 4:1-8	요한1서 3:1-7	누가복음 24:36-48
	C	사도행전 9:1-20	시편 30:1-12	요한계시록 5:11-14	요한복음 21:1-19

절기	해	첫 번째 성서봉독	시편교독	두 번째 성서봉독	복음서 봉독
부활절 4주	A	사도행전 2:42-47	시편 23:1-6 (모든 해 공통)	베드로전서 2:19-25	요한복음 10:1-10
	B	사도행전 4:5-12		요한1서 3:16-24	요한복음 10:11-18
	C	사도행전 9:36-43		요한계시록 7:9-17	요한복음 10:22-30
부활절 5주	A	사도행전 7:55-60	시편 31:1-5, 15-26	베드로전서 2:2-10	요한복음 14:1-14
	B	사도행전 8:26-40	시편 22:25-31	요한1서 4:7-21	요한복음 15:1-8
	C	사도행전 11:1-18	시편 148:1-14	요한계시록 21:1-6	요한복음 13:31-35
부활절 6주	A	사도행전 17:22-31	시편 66:8-20	베드로전서 3:13-22	요한복음 14:15-21
	B	사도행전 10:44-48	시편 98:1-9	요한1서 5:1-6	요한복음 15:9-17
	C	사도행전 16:9-15	시편 67:1-7	요한계시록 21:10, 22-22:5	요한복음 14:23-29
부활절 7주	A	사도행전 1:6-14	시편 68:1-10, 32-35	베드로전서 4:12-14, 5:6-11	요한복음 17:1-11
	B	사도행전 1:15-17, 21-26	시편1:1-6	요한1서 5:9-13	요한복음 17:6-19
	C	사도행전 16:16-34	시편 97:1-12	요한계시록 22:12-14, 16-17, 20-21	요한복음 17:20-26
승천 주일	A B C	사도행전 1:1-11 (모든 해 공통)	시편 47:1-9 (모든 해 공통)	에베소서 1:15-23 (모든 해 공통)	누가복음 24:44-53 (모든 해 공통)
성령 강림절	A	사도행전 2:1-21 (모든 해 공통)	시편 104:24-35 (모든 해 공통)	고린도전서 12:3-13	요한복음 7:37-39
	B			로마서 8:22-27	요한복음 15:26-27, 16:4-15
	C			로마서 8:14-17	요한복음 14:8-17, 5-27

부록_ 교회력에 따른 성서 일과 | 329

성령 강림절 후 1주 삼위일 체주일	A	창세기 1:1-2:4	시편 8편 또는 시편 33:1-12	고린도후서 13:11-13	마태복음 28:16-20
	B	이사야 6:1-8	시편 29:1-11	로마서 8:12-17	요한복음 3:1-7
	C	잠언 8:1-4, 22-31	시편 8:1-9	로마서 5:1-5	요한복음 16:12-15
성령 강림절 후 2주	A	창세기 6:11-22, 8:14-19	시편 46:1-11	로마서 1:16-17, 3:21-28	마태복음 7:21-29
	B	사무엘상 3:1-20	시편 139:1-6, 13-18	고린도후서 4:5-12	마가복음 2:23-3:6
	C	열왕기상 18:20-39	시편 96:1-13	갈라디아서 1:1-10	누가복음 7:1-10
성령 강림절 후 3주	A	창세기 12:1-9	시편 33:1-12	로마서 4:13-25	마태복음 9:9-13, 18-26
	B	사무엘상 8:4-20	시편 138:1-8	고린도후서 4:13-5:1	마가복음 3:20-35
	C	열왕기상 17:8-24	시편 146:1-10	갈라디아서 1:11-24	누가복음 7:11-17
성령 강림절 후 4주	A	창세기 18:1-15	시편 116:1-2, 12-19	로마서 5:1-8	마태복음 9:35-10:8
	B	사무엘상 15:34-16:13	시편 20편 또는 72편	고린도후서 5:6-17	마가복음 4:26-34
	C	열왕기상 21:1-21	시편 5:1-8	갈라디아서 2:15-21	누가복음 7:36-8:3
성령 강림절 후 5주	A	창세기 21:8-21	시편 86:1-10, 16-17, 시편 17	로마서 6:1-11	마태복음 10:24-39
	B	사무엘상 17:32-49	시편 9:9-20	고린도후서 6:1-13	마가복음 4:35-41
	C	열왕기상 19:1-15	시편 42:1-11	갈라디아서 3:23-29	누가복음 8:26-39
성령 강림절 후 6주	A	창세기 22:1-14	시편 13:1-6	로마서 6:12-23	마태복음 10:40-42
	B	사무엘하 1:1, 17-27	시편 130:1-8	고린도후서 8:7-15	마가복음 5:21-43
	C	열왕기하 2:1-2, 6-14	시편 77:1-2, 11-20	갈라디아서 5:1, 13-25	누가복음 9:51-62

절기	해	첫 번째 성서봉독	시편교독	두 번째 성서봉독	복음서 봉독
성령 강림절 후 7주	A	창세기 24:34-38, 42-49, 58-67	시편 45:10-17 또는 72편	로마서 7:15-25	마태복음 11:16-19, 25-30
	B	사무엘하 5:1-5, 9-10	시편 48:1-14	고린도후서 12:2-10	마가복음 6:1-13
	C	열왕기하 5:1-14	시편 30:1-12	갈라디아서 6:1-16	누가복음 10:1-11, 16-20
성령 강림절 후 8주	A	창세기 25:19-34	시편 119:105-112 또는 25편	로마서 8:1-11	마태복음 13:1-9, 18-23
	B	사무엘하 6:1-5, 12-19	시편 24:1-10	에베소서 1:3-14	마가복음 6:14-29
	C	아모스 7:7-17	시편 82:1-8	골로새서 1:1-14	누가복음 10:25-37
성령 강림절 후 9주	A	창세기 28:10-19	시편 139:1-12, 23-24	로마서 8:12-25	마태복음 13:24-30, 36-43
	B	사무엘하 7:1-14	시편 89:20-37	에베소서 2:11-22	마가복음 6:30-34, 53-56
	C	아모스 8:1-12	시편 52편 또는 82편	골로새서 1:15-28	누가복음 10:38-42
성령 강림절 후 10주	A	창세기 29:15-28	시편 105:1-11, 45	로마서 8:26-39	마태복음 13:31-33, 44-52
	B	사무엘하 11:1-15	시편 14:1-7	에베소서 3:14-21	요한복음 6:1-21
	C	호세아 1:2-10	시편 85:1-13	골로새서 2:6-19	누가복음 11:1-13
성령 강림절 후 11주	A	창세기 32:22-31	시편 17:1-7, 15	로마서 9:1-5	마태복음 14:13-21
	B	사무엘하 11:26-12:13	시편 51:1-12	에베소서 4:1-16	요한복음 6:24-35
	C	호세아 11:1-11	시편 107:1-9, 43	골로새서 3:1-11	누가복음 12:13-21

부록_ 교회력에 따른 성서 일과 | 331

성령 강림절 후 12주	A	창세기 37:1-4, 12-18	시편 105:1-6, 16-22, 45	로마서 10:5-15	마태복음 14:22-33
	B	사무엘하 18:5-9,15, 31-33	시편 130:1-8	에베소서 4:25-5:2	요한복음 6:35, 41-51
	C	이사야 1:1, 10-20	시편 50:1-8, 22-23	히브리서 11:1-3, 8-16	누가복음 12:32-40
성령 강림절 후 13주	A	창세기 45:1-15	시편 133:1-3	로마서 11:1-2, 29-32	마태복음 15:10-28
	B	열왕기상 2:10-12, 3:3-14	시편 111:1-10	에베소서 5:15-20	요한복음 6:51-58
	C	이사야 5:1-7	시편 80:1-2, 8-19	히브리서 11:29-12:2	누가복음 12:49-56
성령 강림절 후 14주	A	출애굽기 1:8-2:10	시편 124:1-8	로마서 12:1-8	마태복음 16:13-20
	B	열왕기상 8:22-30, 41-43	시편 84:1-12	에베소서 6:10-20	요한복음 6:56-69
	C	예레미야 1:4-10	시편 71:1-6	히브리서 12:18-29	누가복음 13:10-17
성령 강림절 후 15주	A	출애굽기 3:1-15	시편 105:1-6, 23-26, 45	로마서 12:9-21	마태복음 16:21-28
	B	아가 2:8-13	시편 45:1-2, 6-9 또는 72편	야고보서 1:17-27	마가복음7:1- 8, 14-15, 21-23
	C	예레미야 2:4-13	시편 81:1, 10-16	히브리서 13:1-8, 15-16	누가복음 14:1, 7-14
성령 강림절 후 16주	A	출애굽기 12:1-14	시편 149편 또는 148편	로마서 13:8-14	마태복음 18:15-20
	B	잠언 22:1-2, 8-9, 22-23	시편 125편 또는 124편	야고보서 2:1-17	마가복음 7:24-37
	C	예레미야 18:1-11	시편 139:1-6,13-18	빌레몬서 1:1-21	누가복음 14:25-33

절기	해	첫 번째 성서봉독	시편교독	두 번째 성서봉독	복음서 봉독
성령강림절 후 17주	A	출애굽기 14:19-31	출애굽기 15:1-11, 20-21	로마서 14:1-12	마태복음 18:21-35
	B	잠언 1:20-33	시편 19:1-14	야고보서 3:1-12	마가복음 8:27-38
	C	예레미야 4:11-12, 22-28	시편 14:1-7	디모데전서 1:12-17	누가복음 15:1-10
성령강림절 후 18주	A	출애굽기 16:2-15	시편 105:1-6, 37-45 또는 78편	빌립보서 1:21-30	마태복음 20:1-16
	B	잠언 31:10-31	시편 1:1-6	야고보서 3:13-4:3, 7-8	마가복음 9:30-37
	C	예레미야 8:18-9:1	시편 79:1-9 또는 4편	디모데전서 2:1-7	누가복음 16:1-13
성령강림절 후 19주	A	출애굽기 17:1-7	시편 78:1-4, 12-16	빌립보서 2:1-13	마태복음 21:23-32
	B	에스더 7:1-6, 9-10, 9:20-22	시편 124:1-8	야고보서 5:13-20	마가복음 9:38-50
	C	예레미야 32:1-3, 6-15	시편 91:1-6, 14-16	디모데전서 6:6-19	누가복음 16:19-31
성령강림절 후 20주	A	출애굽기 20:1-4, 7-9, 12-20	시편 19:1-14	빌립보서 3:4-14	마태복음 21:33-46
	B	욥기 1:1, 2:1-10	시편 26편 또는 25편	히브리서 1:1-4, 2:5-12	마가복음 10:2-16
	C	예레미야애가 1:1-6	시편 137:1-9	디모데후서 1:1-14	누가복음 17:5-10
성령강림절 후 21주	A	출애굽기 32:1-14	시편 106:1-6, 19-23	빌립보서 4:1-9	마태복음 22:1-14
	B	욥기 23:1-9, 16-17	시편 22:-15	히브리서 4:12-16	마가복음 10:17-31
	C	예레미야 29:1, 4-7	시편 66:1-12	디모데후서 2:8-15	누가복음 17:11-19

성령강림절 후 22주	A	출애굽기 33:12-23	시편 99:1-9	데살로니가전서 1:1-10	마태복음 22:15-22
	B	욥기 38:1-7, 34-41	시편 104:1-9, 24, 35	히브리서 5:1-10	마가복음 10:45-45
	C	예레미야 31:27-34	시편 119:97-104 또는 19편	디모데후서 3:14-4:5	누가복음 18:1-8
성령강림절 후 23주	A	신명기 34:1-12	시편 90:1-6, 13-17	데살로니가전서 2:1-8	마태복음 22:34-46
	B	욥기 42:1-6, 10-17	시편 34:1-8, 19-22	히브리서 7:23-28	마가복음 10:46-52
	C	요엘 2:23-32	시편 65:1-13	디모데후서 4:6-8, 16-18	누가복음 18:9-14
성령강림절 후 24주	A	여호수아 3:7-17	시편 107:1-7, 33-37	데살로니가전서 2:9-13	마태복음 23:1-12
	B	룻기 1:1-18	시편 146:1-9	히브리서 9:11-14	마가복음 12:38-44
	C	하박국 1:1-4, 2:1-4	시편 119:137-144	데살로니가후서 1:1-4, 11-12	누가복음 19:1-10
성령강림절 후 25주	A	여호수아 24:1-3, 14-25	시편 78:1-7	데살로니가전서 4:13-18	마태복음 25:1-13
	B	룻기 3:1-5, 4:13-17	시편 127편 또는 42편	히브리서 9:24-28	마가복음 12:38-44
	C	학개 1:15-2:9	시편 145:1-5, 17-21	데살로니가후서 2:1-5, 13-17	누가복음 20:27-38
성령강림절 후 26주	A	사사기 4:1-7	시편 123편 또는 76편	데살로니가전서 5:1-11	마태복음 25:14-30
	B	사무엘상 1:4-20	사무엘상 2:1-10 또는 시편 113편	히브리서 10:11-25	마가복음 13:1-8
	C	이사야 65:17-25	이사야 12장 또는 시편 118편	데살로니가후서 3:6-13	누가복음 21:5-19

절기	해	첫 번째 성서봉독	시편교독	두 번째 성서봉독	복음서 봉독
추수 감사절	A	신명기 8:7-18	시편 65:1-13	고린도후서 9:6-15	누가복음 17:11-19
	B	요엘 2:21-27	시편 126:1-6	디모데전서 2:1-7	마태복음 6:25-33
	C	신명기 26:1-11	시편 100:1-5	빌립보서 4:4-9	요한복음 6:25-35

참 고 문 헌

외국어 문헌

Adam, Adolf, *The Liturgical Year*, New York: Pueblo Publishing Company, 1979.

Adam, Adolf, *The Liturgical Year: its history & its meaning after the reform of the liturgy*, New York: Pueblo Publishing Company, 1981.

Alexander, Neil. editor, *In Time and Community: Individualism and the Body of Christ*, in Time and Community, Washington D.C.: The Pastoral Press, 1990.

Anderson, Fred R., *Protestant Worship Today*, in Theology Today, 43 no. 1, April, 1986.

Auge, Matias, C.M.F. *The Liturgical Year in the Roman Rite*, in Anscar J. Chupungco, Handbook for Lirutgical Studies Volume V, Liturgical Time and Space, Collegeville Minnesota: The Liturgical Press, 2000.

Berger, Teresa and Spinks, Bryan D. edited, *The Spirit in worship-Worship in the Spirit*, Collegeville, Minnesota: Liturgical Press, 2009.

Bower, Peter C., editor, *The Companion to the Book of Common Worship*, Louisville, Kentuckey, Gevena Press, 2003.

Bradshaw, Paul F. *The Search for the Origins of Christian Worship*, New York: Oxford University Press, 1992.

Bradshaw, Paul F., *The Search for the Origins of Christian Worship*, New York: Oxford University Press, 1992

Chupungco, Anscar J., Handbook for Lirurgical Studies, *Liturgical Time and Space*, Nashiville, Tenessee: The Liturgical Press, 1989.

Denney, James, *The Christian Doctrine of Reconciliation*, New York: George H. Doran Co., 1918.

Dix, Gregory, *The Shape of the Liturgy*, Glasgow: Dacre Press Westminster, 1943.

Egeria, *Egeria's Travels*,

Fink, Peter E., S.J., *The New Dictionary of Sacramental Worship*, Collegeville, Minnesota: The Liturgical Press, 1990.

Hagner, Donald A., *Word Biblical Commentary 33A Matthew 1-13*, Dallas, Texas: Word Books, 1993.

Wieke Vos and Geoffrey Wainwright, editor, "Time and the Liturgy" in *Liturgical Time*, Netherlands: Liturgical Ecumenical Center Trust, 1982.

Hickman, Hoyt L., Saliers, Don E. Stookey, Laurence Hull, White, James F. *Handbook of the Christian Year*, Nashville: Abingdon Press, 1986.

Hoon, Paul Waitman, *The Integrity of Worship*, Nashville, Tennessee: Abingdon Press, 1971.

Inter-Lutheran Commission on Worship, *The Church Year: Calendar and Lectionary*, Contemporary Worship 6, Minneapolis, Minnesota: Augsburg Publishing House, 1973.

Jones, Cheslyn., Wainwright, Geoffrey., SJ, Edward Yarnold., Bradshaw, Paul. edited, *The Studsy of Liturgy*, New York: Oxford Universtiy Press, 1992.

Jungmann, Josef A. S. J., *The Early Liturgy*, London: Darton, Longman & Todd, 1959.

Kavana호, Aidan, *The Shape of Baptism: The rite of Christian Initiation*, New York: Pueblo Pub. Co., 1978.

Martimort, A. G., Dalmais, I. H., Jounel, P., *The Liturgy and Time*, The Church at Prayer Vol. IV, Collegeville, Minnesota: The Liturgical Press, 1983.

McClure, M. L., and Feltoe, C. L. ed. and trans. *The Pilgrimage of Etheria*, London: Society for Promoting Christian Knowledge, 1919. Online version edition.

Monti, James, *The Week of Salvation: History and Traditions of Holy Week*, Huntington, Indiana: Our Sunday Visitor Publishing Division, 1993.

New Revised Standard Version: *the New Oxford Annotated Bible with the Apocrypha*, New York: Oxford University Press, 1991.

Peter E. Fink, S.J., *The New Dictionary of Sacramental Worship*, Coggegeville, Minnesota, The Liturgical Press, 1990.

Rordorf, Willy, *Sunday*, London: SCM Press Ltd., 1968

Santantoni, Antonio, *Reconciliation in the First Four Centuries* in Anscar J. Chupungco, ed., Handbook for Liturgical Studies, Collegeville Minnesota: the Liturgical Press, 2000.

Schattauer, Thomas H., *Liturgical Studies: Disciplines, Perspectives, Teaching*, in International Journal of Practical Theology, 2007.

Skarsaune, Oskar, *In the Shadow of the Temple*, Downers Grove, Illinois: InterVarsity Press, 2002.

Spinks, Bryan D., *Early and Medieval Rituals and Theologies of Baptism* (Burlington, VT: Ashgate Publishing Company, 2006)

Stookey, Laurence Hull, *Calendar: Christ's Time for the Church*, Nashville: Abingdon Press, 1996.

Stookey, Lawrence Hull, *Collating Calendars*, in Liturgical Ministry 12, Spring, 2003

Taft, Robert, *The Liturgy of the Hours in East and West*, Collegeville, Minnesota: The Liturgical Press, 1993.

Talley, Thomas J., *The Origins of the Liturgical Year*, New York: Pueblo Publishing Company,

1986.

The United Methodist Hymnal, Nashville, Tennessee: The United Methodist Publishing House, 1989.

Tucker, Karen B. Westerfield, "The Ecumenical Legacy of the Second Vatican Council: Reflections of an Accidental Ecumenist," in *Journal of Ecumenical Studies*, 48:2, Sprig, 2013.

Wainwright, Geoffrey, *Eucharist and Eschatology*, Akron Ohio, OSL Publications, 2002.

Wenham, Gordon J., *1 Word Biblical Commentary Vol.Genesis 1-15*, Waco, Texas: Word Books, 1987.

White, James F. *Protestant Worship: Traditions in Transition*, Louisville, Kentucky: Westminster, John Knox Press, 1989.

White, James F., *Documents of Christian Worship*, Louisville, Kentucky: Westminster John Knox Press, 1992

White, James F., *Protestant Worship and Church Architecture*, Eugene, Oregon: Wipf and Stock Publishers, 2003.

World Council of Churches, *Baptism, Eucharist, and Ministry*, Faith and Order Paper, No. 111, Geneva, 1982.

번역 문헌

J. J. 폰 알멘, 『예배학원론』, 정용섭외 옮김, 서울: 대한기독교출판사, 1979.

단 샐리어즈, 『거룩한 예배: 임재와 영광에로 나아감』, 김운용 옮김, 서울: 예배와 설교 아카데미, 2010.

단 샐리어즈, 『거룩한 예배: 임재와 영광에로 나아감』, 서울:WPA, 2010.

댄 킴볼, 『하나님께서 영광 받으시는 고귀한 예배』, 주승중 옮김, 서울: 이레서원, 2004.

로런드 아렌, 골던 볼러 공저, 『예배』, 황원찬 옮김, 서울: 예루살렘, 1993.

로렌스 홀 스투키, 『성찬, 어떻게 알고 실행할 것인가?』, 김순환 옮김, 서울: 대한기독교서회, 2002.

로버트 E. 웨버, 『교회력에 따른 예배와 설교』, 이승진 옮김, 서울: 기독교문서선교회, 2006.

로버트 E. 웨버, 『교회력에 따른 예배와 설교』, 이승진 옮김, 서울:CLC, 2004.

로버트 웨버, 『예배가 보인다 감동을 누린다』, 김세광 옮김, 서울: 예영커뮤니케이션, 2004.

사무엘레 바키오키, 『안식일에서 주일로』, 이국헌 옮김, 서울: 나무그루, 2012.

알렉산더 슈메만, 『대 사순절, 부활절을 향한 여행』, 박노양 옮김, 서울: 정교회출판사, 2013.

알렉산더 슈메만, 『세상에 생명을 주는 예배』, 이종태 옮김, 서울: 복 있는 사람, 2008.

앤디 랑포드, 『예배를 확 바꿔라』, 전병식 옮김, 서울: KMC, 2005, 54.

윌리암 멕스웰, 『예배의 발전과 그 형태, 기독교 예배의 역사 개관』, 정장복 옮김, 서울: 쿰란출판사, 1998.
정양모 역주,『디다케 열두 사도들의 가르침』, 왜관: 분도출판사, 2003.
제임스 화이트,『기독교 예배학 입문』, 정장복, 조기연 옮김, 서울: 예배와 설교 아카데미, 1990.
제임스 화이트,『하나님의 자기 주심의 선물 성례전』, 김운용 옮김, 서울: 예배와 설교 아카데미, 2006.
히뽈리투스,『사도전승』. 이형우 역주, 왜관: 분도출판사, 2005

교단 예식서
기독교대한감리회,『새 예배서』서울: 기독교대한감리회 홍보출판국, 2002.
대한예수교장로회,『대한예수교장로회 예배·예식서 표준개정판』, 서울: 한국장로교출판사, 2008.
기독교대한성결교회『예배와 예식서』, 서울: 기독교대한성결교회 출판부, 2004.
한국기독교장로회,『희년 예배서』, 서울: 한국기독교장로회 출판사, 2003.

국내 문헌
『새 찬송가』. 서울: 한국찬송가공회, 2007.
김경진, "개정공동성서정과(The Revised Common Lecionary)의 한국적 적용에 대한 문제점과 개선점에 대한 연구",『장신논단』, 제33집, 2008.
김문철,『성만찬 해석과 참여자의 성만찬 수용 연구』, 연세대학교 연합신학대학원 박사학위 논문, 2006.
김병삼, "열린예배 논쟁,"『기독교사상』, 1999년 11월, 통권 491호.
김세광, "열린예배의 올바른 자리매김을 향하여,"『월간 목회』, 2000년 5월, 통권 285.
김순환,『예배학 총론』, 서울: 대한기독교서회, 2012.
김정,『초대 교회 예배사』, 서울: CLC, 2014.
나형석,『성찬으로의 초대』, 서울: 도서출판 KMC, 2004.
남호,『교회력에 따라 예배하기』, 서울: KMC, 2002.
남호,『초대 기독교 예배』, 서울: 기독교대한감리회 홍보출판국, 2001.
대한성공회,『성공회 기도서』, 서울: 대한성공회 출판부, 2005.
박해정, "감리교인으로서의 세례, 세례 갱신, 그리고 세례인의 삶,"『신학과 세계』통권 79호, 2014년 봄호.
박해정, "생명의 주기: 강림절에서 주현절까지",『신학과 세계』, 2015년 여름호.
박해정, "성경적 관점에서 본 삶으로 드리는 예배",『한국신학논총』, 2009, Vol. 8.
박해정, "예배의 본질 재발견: 교회력에 따른 예배",『신학과 세계』제74호, 2012년 여름호.

박해정, "젊은이 예배를 위한 제언", 『신학과 세계』, 2013년 여름호, 통권 제77호.
박해정, "한국 초기 감리교회의 성만찬 이해: 1885-1935," 『신학과 실천』, 2006년 2월, 제12호.
아리스토텔레스 암브로시오스 조그라포스 대신부, 『비잔틴 성화 영성예술』, 서울: 한국정교회 출판부, 2004.
양정식, "현대 예배의 올바른 이해와 접근", 『신학과 실천』, 2010년 9월 제24호.
유재원, "한국형 이머징 예배의 가능성 모색," 48회 한국실천신학회 정기학술대회 자료집, 2013년 6월 1일 개최.
이덕주, 『한국 토착교회 형성사 연구』, 서울: 한국기독교역사연구소, 2000.
이원규, 『힘내라, 한국교회』, 서울: 동연, 2010.
이정훈, "복음서 말씀노래", 『성실문화』, 2013-2014년 대림절, 성탄절, 주현절, 77호, 경기도: 성실문화, 2013.
정장복 외, 『예배학 사전』, 서울: 예배와 설교 아카데미, 2000.
정장복, 『예배학 개론』, 서울: 예배와 설교 아카데미, 2003.
조경철, 『신약성서신학』, 서울: KMC, 2014.
조영엽 "왜 열린예배는 잘못되었는가?" 『교회와 이단』, 2004년 6월, 통권 116호.
차명호, "예배 신학의 기초와 현대 예배", 『신학과 실천』, 2002년 제5호.
최동규, "이머징 교회와 그것의 한국적 전개 가능성에 대한 비판적 고찰," 『신학과 실천』 제32호, 서울: 한국실천신학회, 2012.
한미준, 『한국교회 미래 리포트』, 서울: 두란노, 2005.
한국웨슬리학회 편, 『웨슬리 설교전집 6권』, 서울: 대한기독교서회, 2006.

온라인 문헌

http://info.catholic.or.kr/concil
http://lectionary.library.vanderbilt.edu/
http://orthodoxwiki.org/Lenten_Triodion.
http://publicreligion.org/2014/12/merry-christmas-vs-happy-holidays.
http://www.kmc.or.kr/calendar.
http://www.pewresearch.org/fact-tank/2013/09/13.
http://www.umcdiscipleship.org/resources/
http://www.umcdiscipleship.org/resources/contemporary-service-for-ash-wednesday
http://www.commontexts.org.
http://www.santacruzbible.org.
http://www.lectionary.org
http://www.solomonsporch.com.